故宫藏本术数丛刊

奇門法窍

飞盘奇门要诀秘法

[清]锡孟樨【撰】
郑同【点校】

華齡出版社

责任编辑：薛　治
责任印制：李未圻

图书在版编目(CIP)数据

奇门法窍 /（清）锡孟樨编著 ；郑同点校. —北京：华龄出版社，2011.7
ISBN 978－7－80178－846－7
Ⅰ. ①奇... Ⅱ. ①锡... ②郑... Ⅲ. ①奇门遁甲—研究 Ⅳ. ①B992.2
中国版本图书馆 CIP 数据核字(2011)第 136526 号

书　　名：奇门法窍——飞盘奇门要诀秘法
作　　者：(清) 锡孟樨　撰　郑　同　点校
出版发行：华龄出版社
印　　刷：九洲财鑫印刷有限公司
版　　次：2011 年 8 月第 1 版　2019 年 5 月第 7 次印刷
开　　本：787×1092　1/16　　印　　张：20.25
字　　数：360 千字　　印　　数：18001～21000 册
定　　价：48.00 元

地　　址：北京市东城区安定门外大街甲 57 号　　邮　　编：100011
电　　话：(010) 84044445　　传　　真：84039173

奇门法窍序

《奇门法窍》之作，余同人锡孟榉刺史所编辑也。贯串三才，会通二气，挑门使则布定局，飞星符则值寄宫，其详明法则，批导窾窍者，诚深切而著明矣。乃世之演奇遁者，流于荒渺，高尚箓符，狃于浅疏，下睹坊本，以致颠倒星符，错乱门使，廿四之节序稍差，十八之图盘为舛，苟有一二稍可遵循之处，又皆故深其文，悉加臆断，特秘其义，不肯指明，此奇门遁甲所以少真传而多误学耳。孟榉兄本儒理而讲数术，授受庭训，学衍家传，渊流二代，考核四十年，不惜以浅原示禽遁之精深处，发阐洛图之秘，详八门直使之行，订四季寄禽之法。六仪三奇，辨迫制墓会之宫局；五行八诈，考休囚旺相之机缄。岂仅探阴阳之正轨，步季秋之后尘耶！余奉檄会鞠鼓城公，暇谈及奇遁，得读是书。门随宫转，禽寄维行，观其大概节略，先得我心；究其精处微言，未经人道。然后知先生之殚精竭虑，增辑编修，煞费苦心。始付剞氏，尤且不欲署名，岂敢遽期问世，亦不过体承先志、嘉惠后人云尔。在于孟榉，满洲华胄，世代书香，繁剧历膺，慈祥夙著。所著有《学治要言》、《刺实统纂》[①] 及《选择金镜》前后两编，无非明吉凶消长之理，究进退存亡之机，而入官治世之镜，为处事束身之至道，于是乎在，爰为之序。

愚弟爱新觉罗祥谱瑞函顿首拜序

---

① 编者注：《刺实统纂》，已佚。刺实，中医针灸名词。传统中医学认为，运用针刺补泻时，要与经气"开阖相合"。对虚证行补法，应在经气刚刚流过该经时下针，所谓"刺虚者，刺其去也"；对实证行泻法，应在经气刚好流注该经时进针，所谓"刺实者，刺其来也"。原因即在于气血流过之后，经脉空虚宜补；气血流注时，经脉充满宜泻，这样才能使虚者受补、实者受泻。

奇门法窍自序

奇门一书，久失真传，虽昭然于天下，而精斯术者鲜矣。盖遁甲者，重阴阳气运，其间二十四气之生化系焉。故装盘布局，虽至精者亦难辨其淆。由于数千年来，各抒臆见，穿凿附会，以致无所遵从。夫天地者，阴阳之枢机也；阴阳者，生死之玄关也；气运者，阴阳之体用也；八卦者，阴阳之橐籥也；奇仪者，阴阳之经纬也；干支者，阴阳之变化也。故干以配天，所以统气运而斡旋于上；支以配地，所以承气运而分支于下。诚哉！非干支无以辨阴阳之变化、气运之推移、八门之休咎、九星之感召、八卦之体用、奇仪之吉凶，是以相需而全其体，相资以神其用。故分之则综错，合之则贯一。然非九宫之星仪奇门丝毫无紊，方能化凶为吉，受福无穷。若执本理[①]所注图说，以定趋避，诚坐井观天，奚能研究是学者哉？愚潜心校阅，按图剖疑，如接气则当遵从历书，以得其节气之真；中宫无门则当寄四维，以取其时令之近；并注阴阳十八局星使奇仪、飞宫排宫之次序秘诀；分刊推布飞宫、排宫两图活法，以辨其阴阳生生不已之象；周而复始，轮转无滞，使之不致混淆。又于是篇中，凡疑似各条，别类分门，探索根源，尽皆注释无讹，并推定阴阳两遁十八局、三元四气六十时吉凶格局立成，以备参考诹吉趋避之验。盖此书发明奥旨，迥非世俗之臆说；详辨其真，允为奇门之法窍，实千金莫传之秘，尤可为后学者之准绳云尔。

同治九年岁次庚午菊月谷旦

辑于鼓城官廨长白棠荫山房　孟樨氏识

① 池本理，明代赣州人，著《奇门五总龟》。

例　言

一、奇门为天时节气之正宗，非他数可比，故辨方书采用之。若果明于超接置闰之法，推验吉凶，自有准的。每见坊本烟波钓叟歌诀，其间如寄四维拆补置闰各法均略而不详。今按《奇门真授》一书，逐条更正，似得节气时令之正，以备参考。

一、奇门为选择之津梁，趋避吉凶，攸关祸福，故演定阴阳九遁之格局以明其吉凶之测验。

一、奇门克应为吉凶之准的，今按诸家奇书备录以凭考验。

一、奇门占验类神，皆本生克而定之，故不可执一而论，而取用之吉凶，全在神而明之，存乎其人耳。

一、奇门十八局为子房所定，其间飞布之法，未能详述，故坊本将飞宫之图误作活盘推用，以致星门紊乱。今按阴阳顺逆之法，演定飞宫排宫九局图式，以明其轮转推布之诀，并吉凶格局之验，惟仅刻冬夏两遁二至中五寄坤寄艮图格，而四维之立秋寄坤、立夏寄巽、立冬寄乾、立春寄艮之吉凶格局，立有两至图、寄宫图法，足可类推，故不繁刊。

一、奇门八神专行卦序，于排宫之法不甚符合，故立阴阳八神卦位顺逆宫次图说，以备取用，庶不失阴阳两遁《经》所云"直符前三六合位，后一九天二九地"之法也。其余各宫，均挨卦次推定列后。

一、奇门直使飞排两宫用法不同，今于排宫图内立有间宫之法，上下二盘剪活辅补用之，庶六十时八门皆可值其使矣，格局吉凶毕现，诚为直使行宫之秘。

一、奇门作用贵乎时方，必须较准真正方位，方为合局。如吉格在正东震方，则应直向正东，若稍偏则非真正方位。毫厘之差，攸关祸福，不可不慎。

一、三诈为之隐宫，兵家用之，埋伏此方，无人知者，必须得奇门乃验。

一、九遁凡用事谋为，惟最忌奇墓刑迫。

一、五假，假其气以用事，若悖其气而用之则凶，尤忌迫墓。

一、龙鸟为上吉之格，凡百谋为，无不吉利。其余格局，有专宜之格，有宜此而不宜彼之格，宜详慎用之，不可牵强。

一、五不遇，选择日时以此煞为最凶，纵有奇门，不能解救。

一、龙鸟格逢庚直符则应以凶论，然遇凶门则然，若遇休生开三吉门，又逢旺相，仍以吉论，不必尽拘升殿、游禄、奇合论格。惟奇家最宜之格，须遇吉门用之尤验。

一、奇墓最宜详慎，如得使吉格，奇既入墓，即不得力，须察三奇旺相之宫，酌而用之。

一、丙加年月日时、庚加年月日并庚为直符之时，均为格。然不可概以凶论，如遇休开生三吉门，仍可酌用。

一、迫制、义和、门生宫、宫生门，遇吉门则吉；宫克门、门克宫，虽遇吉门则吉事不吉，遇凶门则灾殃尤甚。

一、天三门、地四户、地私门、天罡方、天马方各法，皆以月将取用，利为百事；更合吉门吉星，尤为响应。今立图法于后。

目录

奇门法窍卷一

烟波钓叟赋注释

长白棠荫山房孟樨氏增注

轩辕黄帝战蚩尤，涿鹿经年苦未休。

偶梦天神授符诀，登坛致祭虔精修。

龙龟出自河洛水，彩凤衔书碧云里。

昔轩辕战蚩尤于涿鹿，不胜，遂祷于神，梦九天玄女授以符诀，即河图洛书之诀。彩凤衔书即太乙、六壬、遁甲之书也。

因命风后演成文，遁甲奇门从此始。

帝命风后演成三式之文，而行兵有阵，出入有门，进退有法，以擒蚩尤。遁者，隐也；甲者，仪也，谓六甲六仪为直符贵神也。六甲隐于六戊，以六戊有神明之德，隐显之机，故以遁甲为名，其甲戌隐于六己、甲申隐于六庚、甲午隐于六辛、甲辰隐于六壬、甲寅隐于六癸，此所谓遁甲也。奇者，乙、丙、丁三奇也。门者，休、死、伤、杜、开、惊、生、景也。遁甲奇门之名，由此而起。

一千八十当时制，太公删定七十二。

逮及汉代张子房，一十八局为精艺。

法以一年三百六十日配作廿四节，一节分三元，一元有五日，一节分为十五日，共得一百八十时。二十四节计四千三百二十时，即有四千三百二十局也。风后约制阳遁五百四十局，阴遁五百四十局，合一千八十局。至太公以七十二候，一候制一局，五日一易，则删定七十二局。汉张子房则又分阳遁九局，阴遁九局，共成十八局，以为万古不易之定式。

先从掌上排九宫，纵横十五在其中。

九宫者，一坎、二坤、三震、四巽、五中、六乾、七兑、八艮、九离。排于掌上，任其纵横飞布也。十五者，纵横配合图、书，无不成十五之数，如太阳之一九十也，少阳之三七十也，太阴之六四十也，少阴之二八十也，以中五乘之，皆成十五，此图之纵横也；北一南九十也，东三西七十也，西北之六东南之四十也，西南之二东北之八十也，以中五乘之，亦皆十五，此书之纵横也，故曰“纵横十五在其中”。此天地之数目，有配合之妙用，所以行兵布阵岂能外此纵横之法哉？

次将八卦轮八节，一气统三为正宗。

乾坤定位，山泽通气，雷风相薄，水火不相射，此八卦循序之理。是以八节辅配八卦，冬至主坎，立春主艮，春分主震，立夏主巽，夏至主离，立秋主坤，秋分主兑，立冬主乾。所以八方风动，纳天地之气，化为出入抵向之门户也。一气者，卦气也。统三者，一气领三候也。如冬至、小寒、大寒统坎，立春、雨水、惊蛰统艮，春分、清明、谷雨统震，立夏、小满、芒种统巽，夏至、小暑、大暑统离，立秋、处暑、白露统坤，秋分、寒露、霜降统兑，立冬、小雪、大雪统乾。以八宫分布二十四气，此为遁甲奇门之正宗，每卦统三节，每节统三候也。三候者，上、中、下三元为三候也。如冬至一七四、小寒二八五、大寒三九六、立春八五二、雨水九六三、惊蛰一七四、春分三九六、清明四一七、谷雨五二八、立夏四一七、小满五二八、芒种六三九，此为阳遁上中下三元三候起局之法也；如夏至九三六、小暑八二五、大暑七一四、立秋二五八、处暑一四七、白露九三六、秋分七一四、寒露六九三、霜降五八二、立冬六九三、小雪五八二、大雪四七一，此阴遁上中下三元三候起局之法也。

阴阳二遁分顺逆，一气三元人莫测。

冬至为一阳之始生，阳气上升，故阳遁顺行，迎生气也，六甲从坎至离止，以一二三四五六七八九顺而进之。夏至为一阴之始生，阴气下降，故阴遁逆行，迎杀气也，六甲从离至坎止，以九八七六五四三二一逆而退之。以岁气计之，四时代谢，寒暑迭更，三百六十日而一周天，以二至分二遁，体天地阴阳之气，而为人事之用。若以一卦气论之，一气十五日，五日为一元，十五日为三元，一元十六时，三元共一百八十时。然一气之内，按三元之妙用，节气轮转，浑然无迹，而其间盈缩刻数分秒之不齐，全在神气超接之法以补之。

五日都来换一元，接气超神为准的。

五日为一元，以甲己为符头，四仲子、午、卯、酉为上元，四孟寅、申、巳、亥为中元，四季辰、戌、丑、未为下元。“都来”两字，必须周六十时耳。其三元之中有节气之迟速，未可据以五日而换一元，故有超接之法为准的也。今时符先节到则用超，节后符到则用接。视超接之法，节令尚可得其真气，一经置闰，重用元局，法可闰而节令断难准矣。故以二至超接为阴阳生育之根蒂，恰要在此处体会分析明白，以“超接”二字为主宰，故曰“准的”，犹大匠之准绳，射者之中的也。

认取九宫分九星，八门又逐九星行。

认取者，详审之谓也。九宫者，一坎、二坤、三震、四巽、五中、六乾、七兑、八艮、九离也。分者，布列也。九星者，蓬、芮、冲、辅、禽、心、柱、任、英也，以蓬分位于坎，芮分于坤，冲分于震，辅分于巽，禽分于中，心分于乾，柱分于兑，任分于艮，英分于离也。八门者，休、死、伤、杜、开、惊、生、景也。逐者，相随而行也，谓休蓬同行，死芮同行，伤冲同行，杜辅同行，开心同行，惊柱同行，生任同行，景英同行。可见自有次第之用法，而吉凶大局定矣。

九星常为直符用，八门直使自分明。

直符者，六仪也，其所用时之旬甲谓之直符，如某甲在某宫，则某星随直符而转运，故为直符用也。直使者，其所用时之旬甲之门谓之直使，如某甲在某宫，某门即为直使也。

符上之门为直使，十时一易堪凭据。

直符之上其门为直使，随直符而十时一易，有所凭依，无杂乱之纷更也。

直符到处加时干，直使顺逆随宫行。

此遁甲奇门之用法，最要认得真切。直符者，系用时之旬甲，乃六仪也。直符所到之处，加于所用时干之宫。直使者，八门也。盖门逐符行，假如一局甲子旬，直符在坎一宫，则直使应用休门，占时得甲子时，则甲子直符加甲干应到一宫，直使即在一宫；如乙丑时，直符加乙应到九宫，则直使应在二宫；丙寅时，直符加丙应到八宫，直使应在三宫。是直使分顺逆随宫而行，直符随时干而行也。

六甲原号六仪名，

六甲者，甲子、甲戌、甲申、甲午、甲辰、甲寅也。其甲子隐戊，甲戌隐己，甲申隐庚，甲午隐辛，甲辰隐壬，甲寅隐癸。受甲为仪，谓之六仪也。

三奇即是乙丙丁。

《经》云：“乙居卯位，帝出乎震，丙丁俱抱火德，有离明之象，此三光，所以丽奇于乙丙丁也。”故以乙阴木为日奇，丙阳火为月奇，丁阴火为老人星，其光芒现于丁位，故为星奇。

阳遁顺仪奇逆布，阴遁逆仪奇顺行。

阳遁布局之法，如冬至属坎，用一局，即在一宫起甲子戊，顺飞九宫，甲戌己在坤二，甲申庚在震三，甲午辛在巽四，甲辰壬在中五，甲寅癸在乾六，是仪顺布也。逆布三奇者，则丁奇在兑七，丙奇在艮八，乙奇在离九宫也。以戊己庚辛壬癸丁丙乙为次序，顺布一二三四五六七八九之宫，则布阳遁九局顺仪逆奇之捷法也，余局仿此。

阴遁布局之法，如夏至属离，用九局，即在九宫起甲子戊，逆布九宫，甲戌己在艮八，甲申庚在兑七，甲午辛在乾六，甲辰壬在中五，甲寅癸在巽四，是仪逆行也。顺布三奇者，则乙奇在坎一，丙奇在坤二，丁奇在震三宫也。以戊己庚辛壬癸丁丙乙为次序，逆布九八七六五四三二一之宫，则布阴遁九局逆仪顺奇之捷法也，余局仿此。

吉门仍要合三奇，取用须云百事宜。

更合从旁加检点，临宫不可有微疵。

门为执事之始，最要关键，门一得吉，所趋正矣。仍须合乙丙丁三奇之灵，大概利于谋为，犹未可据，谓之全吉，更加检点宫分之有无微疵，如乙奇临震宫，谓之日出扶桑，融合之气，为吉；临兑乃木之绝地，乙奇克则受制。如丙奇临离九宫谓之月照瑞门，身居帝旺为纯吉；而临乾则丙火之墓地，光明暗昧，不吉。如丁奇临兑，贵人升殿，为吉；而临于坎则谓之朱雀投江，威德收藏，则不吉也。故谓之临宫不可有微疵也。

三奇得使诚堪使，六甲遇之非小补。

乙逢犬马丙鼠猴，六丁玉女临龙虎。

此法三奇即是乙丙丁矣，然未可执得奇便为堪使。所云得使者，是得直使也。三奇得开休生之直使，所谓得奇得门，方可谓诚堪使也。六甲遇之非小补者，更合地盘上之六甲，相为表里，三奇三门得仪神佐之，岂小补哉？乙奇加甲戌、甲午，丙奇加甲子、甲申，丁奇加甲辰、甲寅，是为犬马鼠猴龙虎之谓也，然以本旬三奇六甲为的也。

又有三奇游六仪，号为玉女守门时。

若作阴私合和事，请君但向此中推。

此法以地盘丁奇所到之宫为主，遁得本旬直使之门加临，即为玉女守门。其法以甲子旬庚午时、甲戌旬己卯时、甲申旬戊子时、甲午旬丁酉时、甲辰旬丙午时、甲寅旬乙卯时。宜举阴私合和之事，须遇三吉门为宫也。

天三门兮地四户，问君此法归何处。

天冲小吉与从魁，此是天门私出路。

地户除危定与开，举事皆从此方去。

考古法以乾为天门，此以太冲卯、小吉未、从魁酉为天三门也，又曰天私门。止利于逃行隐迹，乃隐遁之门户也。其法以月将加所用之正时，顺寻太冲、小吉、从魁所临之方，即是天三门，如正月雨水后日躔娵訾之次，月将是亥，用卯时，以亥加卯，则太冲在未，从魁在丑，小吉在亥，其未丑亥上乃天三门也。余仿此推。

考卦例，巽为地户，此以除、危、定、开为地户也。其四者，五行属土，故所加临处，利于屯营、筑城，有城高池深之保障也。既云地户，地户法以地气将加所用之时，即以建加建，是月分之除、危、定、开日以建加本时，是日分之除、危、定、开时也。如正月建寅，即从寅上起建，顺数，则卯上是除，午上是定，酉上是危，子上是开，其卯、午、子、酉是地四户也。如以建加所用之子时，则丑、未、辰、戌得除、危、定、开，是地四户也。

六合太阴太常君，三神原是地私门。

更得奇门相照应，用门举事总欣欣。

地私门者，隐藏、潜伏之谓也。六合卯为本家，太阴酉为本家，太常未为本家。卯酉乃日月出入之门户，所以出门举事迪吉，更合三奇吉门斯为全美。但取贵神之法，与六壬稍异，其法以月将加正时，分旦暮寻其方向，旦暮贵人各有分属，以八干四维分配十二支，以分上下。如用乙巽丙丁坤庚时，系上六字，而辰巳午未申酉属焉，是用旦贵也；如用辛乾壬癸艮甲时，系下六字，而戌亥子丑寅卯属焉，是用暮贵也。再视贵神临于何宫，以分顺逆。若亥子丑寅卯辰六宫为阳，顺起贵神，求三神阴常六，即是地私门也；若在巳午未申酉戌六宫为阴，逆起贵神，求三神阴常六，即是地私门也。假如正月雨水后，太阳躔娵訾之次，亥为月将，以甲戊庚日用卯时，卯属下六字，用暮贵，即以亥加卯时，以暮贵在未，未临亥宫，亥为阳支，起贵神顺行，则太常在未，六合在寅，太阴在酉，而未寅酉之方，乃地私门也。又如甲戊庚日，用午时，午属上六字，用旦贵，以亥将加午时顺行，旦贵在丑，丑临申宫，申为阴支，起贵神逆行，则太阴在戌，太常在子，六合在巳，是戌子巳三方乃地私门也。天三门、地四户、地私门三者，法异而用同，乃遁甲最要之神，若得全和奇门，则所向无阻矣。

太冲天马最为贵，卒然有难宜逃避。

但当乘取天马行，剑戟如山不足畏。

考神煞有天马，即天马方也。盖太冲以卯为本神，即房宿也，故为天马。其所加临处，不空不陷，不囚不墓，利于骏奔万里。法以月将加所用之正时，视太冲所临之方，即天马方也。更合门奇，纵剑戟如林，有何畏焉？

三为生气五为死，盛在三兮衰在五。

能知趋三避五时，便自嵬然常独处。

《郭氏元经》曰："五凶三吉就门推，吉有吉兮不用疑。"抑见三吉五凶以门论也。五凶者，乃杜惊伤死景也，又以五为宫分者，止言避五而未及之三，则阴阳驳集之处，岂可不避之乎？故避五以方言之为确论也。

就中伏吟为最凶，天蓬加着地天蓬。

天蓬若列天英上，须知即是返吟宫。

八门反覆皆如此，死在生兮生在死。

假令吉宿得奇门，万事皆凶不可使。

天上地下星伏而不易位，在于本宫，故曰"伏吟"。天上地下九星动而易位，加于对冲之宫，故曰"返吟"。死门加于生门曰"返吟"，死门加于死门曰"伏吟"。假令吉宿得奇门，值返吟、伏吟之时，亦不堪用事也。

六仪击刑何太凶，甲子直符愁向东。

戌刑在未申刑虎，寅巳辰辰午自午。

此言直符加所刑之地相刑与自刑也。如甲子临三宫，子卯相刑；甲戌临二宫，戌未相刑；甲申临八宫，申寅相刑；甲午临九宫，午自刑；甲辰临四宫，辰自刑；甲寅临四宫，寅巳相刑也。百事谨慎，不宜相犯。

三奇入墓好推详，乙日何堪见未方。

丙火墓戌丁墓丑，此时诸事见灾殃。

乙为阴木，长生于亥，墓于未，故乙奇临二宫为入墓。丙为阳火，长生于寅，墓于戌，故丙奇临六宫为入墓也。丁为阴火，长生于酉，墓于丑，故丁奇临八宫为入墓也。

又有时干入墓宫，课中时下忌相逢。

戊戌壬辰兼丙戌，癸未丁丑己丑凶。

六甲子一周有六日，时干入墓谓丙戌时丙入戌墓、丁丑时丁入丑墓、壬辰时壬入辰墓、癸未时癸入未墓、己丑时己入丑墓、戊戌时戊入戌墓。凡入墓之时，运筹图谋、建立营寨皆昏迷无气。

五不遇时龙不精，号为日月损光明。

时干来克日干上，甲日须知时忌庚。

盖甲日庚午时、己日乙丑时，乙日辛巳时、庚日丙子时，丙日壬辰时，丁日癸卯时、壬日戊辰时，戊日甲寅时、癸日己未时，辛日丁酉时，此时时干克日干，故主客不合，极凶之时，纵得奇门皆不宜用。

奇与门兮共太阴，三般难得总加临。

若还得二亦为吉，举措行藏必遂心。

谓乙丙丁三奇、开休生三门、太阴六合九地三神，三者不可兼得。若还得三者，或门与三神会合，或奇与三神会合，虽未全吉，其谋亦可遂愿矣。

更得直符直使利，兵家用事最为贵。

当从此地击其冲，百战百胜君须记。

直符以言星，直使以言门，若有会合，直符不犯刑墓，直使不犯迫制，利于行兵谋事。大将屯兵直符直使之本宫，而进兵于直符直使对冲之宫，战自胜矣。

天乙之神所在宫，大将宜居击对冲。

假令直符居离九，天英坐取击天蓬。

天乙者，直符也。主帅居直符之本宫，击敌于对冲之宫，如直符居离九宫，故坐英星而击蓬也。其法，在阳遁利于天上直符所居之宫，阴遁利于地下直符所居之宫。

甲乙丙丁戊阳时，神居天上要君知。

坐击须凭天上奇，阴时地下亦如之。

得五阳时用事，主清虚之气上浮于天，所谓九天之上好扬兵，故布阵坐击须凭天上三奇，以依神灵赫奕也。甲乙丙丁戊为五阳时。得五阴时用事，沉厚之气下降于地，其神镇静，所谓九地之下利潜藏，故伏奇固守须凭地下三奇，以藉神灵庇佑也。己庚辛壬癸为五阴时。

若见三奇在五阳，偏宜为客自高强。

忽然逢着五阴位，又宜为主好裁详。

此承上文而言也。若五阳之时，而天上三奇在于五阳之东部，利于为客；若五阴之时，而天上三奇在于五阴之西部，利于为主。夫主客之分，用兵最要之机，故黄帝云："审动静之理，察先后之机。"动则为客，静则为主，主客既定，胜负斯分。其先起者为客，后起者为主。先起者，待敌未动，扬兵而先进；后起者，屯兵偃旗，俟敌至而后应之。此主客变通之法也，合三奇用之，百战百胜。

直符前三六合位，太阴之神在前二。

后一宫兮为九天，后二之神为九地。

阳遁，直符、螣蛇、太阴、六合、白虎、元武、九地、九天也；阴遁，直符、九天、九地、朱雀、勾陈、六合、太阴、螣蛇也。其法不用飞宫，以甲为旬首，隐直符分顺逆而布之。

九天之上好扬兵，九地潜藏可立营。

伏兵但向太阴位，若逢六合利逃形。

九天者，言攻之至极也，乃杀伐之气，运在此方，可以行兵，依此气以扬威武。九地者，言守之至深也，乃朦胧之气，运在此方可以行兵，依此气结寨安营。太阴之下可埋伏设险御敌，可遣行间谍。六合之下利避难逃危。此四星各有所宜，而得奇门乃合此法。

天地人兮三遁名，天遁月精华盖临。

地遁日精紫云蔽，人遁当知是太阴。

生门六丙合六丁，此为天遁自分明。

开门六己合六乙，地遁如斯而已矣。

休门六丁共太阴，欲求人遁无过此。

风云龙虎并鬼神，始知九遁能为用。

天遁，生门、丙奇合地盘六丁。地遁，开门、乙奇合地盘六己。人遁，休门、丁奇合太阴。风遁，开、休、生三门合天盘六辛加地己，利水战、火战，飞沙走石。云遁，三门、乙奇加地辛，宜祈祷、雨泽、学道、修仙、隐遁。龙遁，休门、乙奇下临坎宫，宜行船、水战、穿井、通渠。虎遁，三门、六辛临艮，宜探围、射猎、捕捉、出师、战阵。神遁，生门、丙奇合九天，宜出师、大战、赛社、迎神、驱邪、治病。鬼遁，开门、乙奇合九地，宜驱邪、酬神、祭祀。以上神奇九大遁，最宜隐遁，人莫能窥。惟天地人三遁之时，人间万事无不宜也。

丙加甲兮鸟跌穴，甲加丙兮龙回首。

只此二者为最吉，百事如意十八九。

龙回首者，谓天上六甲临于地下六丙是也。《经》曰："飞龙在天，回首顾源。"若举兵利为客，扬威万里，一人可敌万夫，凡百谋为，所向皆宜。鸟跌穴者，谓天上丙奇临地下六甲是也。《经》曰："进飞得地，龙云聚会。"若此时行兵，地辟千里，凡百举事皆利。

庚为太白丙荧惑，庚丙相加谁会得。

六庚加丙白入荧，六丙加庚荧入白。

白入荧兮贼即来，荧入白兮贼即灭。

太白入荧惑谓天上六庚加地下六丙，乃金入火乡而受克，此时防有贼即来，掩袭以罹其祸。荧惑入太白者，为天上六丙加地下六庚，乃火入金乡而受克，此时不可入敌人之境而索战，若有贼至，必畏而遁去。故《兵帐赋》云："荧入白而敌寇自去，白入荧而城垒宜坚。"

丙为勃兮庚为格，格则不通勃乱逆。

直符加庚天乙飞，庚加直符天乙伏。

庚加日干为伏干，日干加庚飞干格。

加一宫兮战于野，同一宫兮战于国。

庚加癸兮为大格，加己刑格最不宜。

加壬之时为小格，又嫌岁月日时驱。

更有一般奇格者，六庚慎勿加三奇。

此时若也行兵去，疋马只轮无返期。

勃者，颠倒也，天上六丙加今日之干为日勃，加时亦然，若用兵则纪律乱矣。凡庚所加皆谓之格。格者，隔绝不通也。庚加年月日时干皆为格，惟宜固守莫先举，然此时行兵多有凶咎，应避此格也。天上直符加地下六庚为飞宫格，此时主客皆不利，惟宜坚壁固守，出战必遭擒。天上六庚加地下直符之宫为伏宫格，战斗不利为主，不宜。天上六庚加于今日之干为伏干格，此时行兵主客不利。天上所用之日干加于地下六庚为飞干格，用兵出战则主客皆有所伤。天上六庚加地下六癸为大格，此时出军，车破马毙。天上六庚加地下六己为刑格，此时出兵，为主不利，士卒逃亡，从此方捕捉，反有凶殃。天上六庚加地下六壬为小格，又为伏格，此时不利行兵动众。天上六庚加地下三奇乙丙丁为奇格，此时行兵，疋马只轮，定无返期。又云庚加丙丁奇，遇景门英星，乃下克上，用兵先举者败，故疋马只轮，所向皆失。若庚加乙奇，或遇冲辅、伤杜二门，乃上克下，用兵先举者胜，所向皆克。天盘六庚加于坎一宫，谓之加一宫；如天盘庚加地盘庚同在坎宫，谓之同一宫，故有战于野、战于国之分也。

六癸加丁蛇夭矫，六丁加癸雀投江。

六乙加辛龙逃走，六辛加乙虎猖狂。

请观四者是凶神，百事逢之莫措手。

天上六癸加地下六丁为妖矫格，[1] 此时纵合奇门，不宜举事。天上六丁加地下六癸为为投江格，此格行兵防有丧失之祸，举事主有口舌争斗之祸。天上六辛加地下六乙为猖狂格，此时行兵主客两伤，必见杀戮，为主有暗害之忧。天上六乙加地下六辛为逃走格，此时不宜举兵动众，有败亡之祸。

八门若遇开休生，诸事逢之总称情。

伤宜捕猎终须获，杜好逃亡及隐形。

景上投书并破阵，惊能擒讼有声名。

若问死门何所主，只宜吊死与行刑。

此八门所主之吉凶，三吉者，开休生也；五凶者，死伤惊杜景也。不曰："吉者终吉，凶者终凶。"又曰："凶中有吉，吉中有凶。"各分所主之吉凶，更论有气无气、得令不得令、制迫不制迫，所以要视加临之地位生克归何耳。休门，休者，美也，得天一生水之义，坎为本宫，在冬得令，在春则休，在夏则囚，在秋则相，在四季月各旺十八日，则受气克无气，在本宫则曰伏吟，临艮则受克，临震则泄气，临巽而入墓，临离则返吟，临坤为长生，临未则受克而被伤，一宫之中，有纯疵之不同也，临兑为败气，在乾则得生，在亥而有助。死门，死者，不能生息之象也，坤为本宫，在四季各旺十八日为得令，在秋则休，在冬则囚，在夏则相，在春则死，在本宫则伏吟，临兑沐浴也，临乾泄气，临坎门迫，临艮返吟，临震受克，临巽为墓，临离为胎而有生息。伤门，伤者，残也，万物盛极而反伤，震为本宫，在春则得令，在夏则休，在秋则死，在冬则相，在四季则囚，在本宫则为伏吟，临巽为得地，临离为死，临坤木之墓地，又为门迫，临兑受克，又为返吟，临乾为长生，临坎受生，临艮为门迫，临震为帝旺。杜门，杜者，闭也，主万物有杜塞不通之象，巽为本宫，乾为返吟，余同伤门。开门，开者，启也，道路坦夷，通利关津，乾为本宫，在秋则得令，在冬则休，在春则囚，在四季则相，在夏则死，在本宫则伏吟，临坎则无气，临艮为墓地，临震门迫，临巽、坤、兑系长生官旺之乡为有气，临离为受克。惊门，惊者，动也，惶惑忧疑之象，兑为本宫，在秋得令，在冬则休，在春则囚，在四季则相，在夏则死，在本宫为伏吟，临乾衰病之地，临坎无气之乡，临艮为墓地，临震为门迫，临巽为长生之地，临离受克，临坤为冠带得地。生门，生者，养也，万物至此而化育成材之象，

---

① 编者注：夭矫、夭蹻、妖矫、妖蹻，在奇门诸书中通用，通常作"夭蹻"，蛇伸展屈曲貌也。本书保留底本原貌，不作统一。以下不再标注。

艮为本宫，在四季月为有气，在本宫为伏吟，在夏为相，在秋则休，在冬则囚，在春则死，临震为受克，临巽为墓地，临离为有气，临坤、乾、坎系长生冠带临官帝旺之乡为有气，临兑乃败气也。景门，景者，明也，丽明于天中，万象蒸舒之象，离为本宫，在夏得令，在春为相，在四季为休，在秋则囚，在冬则死，在本宫为伏吟，临坤衰病之地，临兑火至而光熄矣，临乾为墓，临坎为克，又为返吟，临艮为长生之地为有气，临震为沐浴，亦为得气，临巽为旺气始生之地也。

蓬任冲辅禽阳星，英芮柱心阴宿名。
辅禽心星为上吉，冲任小吉未全亨。
大凶逢芮不堪使，小凶英柱不精明。
大凶无气变为吉，小凶无气亦同评。
吉宿更能逢旺相，百事为之必有成。
若遇休囚并废没，劝君不必进前程。

此言九星之吉凶也。《经》云："时下得辅禽心为上吉，冲任为次吉，蓬芮为大凶，柱英为小凶。"更以五行休旺言之，若大凶之星，得休囚无气，则小凶也；小凶之星，得休囚无气，亦不足忧也；若上吉、次吉之星无气，亦不甚吉也。

要知九星配五行，各随八卦考羲经。
芮禽任坤中艮土，坎蓬属水火离英。
乾兑为金心柱会，震冲巽辅木相因。
吉凶自有元妙诀，旺相休囚与重轻。
与我同行即为旺，我生之月诚为相。
废于父母休于财，囚于鬼兮真不妄。
假令水宿号天蓬，旺在初冬与仲冬。
相居正二休三四，其余仿此类推同。

此言九星配五行生克休囚之理也。《经》云："我生之月为相，同类之月为旺，生我之月为废，我克之月为休，克我之月为囚。"如天蓬水星，旺于亥子月，水同类也；相于寅卯月，水生木也；废于申酉月，金生水也；休于巳午月，水克火也；囚于辰戌丑未月，土克水也。天英火星，旺于巳午月，火同类也；相于辰戌丑未月，火生土也；废于寅卯月，木生火也；休于申酉月，火克金也；囚于亥子月，水克火也。天冲天辅木星，旺于寅卯月，木同类也；相于巳午月，木生火也；废于亥子月，水生木也；休于辰戌丑未月，木克土也；囚于申酉月，金克木也。天心天柱金星，旺于申酉月，金同类也；相于亥子月，金生水也；废于辰戌丑未月，土生金也；休于寅卯月，金克木也；囚于巳午月，火克金也。天芮天禽天任土星，旺于辰戌丑未月，土同类也；相于申酉月，土生金也；废于巳午月，火生土也；休于亥子月，土克水也；囚于寅卯月，木克土也。

急则从门缓从神，三五反覆天道亨。

急者，临事于危难之际，不容少缓，出入抵向，不利于方位，则有从神之法。神者，天上直符所居之方，从此而趋驰之，自得神灵之护佑也。三者，开休生也。五者，死伤杜惊景也。三五反覆者，三吉能凶，五凶能吉，随时变迁，神其用而趋向之，则天道亨通矣。

十干加伏若加错，入库伏囚吉事危。

吉凶之枢机皆在于十干加伏，随直使以转运，若宫分加伏有错，则入墓休囚，事之应吉反危矣。

时加六甲，一开一阖，上下交接，又云："甲为天福，又为青龙，阳开利客，阴开利主，阖则固守，开则扬兵。"阳星合孟甲，内开外阖；合仲甲，半开阖；合季甲，内外俱开。阴星合孟甲，大阖；合仲甲，内阖外开；合季甲，外大开内半阖。三甲者，甲子、甲午为孟甲，宜静；甲寅、甲申为仲甲，宜潜藏，不可外出；甲辰、甲戌为季甲，凡百谋为大吉。诀云："时加六甲为开阖，六甲虽同用不同。阳星加开移徙吉，阴星加阖所为凶。"

时加六乙，往来恍惚，与神俱出。又云："时加六乙，诸事皆吉，利生百倍。"又云："六乙为天德，言乙与日奇，凡有往来，从天上乙奇而出，如有神助，不可测也。"

时加六丙，道路清宁，所愿皆遂，又云："威德之时，利于为主，不利为客。"又曰："明堂之下，利于安营。"又云："六丙天威无不利，敌人亡败莫争功。"丙为月奇，从天上六丙方出，可以制伏兵矣。

时加六丁，出幽入冥，至老不刑，刀虽加颈，犹然不惊。又云："时加六丁，作事康宁。"丁为星奇，从天上六丁而出，随星奇挟玉女入阴中，则人不见鬼不知，敌人不敢侵，将兵主胜。

时加六戊，乘龙万里，不知呵止。又云："时加六戊，凶神不遇。"又戊为天门，又为天武，若远行当从天上六戊之下而出，挟天武而出天门，虽万里凶恶，不敢为害，扬兵必获大胜。

时加六己，如神所使，不知六己，出被凶咎。又云：“时加六己明堂，宜秘密潜踪。”己为六合，又为地户，凡隐匿偷营劫寨，当从天上六己之下而出，如神不能见其形，故曰“如神所使”。

时加六庚，抱木而行，强有出者，必见斗争。又云：“前有凶恶，定主虚惊。”，又云：“庚为天狱，事相触犯，必遭刑狱。”此时强有出者，必迫刑宪，惟宜自守。此时将兵利主，不利客。

时加六辛，行遇死人，强有出者，罪罚缠身，又时加六辛，逢着鬼神，求之不遂，横祸来侵。又云：“辛为天庭，宜行刑决狱。”若强有出者，斧钺在前，必遭刑罪。

时加六壬，为吏所禁，强有出入，飞祸将临。又云：“六壬为天牢，又为天贼，宜囚禁罪恶。”若远行出入，必遭罪杜。将兵强欲出入，反被遭擒。

时加六癸，众人莫视，不知六癸，出门即死。又云：“时加六癸，为天网，惟利逃亡。”又癸为华盖、天藏，利于伏匿。又云：“六癸之下利于伏兵隐形。”

总论十干加临之法，非执着一处，盖遁甲之所重者在于故，视今日之时得何干，天上所用之时临于地盘得何干，不入库休囚，吉者终吉矣。

十精为使用为贵，起宫天乙无须溃。

使者，直使之门也。其直使十时一易，主宰祸福之权衡，贵在察时按宫精而用之。天乙者，直符，即六甲之旬首，统领三奇六仪，加诸时干，到处为之起宫，不可溃乱于用也。

天为客兮地为主，六甲推之无差理。

劝君默识此元机，洞澈九宫扶明主。

天者，天盘也。客者，用也。地者，地盘也。主者，体也。从奇仪顺逆相推体用，合其理默识者不出口，与心颖悟此中之元妙，纵横九宫，了然于指掌之中也。

宫制其门不为迫，门制其宫门迫凶。

吉门被迫吉减去，凶遇门迫凶更凶。

宫若生门则为义，最吉日合门主宫。

宫迫者，谓开惊二门临离宫，火克金也；休门临坤艮二宫，土克水也；生死二门临震巽二宫，木克土也；伤杜两门临乾兑二宫，金克木也；景门临坎宫，水克火也，此宫克门也。凡宫迫门者，为主克客也。门迫者，开惊二门临震巽二宫，金克木也；休门临离宫，水克火也；生死二门临坎宫，土克水也；伤杜二门临坤艮二宫，木克土也；景门临乾兑二宫，火克金也，此门克宫也。盖迫者，逼也，急切受制或门受制于宫，或宫受制于门，彼此相抗，扼抑不容，故吉门受制，吉则减吉，凶门受制，凶则愈凶矣。凡门克宫者，为客克主也。

宫生门者，义也，开惊二门临坤艮二宫，土生金也；休门临乾兑二宫，金生水也；生死二门临离宫，火生土也；伤杜二门临坎宫，水生木也；景门临震巽二宫，木生火也，此宫生门也。凡生门者为主生客也。

门生宫者，相也，惊开二门临坎宫，金生水也；休门临震巽二宫，水生木也；生死二门临乾兑二宫，土生金也；伤杜二门临离宫，木生火也；景门临坤艮二宫，火生土也，此门生宫也。凡门生宫者，为客生主也。

门宫比和者，如金见金，木见木，土见土，水见水，火见火。合三奇吉格者为上吉，诸事大利，需要分别吉凶四时旺相休咎，断之可也。

天网四张无路走，一二网底有路通。

三至四宫行人墓，八九高强任西东。

此言时不得六癸也。六癸属阴，乃十干气尽之时也。犯之者，如入网中，幽暗难出，其神有高下，审定所用之时加诸六癸在何宫。若在坎一宫则高一尺，在坤二宫则高二尺，随宫言高下也。天网一二尺者，遇之可跨而出，倘高在三尺以上，则不可逃矣，当此之时可偃旗息鼓，弃甲衔枚，匍匐而脱。或吾军陷入敌军，或从天门而出，或从玉女而去，或从三奇斩擒，以见血光，臂横刀刃，呼天辅之神号，扬旗擂鼓，举喊震声，并力突出而网破矣。若敌人来追，则身投网内，可回军奋击，后军必慌忙失措，破阵丧师，或敌人入吾所布之网，敌人作法而奔我军，慎不可追，追则我军投入网中矣。故诀云“天网四张，万物尽伤，高用匍匐，低用声扬”也。

节气推移时候定，阴阳顺逆要精通。

三元积数成六纪，天地都存一理中。

此言遁甲之理，反覆究详之意。二十四气之转移，皆在七十二候上中下三元也，所以有超接之法，期以节候符合轮转，以为遁甲之妙用。以二至而分阴阳两遁，定元布局不可差谬，故须精通。

遁甲此书为正轨，节气准的无过此。

请观歌里精微诀，非是贤人莫传与。

此言遁甲奇门惟此书为天时节气之正宗，非壬遁等术之可比，故戒妄传。此赋字字珠玑，精研玩味，岂愚昧者所能测识哉？

奇门法窍卷二

奇门六甲三元定例

《一得》曰："奇门地盘定局，八卦也、九宫也、九星也。"然地道常静，故八卦九宫永定而不移，若八门更换而为人盘，九星飞布而为天盘，变化无穷，虽鬼神亦莫能测其机矣，岂可浅易得乎？然物之不能逃者，数也；数之不能离者，理也；理与术所不能违者，时也。天有四时，迭运而成岁，一岁十二月，每一月有二气，共二十四气，每一月或三十日或二十九日，每五日为一候，每一气十五日为三候，一岁共七十四候。气者，节也；候者，元也，每一气分为上中下三元也。子午卯酉为上元，寅申巳亥为中元，辰戌丑未为下元，以甲、己为符头，掌六十时，而三元毕矣。自交冬至起至芒种十二气止，为阳遁，俱顺仪逆奇；自夏至起至大雪十二气止，为阴遁，俱逆仪顺奇，而又有正授、超神、接气、拆局、补局之法。盖六十花甲一日不增多，一日不减少，而气有或先或后，而日有或多或少，先须讲明正授奇诀，其他超神、接气、拆局、补局自有次第，可以通晓。如冬至、夏至、立春、立秋、春分、秋分、立冬、立夏、芒种、大雪，二十四节如此日，子时交节，即遇甲子、己卯、甲午、己酉是上元符头，亦此日到，乃为正授，如节气未到，而甲子、己卯、甲午、己酉符头先到，谓之符先节候，为超神。超神，超者，越也，当用本节之上元，以补之，不可错用下节之上元，因奇门专重节气，岂有节未到而预用之者哉？如星家命理，三月内某日交立夏节，在节后生人必作四月论命，岂能仍作三月？又如四月某日方交立夏节，在节前四月内生人，必作三月论命，岂能即作四月论乎？人之富贵穷通寿夭由此而定，焉敢妄生异议耶？接气者，迎接也，如节气先到，甲子、己卯、甲午、己酉符头后到，为节先符后，其候尚是前节之下元，当拆本节之下元某局以接之，谓之接气也。其闰局之说，考之授时，历视其日，已交冬至、夏至节令，而必欲仍用芒种、大雪之局以终三元之气，谓之置闰，是泥于古之闰法，以致阴阳错乱，有是理乎？如遵《时宪书》节气为凭，其正授、超神、接气、置闰，不辨而自明矣。

论遁甲源流

黄帝始创奇门，计四千三百二十时局也。法以岁按八卦分八节，一节有三气，岁有二十四气也；气有三候，岁有七十二候；候有五日，岁有三百六十日也；日有十二时，故一岁有四千三百二十时。一时一局，故奇门有四千三百二十局也。风后制奇门为一千八十局，阳遁统十二候，分局共五百四十；阴遁统十二候，分局共五百四十，合阴阳两遁为一千八十局也。周太公谙兵法，善布奇门，分七十二候，立七十二活局，每局六十时，七十二局亦四千三百二十时也。汉张子房删定为阳九局、阴九局。此图法更捷也。然十八局虽简，以奇门星仪符使之行，悉布于局中，其为课亦得四千三百二十，惟加临未能活变，必须正转二盘，其星符始能周转成课，是风后一千八十诚万世不易之法也。

论遁甲出自图、书

夫河出图，洛出书，而易道着象矣。其数始于一而终于九，周旋曲折，委然分之则九，贯之则一，其中条理，精密变化，用之则出入有门，进退有法，灿然为万世之矩矱也。迨后运以三式，仰观天文，俯察地理，中知人事，以筹算之。舍图、书而谈三式，由索途冥行昏溃而败坏矣。其造式三层，法象三才，上层象天，中层象人，下层象地，布列九星，开阖八门，分列八卦，以镇八方，立中宫以建皇极，推移直符以遁奇仪。夫水者，北方之正气，冬至阴至极，一阳始生，始于一而终于九，顺布六仪逆布三奇，画为九局，故曰“阳遁”；火者，南方之正气，夏至阳至极，一阴始生，始于九而终于一，逆布六仪顺布三奇，画为九局，故曰“阴遁”，总布十八局，以合二九之数也。知图、书者，始可语此。今之启口辄言遁甲，然不知立法之本旨，将十八局折作一层，按局推移，以为时用，称曰“活局”，以致气候暗昧，不明超接，无准安能征验？故曰：“遁甲不法图、书之理，更有他说，正所谓差之毫厘，谬以千里矣。”

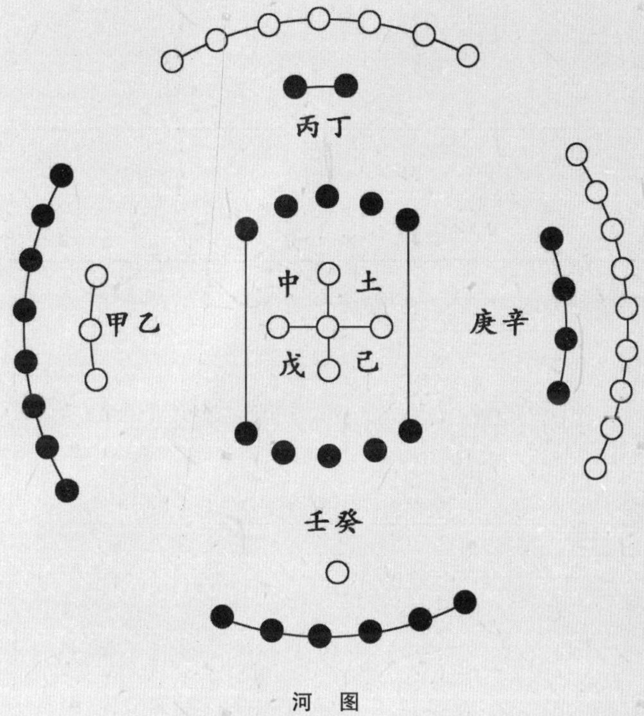

河 图

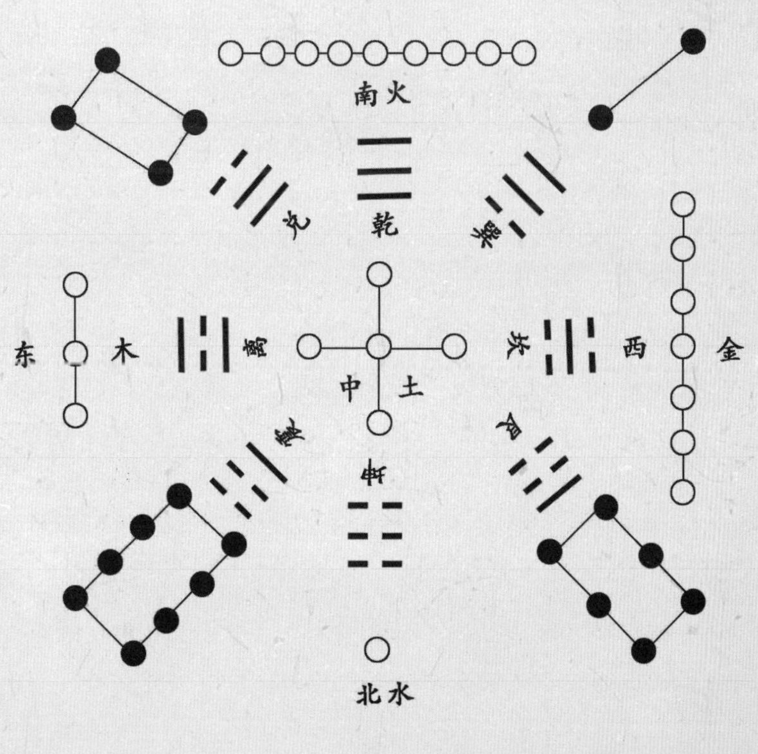

洛 书

论飞宫

遁甲十八局之法，谓之行军三奇，乃子房之授于圯上老人者也，后人不识作者之本旨，谓为局式叠一层以为天盘，按图推移，竟失飞布之法，而于卦气之次序错乱混淆。夫体用既殊，则九星阴阳失职，八门之休咎无征。中寄于坤一宫而有二曜，是背天之道，失地之理，何以行兵出战？盖地盘静也、体也，天盘动也、用也，静则吉凶之兆未形，动则变化吉凶之机已著，然动静之理，不外卦气。生成之数顺则始一而终于九，逆则始九而终于一，此不易之数也。若论卦，则有坎坤震巽乾兑艮离；若论门，则有休死伤杜开惊生景；而以星论，则有蓬芮冲辅禽心柱任英；而以遁论之，则丁丙乙之三奇、戊己庚辛壬癸之六仪是，昭然有中宫之定位，秩然有飞布之条理矣。若中五决当寄坤而不可易，则一宫之中有二星二仪，其吉凶将何以适从乎？推到别宫亦如此，混淆焉能符合克应？且如八门，人但知休生伤杜景死惊开说去，殊不知当从卦气休死伤杜开惊生景以飞越也；又如九星，亦知从蓬任冲辅英芮禽柱心说去，殊不知当从卦气蓬芮冲辅禽心柱任英以飞越也。如此飞布，始不失乎体用一本，悉合古人之成式也。

论阴阳局法

遁甲起元之法，其说不一，飞布若无次序，星符由此紊乱。如阳遁冬至十二气，顺布六仪，逆布三奇；阴遁夏至十二气，逆布六仪，顺布三奇，两遁均以戊己庚辛壬癸丁丙乙为次，分阳顺阴逆，飞布九宫。以阳局自坎一顺进坤二至离九；阴局自离九逆退艮八至坎一，由是星符依序旋转，则节气无差，似以此理为正宗，庶免为坊本所惑也。

论寄宫

中五无专方，故立寄宫之法也。考之诸书，论水土长生在申，故有寄坤之法，而近时均以阴阳十八图专寄二宫，又变体分寄八宫者，盖取生死之义，而仍不免泥于古法矣。然禽星属土实居中宫，遇辰须丑未月皆为乘旺，是土旺于四季，此一定不易之气也。是中五之阴阳已分见于四维明矣，又何必拘拘专寄二宫乎？愚详考不若随乎时令，所值之节气寄于四维，以立春寄艮用生门，立夏寄巽用杜门，立秋寄坤用死门，立冬寄乾用开门，既与时令相合，可得节气之真，而于阴阳所用之理亦无格碍，较之专寄于二八两宫者，尤通元妙矣。

论直符用法

《赋》云："直符前三六合位，太阴之神在前二。后一宫兮为九天，后二之神为九地。"此六合、太阴、九天、九地皆随直符而辅运八宫也，如分九宫，则直符到中宫将何以分前后乎？从气论，则中五以乾为前，以巽为后；从寄位论，则中五寄坤二，以兑为前，以离为后也。推详前后二字，有导引、随从直符之义，故其所重者在六合、太阴、九天、九地，而螣蛇、白虎、元武虽凶，而不论及也。信乎中五，当与寄宫并行不悖。又云："天乙之神所在宫，大将宜居击对冲，假令直符居离九，天英坐取击天蓬。"汤谓云："九天不可击，九地不可击。"若从卦气论，直符居离九，行阴遁以一为前，则九天在坎一，击天蓬是击九天，以何云不可击乎？故直符居离九。在阴遁宜屯兵于九天之坤二，在阳遁宜屯于九天之巽四，此所以天蓬之可击三胜宫第一胜也。要知九遁五假皆从此中立论，不可妄生别议。

论直使

直使者，九宫之气，即休死伤杜开惊生景也。夫六甲不遁于九宫，则九宫不得直其使，故六甲以星为体，以奇仪为用，以八门直使巡行而监察之，吉凶悔吝系焉。要在行宫有法，庶几趋避无差。愚考之诸家，立论不一，立法互异，有按八卦旋转者，如张公十八局，阴阳两遁人盘均以休生伤杜景死惊开一律顺行，不寻宫数，其中实有拘滞之处。而《捷径》一书，阳以休死伤杜顺布九宫，阴以景休死伤逆布九宫，较旧法稍有变通，又复有失阴遁直使之气。而《真授秘集》一本阳遁休死伤杜开惊生景，顺飞八宫，不入中五；阴遁依景生惊开杜伤死休，逆飞八宫，不入中五，似觉阴阳两遁直使之门得以周备，法良意精。洵以此法为正宗，可以永为规范矣。

论八神

八神者，直符、螣蛇、太阴、六合、朱雀、元武、九地、九天也。吉凶取用，关系匪轻。凡兵法以天乙所在之方坐击其冲，扬兵于九天，安营于九地，伏兵于太阴，匿形于六合，必须行宫有法，取用可以无差，而近世坊本欲以加太常飞九宫，欲以阴阳贵神法推布，欲以起于直使宫，欲以直符加时干之宫，立论纷纭，均失正气。愚考窍诸书，以天乙常随遁甲阴阳两遁，以朱白勾元并取，以直符加于时干之宫次，以螣蛇挨推，按八卦方位飞布，仍遵小直符加大直符之义，折中定论，庶几吉凶格局立现，亦可免混淆之弊也。

论奇门定向

夫奇门行宫不可参差，纤末必须准定。中宫以子午定向，南北始分列八宫，其一卦管三山，坎宫有壬癸，艮宫有丑寅，震宫有甲乙，巽宫有辰巳，离宫有丙丁，坤宫有未申，兑宫有庚辛，乾宫有戌亥。假如今日用时，其奇门吉局在乾，从中气而趋向之，始为得地，偏右则戌，偏左则亥，如丙乙奇到乾，合而言之，则曰入墓，然丙乙入戌而不墓，趋乾亥而避戌，岂非权变之法乎？其丁奇到艮亦如，用门之法有何异哉？

论中宫

易有太极，以生两仪，两仪生四象，四象生八卦，八卦相错，乾坤定位，山泽通气，雷风相薄，水火不相射。由是太极即中宫也，自洛书戴九履一，左三右七，二四为肩，六八为足，纵横十五，居中无往而非五也。是以八卦因之，一坎、二坤、三震、四巽、五中、六乾、七兑、八艮、九离，此不易之定数也。其中五属土，无卦气之所属，寄居于坤，若星则有九，以天禽位居中宫。甲统六仪三奇，以布列九宫，灿然备举，故中五不当，专寄于坤矣。以图、书之生克而论，中五寄于西南，为生物之关键，而遁甲重在节气，究不若随时令寄宫于四维，俾得节气之真，而趋向之吉凶定矣。

论超接置闰

奇门用法重在取时，故《经》云："年吉不如月吉，月吉不如日吉，日吉不如时吉也。"要在交节换局有法，自可得节气之真。诸家所论超接置闰，隐约其词，断难遵守，最捷之法，莫如详查《时宪书》，以交节之日，视何甲、己符头，分元定局，如系正符正节，谓之正授，即无须换局；如系上元甲、己符头，则以交节之日，起本节之上元，余元类推。改因日定元、因元定局，终不可易，节气既无差错，则吉凶应验，百不失一。遇闰之年，仍以交节符首分之，而置闰即在其中，若无闰月，则无闰奇也。是古之置闰，因交节未得其真法，自以今之《时宪书》为准耳。

论拆局补局

拆局、补局之法，亦不外超接、置闰也。夫遁甲中全凭符头，次准节气，上局有超，下局有接，有超有接，节有残局，拆补以置闰之，乃斡旋造化之功也。其法不论阳遁、阴遁，除过月大月小，只视甲、己符头与节气较量而分先后耳。如符头先到，节气后到，则用超以后到节气为主，有超有接则必有残局，拆补以全其气，始中正无偏。若永定五日六十时，以换其局，则不能不法古之置闰耳，是今之拆补之法，不可不遵而用之。何谓超？超者，过越也。何谓接？接者，迎待也。何谓神？神者，充足分量也。何谓气？气者，节候始达也。何为拆者？五日之内，凭节气之时刻分秒而分拆之，以补下局之不足也。何谓补？补者，五内之日有拆，则不满六十时，凭节气时刻分秒而分补之，以凑合前局不足之数也。故云："遁甲用拆补之法为最要之关键焉。"假如岁在丙申，《时宪书》正月初八日丙子丑正一刻立春，其戊子时与己丑时之初刻当是先年大寒，下元自丑时一刻起至戊寅日亥时止，计三十五日，系甲戌下局之符头统领，即用立春下局，即为残局，拆之以补下元不足之数，此所谓节先符后须用接法。十二日己卯，自子时起至十六日癸未亥时止，计五日六十时，作立春上局；十七日甲申，自子时起至于二十一日戊子亥时止，计五日六十时，作立春中元；二十二日己丑，自子时起至二十四日辛卯辰初一刻止，计二十八时零一刻，作立春下局，并前局所拆三十五时，共计六十三时零一刻，其余三时零一刻叠作立春下局，此即置闰之义、拆补之法也。又如七月二十九日甲午，自子时起至八月初三日戊戌亥时止，计五日六十时，作处暑上局；初四日己亥，自子时起至初八日癸卯亥时止，计五日六十时，作处暑中局；初九日甲辰，自子时起至十三日戊申亥时止，计五日六十时，已满足一局之数，十四日己酉寅初三刻白露，符先节后，法当用超，虽处暑下局之数既足，而子丑二时与寅初之三刻，却是己酉上局符头统领，法当叠作处暑上局补之，此亦置闰、拆补之法。自己酉日寅初三刻起至十八日癸丑亥时止，计四日五十八时零四刻，作白露上局，虽少二时零三刻，在后刻却补足之矣；十九日甲寅，自子时起至二十三日戊午亥时止，计五日六十时，作白露中局；二十四日己未日子时起至二十八日癸亥亥时止，计五日六十时，作白露上局。二十九日甲子巳初二刻秋分，是符先节后，法当用超，以白露下局之数既足，而甲子日之子丑寅卯辰五时，却是上局符头统领，法当叠作白露上局补足，此置闰、超神、接气、拆局、补局之秘诀也。盖以《时宪书》节气，时刻分秒纤毫无差，准凭符头超接而拆补之。是局局有闰余之气，用之响应如神，以取验于人事哉！

论中宫用门

遁甲之布局确乎当从卦气，自一至九，自九至一矣。然而宫既有九，门只有八，何虚一门以待用耶？世之胶固不通者，以中宫无门耳。中五无门则直使将何以加时到处乎？将何以逐九星行乎？若曰："门踰五而就六。"，则直使不必加时矣，八门亦不必逐九星行矣。故八门分列有四，有四则有五，以休死伤杜之中，分布立一寄门，然后以开惊生景分布，则中五有逐宫时到之处，皆有直使之，可加八门，又逐九星行矣。若以所寄无门，则此宫何以定吉凶？是取中宫之义，以定吉凶也。盖此方无门，则杜塞不通，不当趋向矣。五在八之中，则后有杜伤死休，前有开惊生景，可不当趋向耶？经所云避五之义也，若取中五宫之门以定吉凶，是交增出一门，吉凶于何所适从矣？按遁甲奇门，择其奇不入墓、门不犯迫，大将居中，帷幄左右，前后自有出入之门户，若布阵统兵，应以趋三避五之门出而交战，或屯兵于开休生之地，待敌兵陷入奋而击之，此用门之妙也。

论十干加伏

"加"字之义，自有而增入也。"伏"者，本有而待入也。其十二支辰分布八宫，各有统属，生墓休囚无容紊越，而遁甲则从直符起遁，故三奇六仪加诸宫分，以视其所遁之干加于何宫之支辰，论生墓休囚，则无加错之谬矣。如阳遁三局，用丁卯时，甲子直符在三宫起遁，顺仪逆奇，三宫甲、二宫乙、一宫丙、九宫丁、三宫还戊、四宫己、五宫庚、六宫辛、七宫壬、八宫癸。乙干到坤得休气也，丙干到坎得囚气也，丁干到离得临官之气，甲干到震得帝旺之气，戊干到震得囚死之气，己干到巽得休囚之气，庚干到中宫得废气也，辛干到乾得败气也，壬干到兑得败气也，癸干到艮得囚败之气也，此十干加伏之法。阴遁逆仪顺奇仿此。此十干加辰，辰之定位得生旺衰墓休囚之法，如斯例推，则十干无加错之误矣。

论地下奇仪

地下六仪分布十八局，从卦气节候以定三元，始知起宫何所，其所用时之直符，十时一易，统领奇仪，各有宫分之次序，此之谓地下三奇六仪；以天上直符加诸十干所到之处，则天上有三奇六仪。如得十干相加之法，如此行遁天地，无悖戾之衍运，用有神化之机。若胶于十八局之奇仪，则十干加错，甚非遁甲之本旨，故曰："十干加伏若加错，吉事凶囚凶事危。"

论中五

夫中五寄门者，天禽虽寄二宫，重借死门以配之，实则随局更使，至冬至三气则寄休门，立春三气则寄生门，春分三气则寄伤门，立夏三气则寄杜门，夏至三气则寄景门，立秋三气则寄死门，秋分三气则寄惊门，立冬三气则寄开门，此所谓随局更使也。且此星独名天禽，盖禽鸟得生气之先，即举《月令》所载，如每月俱有禽鸟之应，如正月雁候北、二月仓庚鸣之类，不足以征时局更使哉！故中五随令寄宫，其理明显，何必拘拘专寄二宫乎？

论直符直使

符使者，星门用时之异名也。直者，代甲而直其用也。甲以星门为体，以奇仪为用，故奇仪无定位，而星门有定宫也。符者，即凭执之符也。门为使者，即甲巡行之使也，故凡甲在之宫，即以直宫之星为符，以宫之门为使也。干本十也，以配十二支，而变六十，故称六，而仪亦称六也。奇仪者，九干之体；六十干者，奇仪之用，故奇仪随元分职九宫，而六十干亦随元分职九宫也。六十干分遁九宫，则六甲干首亦在其中，故曰"遁于仪而不能遁于奇"也。何以定为奇仪之用也？盖以静为体，以动为用，奇仪之于卦无定位，于局有定宫也，有定宫即谓之静，故曰"奇仪为九干之体"也。六甲随元遁六仪，故奇合六仪之干，亦随甲遁于宫，遁则非静矣，故曰"六干为奇仪之用"也。夫六甲不遁于六仪，则九星不能直其符；干不能遁于九宫，则八门不得直其使，歌曰："直符常以加时干，直使顺逆随宫去。"谓每甲用时，以当直之星符临奇仪本局之定位；以当直之门使巡奇仪本元之遁宫也。譬之用人，其体在此，而以符监之；其用在彼，而以使察之，故云“善藏其用，以儆无虞”也。

论年奇法

今人用奇门，但之有时，而不知有年月日，何也？其法传习差伪，失遁甲之本旨。揆之理气，无所适从，按之纵横失序，所以无征不信，不信，民弗从矣！年奇以甲子分上、中、下三元，固为确当，其布局逆仪顺奇，从天遁也。上元甲子起坎一，一为数之始，阳之初，从坎而逆布，甲子一周而终于五；故中元甲子起巽四宫而终于艮；下元甲子起兑七而终于坤。得其气之均，所取用者谓之行年，视直符以行，遁得地之行年，以直符加行年，始知天上三奇；以直使加行年，始知有开休生三吉门，法诚蔑以加矣。按嘉靖四十三年甲子起杜门，十年一移，至万历甲午年移休，依杜伤死休景生惊开为次序以行之，余可类推。考三元年遁法，上中下三局即阴遁一四七三局飞布法也。

论月奇法

月奇门先认定行年，以分上中下三元也，如遇四孟子午卯酉，即为上元，每一元管五年为率，如甲子、乙丑、丙寅、丁卯、戊辰、甲午、乙未、丙申、丁酉、戊戌、己卯、庚辰、辛巳、壬午、癸未、己酉、庚戌、辛亥、壬子、癸丑，此二十年为上元一局起坎宫，逆布六仪顺布三奇，视所用之月属何符统领以行遁，得何奇、何门以定吉凶；若遇四仲寅申巳亥，即为中元，每一元管五年，如甲寅、乙卯、丙辰、丁巳、戊午、甲申、乙酉、丙戌、丁亥、戊子、己巳、庚午、辛未、壬申、癸酉、己亥、庚子、辛丑、壬寅、癸卯，此二十年属中元四局起巽宫；如遇四季辰戌丑未即为下元，每一元管五年，甲辰、乙巳、丙午、丁未、戊申、甲戌、乙亥、丙子、丁丑、戊寅、己丑、庚寅、辛卯、壬辰、癸巳、己未、庚申、辛酉、壬戌、癸亥，此二十年属下元七局起兑宫，其飞布天地二盘之法与年奇同。

论日奇法

日奇以四时节气为准，以三元符头为定局。假如冬至上元阳遁一局，甲子戊坎、甲戌己坤、甲申庚震、甲午辛巽、甲辰壬中、甲寅癸乾、丁兑、丙艮、乙离是顺仪逆奇布成局矣。用庚子日，庚子震、辛丑巽、壬寅中、癸卯乾，此地下庚子在震二宫也；即以甲午直符加震丁、乾丙、兑乙、艮戊、离己、坎庚、坤辛、震壬、巽癸、寄艮，此天上庚子日在坤。甲午直符在巽，巽星得辅星，门得杜门，即以杜门为直使加坎、开坤、惊震、生巽、景乾、休兑、死艮，此日休门丙寄在兑也。假如夏至上元，阴遁九局甲子戊离、甲戌己艮、甲申庚兑、甲午辛乾、甲辰壬中、甲寅癸巽、丁震、丙坤、乙坎，是逆仪顺奇布成局矣。丁卯日，丁卯震、戊辰离、己巳艮、庚午兑、辛未乾、壬申中、癸酉巽，此地下丁卯日在震三宫也；即以直符甲子加震、乙丑巽、丙寅中、丁卯乾、戊辰震、己巳坤、庚午坎、辛未离、壬申艮、癸酉兑，此天上丁卯日在乾六宫也。甲子直符在离，星得天英，门得景门，即以景门为直使加乾，休兑、死艮、伤离、杜坎、开坤、惊震、生巽，此日丙奇到中宫，休门到兑也，余元仿此。阳遁用一七四三局，阴遁用九三六三局，一岁三百六十日，十五日一气，一元统四气，三元共十二气。如冬至、小寒、大寒、立春、雨水、惊蛰、春分、清明、谷雨、立夏、小满、芒种，阳遁统此十二气也；如夏至、小暑、大暑、立秋、处暑、白露、秋分、寒露、霜降、立冬、小雪、大雪，阴遁统此十二气也。一岁周遍，不失乎三元卦气时令之正。有符先节后之分，先视节气，次视符头，或超或接，或拆或补，视直符以行遁；有奇有仪，视直使以加。日有吉有凶，咸如时遁之法，以授时历为准，惟不用五子元遁也，门法入于《选择金镜》前编。

论时奇法

时奇之法，专以交节之时刻日支而定三元，以甲、己为符头，五日一换元，一元统六十时。假如阳遁一局，甲子在坎，蓬星为直符，休门为直使，管十时，至癸酉止；甲戌在坤，芮星为直符，死门为直使，管十时，至癸未止；甲申在震，冲星为直符，伤门为直使，管十时，至癸巳止；甲午在巽，辅星为直符，杜门为直使，管十时，至癸卯止；甲辰在中午，禽星为直符，寄宫之门为直使，管十时，至癸丑止；甲寅在乾，心星为直符，开门为直使，管十时，至癸亥止，此阳一局五日足六十时。阴遁九局，甲子在离，英星为直符，景门为直使，管十时，至癸酉止；甲戌在艮，任星为直符，生门为直使，管十时，至癸未止；甲申在兑，柱星为直符，惊门为直使，管十时，至癸巳止；甲午在乾，心星为直符，开门为直使，管十时，至癸卯止；甲辰在中五，禽星为直符，寄宫之门为直使，管十时，至癸丑止；甲寅在巽，辅星为直符，杜门为直使，管十时，至癸亥时止，此阴九局五日足六十时也，其余阴阳各遁仿此。奇门之妙重在节令，法古推原，惟时遁可得中正之气，其吉凶响应，人岂易测哉？超例格局入《选择金镜》后编。

论六甲出征远行

凡出征远行，先立六甲局，从本月旬甲起，乘青龙，历蓬星，过明堂，出天门，入地户，居太阴，然后无往不利，则百恶不侵，万世皆吉。慎不可犯天狱、天藏、天庭、天牢之方，不利。

论威德之时

六丙为威，六甲为德，当此之时，利以为客，发号施令，入其国，马不鸣，犬不吠，回车止，轮折冲，万里敢有举兵来向者，皆反自灭亡矣。天兵动，敌人自恐，将兵征讨，利以为客，人间万事皆吉也。

论三甲合

三甲合者，谓甲己之日遁见甲子时也，时局中又临直符，是三甲合于一处也。遇此时可以行兵、布阵、出行、求财、修造、嫁娶、谒贵，一切营谋皆可为也。

论三奇游六仪

《经》云："乙逢犬马丙鼠猴，六丁玉女骑龙虎。"是谓六仪加奇专使之格也。而玉女守门则专为玉女守本旬直使之门，非时加六丁也。而三奇游六仪，究未详细立论，真受书云："六仪间于奇之中，即游其仪也。本日甲仪加奇，奇复加仪，其时利，有攸往，其方宜嫁娶、干贵、出行、移徙、修合。"旧法有直符加三奇，谓之相佐；三奇加直符谓之欢怡，是仪加奇，奇加地仪，均可为吉，况遁甲既用三奇，何独三奇六仪互相加临，则未为吉论乎？歌云"三奇得使诚堪使"，又云"号为玉女守门扉"，二语皆指专格而谓也。愚意相佐、欢怡两格，虽不能较专使、守门十分之利，而谋为百事亦可得吉神相辅，又有丙辛、乙庚、丁壬奇合吉论，则相佐、欢怡不能置而不用，而与三奇游六仪亦相符合，留以备验，以俟高明参订。

论玉女守门

玉女守门者，盘中六丁守直使之门也。世本以守门即三奇游六仪者，非也。盖玉女守门者，守其宫以待直使之门来加所遁之时也。夫玉女，丁奇也，即以丁奇所在之宫，守直使来加临，谓八门游丁奇尚可，谓三奇游六仪可乎？假如冬至上元休门直使，甲子日庚午时、乙丑日己卯时、丙寅日戊子时丁酉时、丁卯日丙午时、戊辰日乙卯时，此六时遁于丁奇所在之宫，是为玉女，凡值此六时，直使必加其宫，故曰“玉女守门”也。

论游三避五

三、五者，七色星中三白与中宫五黄也。凡五黄所到之方，虽合奇门，亦当避；三白所临之方，虽不合奇门，亦宜游也，故云游三避五。世本以震三宫为生气宜游，中五宫死气宜避，盖误以中五独寄坤二死门也，若此，则四千三百二十时中，俱向三宫而出矣，不知立春后，中五寄艮为生门，甲子直符临三宫为击刑，若是则为游刑避生矣，特述此以释其谬。

论天网时

天网者，八门俱伏，第十干归本局之时，即癸酉、癸丑、癸未、癸巳、癸卯、癸亥也。凡百出入，皆出于门，八门既伏，如张网于门，出入见罗，故曰“天网”，如值此时，诸事不宜，此门惟逃亡、隐迹，出其方人不能获。然网有高低，出有俯仰，凡急避难，视天上癸临何宫，临四宫为入墓，往则不宜；临一二三宫为低；临六宫为触冠不宜；临七八九宫为高，高时两背负刃，俯身而出至六十步外，但行无疑。凡癸时为天网，癸亥为天网张，惟甲寅直符癸亥时临中五宫为天网四张，此时东南西北皆无出入，故曰：“天网四张，万物尽伤，强有出者，必有祸殃。”凡值此时，宜静而不宜动也。

论伏吟返吟

尝考六十时中星伏，惟六时甲子直符戊辰时、甲戌直符己卯时、甲申直符庚寅时、甲午直符辛丑时、甲辰直符壬子时、甲寅直符癸亥时，此阴阳之局星伏之定法也。凡六癸时为门伏，阴阳二局皆同。返吟取冲，头绪癸多难以备载也。

论阴阳刑德开阖

阴阳刑德开阖者，阴刑阳德，阴阖阳开也。冬至、小寒、大寒在坎德，卯刑酉；立春、雨水、惊蛰在艮德，辰刑戌；春分、清明、谷雨在震德，午刑子；立夏、小满、芒种在巽德，未刑丑；夏至、小暑、大暑在离德，酉刑卯；立秋、处暑、白露在坤德，戌刑辰；秋分、寒露、霜降在兑德，子刑午；立冬、小雪、大雪在乾德，丑刑未；寅申巳亥为生，故不及也。蓬任冲辅禽谓之阳星，凡五阳星加时为开；英芮柱心谓之阴星，凡四阴星加时为阖。将兵以开阖为主客，以刑德定坐击，开为主，阖为客也。

论五阳时

甲乙丙丁戊五时为阳，二至皆以此五时为阳。一切举动，取天盘三奇合吉门乘之。将兵利客，宜先举。凡出军、征伐、远行、求财、立国邑、安社稷、治民人、临武事、见官、谒贵、移徙、嫁娶，皆吉，惟逃亡难捕。《经》云："符使之行，一时一易，行阳利客。"阳干受东部之生气，阳时气升，故用天盘三奇也。

论五阴时

己庚辛壬癸五时为阴，二至皆以此五时为阴。一切谋为取地盘三奇合吉门乘之，将兵利主，宜后应。凡出征、远行、求财、立国邑、安社稷、治人民、临武事、上官、谒贵、移徙、嫁娶，皆不吉，惟逃亡可获。《经》云："符使之行，一时一易，行阴利主。"盖阴干受西部之煞时，阴时气降，故用地盘三奇也。

论三胜宫

《万一诀》云："阳遁用天上直符所居之宫，取本乎天者亲上之意；阴遁用地下直符所在之宫，取本乎地者亲下之意。"上将居之而击其冲，百战百胜。一曰天乙宫，《经》云："天乙之神所在宫，大将宜居击对冲。"星直符即天乙也，坐天英击天蓬，则胜。一曰九天宫，我军立九天之上，而击其对冲之宫，则敌人不敢当我之锋。一曰星门宫，生门合天上三奇之宫，上将行兵坐生门击死门，百战百胜。又曰背亭亭击白奸为一胜，背月建击其冲为二胜，背生击死为三胜，大同小异也。

论五不击

一不击天乙宫，二不击九天宫，三不击生门宫，四不击九地宫，五不击直符、直使宫。大抵我军宜居之方，皆不可击，倘其方为敌所据，交兵之时宜避之，或抄其后而击之可也。

论地气将顺逆支所属

地将者，神后、大吉、功曹、太冲、天罡、太乙、胜光、小吉、传送、从魁、河魁、登明也。此十二神应乎地支，故曰“地将”，即月将也。求将之法，神后子起，登明亥止，以亥逆躔娵訾，雨水用气是。一将一移，将加正时，吉凶可知，其法以每月中气后某日时刻日躔某次，于本月将出加正时用，其吉凶随各将临方审之。

建寅之月雨水后，日躔娵訾之次，是为登明亥将。

建卯之月春分后，日躔降娄之次，是为河魁戌将。

建辰之月谷雨后，日躔大梁之次，是为从魁酉将。

建巳之月小满后，日躔实沈之次，是为传送申将。

建午之月夏至后，日躔鹑尾之次，是为小吉未将。

建未之月大暑后，日躔鹑火之次，是为胜光午将。

建申之月处暑后，日躔鹑首之次，是为太乙巳将。

建酉之月秋分后，日躔寿星之次，是为天罡辰将。

建戌之月霜降后，日躔大火之次，是为太冲卯将。

建亥之月大雪后，日躔析木之次，是为功曹寅将。

建子之月冬至后，日躔星纪之次，是为大吉丑将。

建丑之月大寒后，日躔元枵之次，是为神后子将。

论庚丙格

《经》曰：“庚加年月日时皆为格。”应以凶论，然遇凶门则忌，若直开休生三吉门又逢旺相，仍以吉论，全在制伏得宜，可成大用，若拘拘于不宜用，未免胶柱而鼓瑟也。又如庚加丙为白入荧，丙加庚为荧入白，为格中最凶者；而遇直符，庚加丙则为龙返首，丙加直符庚又为鸟跌穴，均为格中最吉者。吉凶互见，而无发明取用之法，故皆泥而不用。然庚虽直符不可，以甲申所统之时概以凶论，是直符即受爵任事之人也，虽受甲于庚，譬之凶人，御于国门之外，其人岂曰善良，然每有奇才异能，亦能反正建树，竭尽股肱之力而能犹谓之盗贼耶？若夫庚加年月日时之干，而不得奇及三吉门者，则仍以白入荧、荧入白论。如甲丙相加又得吉门，谁云甲申旬之龙鸟吉格不堪取用乎？又如丙加年月日时之干，皆曰勃格，因丙为阳火，其性暴躁，过犹不及，用事多不靖，故以为忌。盖因举兵，凶象也，战，危事也，故遁甲用兵，凡遇丙庚所加则忌，遇丙相会尤忌，然丙又为奇吉，而果得三吉门相会，亦不能概置不用，似此庚丙加临之处，当宜活看为是。

论龙鸟格

葛洪曰："龙返首、鸟跌穴二格，虽无奇门卦局，亦可用事。"窃谓兵家作用，门最紧要，奇家惟此二格为上吉之格，而必须得三吉门，始为万全，若三吉门加临，则不计其生克之旺衰也。

论星仪动静

天主动，故天盘奇仪星门一时一易者，法天行之旋转也；地主静，故地盘奇仪星门五日一移，效地势之贞静也。故天盘直符加干以取时，取时者，一时一易也；地盘星符临卦气以定局，定局者，五日一局也。如冬至阳遁坎宫一局，管六十时也。

论奇墓

最吉者，莫如三奇得使；最凶者，莫如三奇入墓。二者吉凶悬绝，皆不宜取用之时也。乙奇入墓于坤未，丙奇入墓于乾戌，丁奇入墓于丑艮。假令阳一局丙寅时，天盘乙奇加之为得使，又为入墓，将何以论吉凶乎？盖奇既入墓，则暗昧不明，虽值得使，当此疲惫之时，乌能任其指使哉？故凡遇奇墓之时，虽值三吉门，亦不宜用。

论孤虚

凡主将用兵、安营、布阵，必须依孤虚之法，方能保全士卒，百战百胜，所向无敌。盖孤者，乃高峻独尊之象，常可背而击其冲，其法，即旬中空亡也，如甲子旬，孤在戌亥，虚在辰巳之类。务使阳孤而击阳虚；阴孤而击阴虚，则一女可敌十夫。如万人宜用年孤，千人以上用月孤，百人以上用日孤，十人以上用时孤，更有六花大阵，主将坐于中军、裨将坐于青龙、旗鼓振于天蓬、士卒驻于明堂、伏兵潜于太阴、领兵出于天门、旋师入于地户、斩决出于天狱、囚罪系于天牢、粮草统于天庭、府库藏于华盖，如甲子旬，子为青龙；甲戌旬，戌为青龙之类。六甲旬亥酉未巳卯丑为阴虚，戌申午辰寅子为阳孤，对而击其冲，分阳孤击阳虚，阴孤击阴虚也。

论五不遇时

五不遇，阳克阳干，阴克阴干，即子平家七煞之义也。选择日时，此煞极凶，纵有奇门不用。《经》曰："时干克日损其明，甲日原从午上评。举此一元为起例，损兵折将弃干城。"谓时干克日干，如甲日庚午时。

论天辅时

天辅者，天皇大帝之辅，太白分司，天恩理事守于六甲，泽于兆民，入官、服罪、远行、求财、移徙、嫁娶、求官、到任，人间万事，皆宜用之。虽斧钺在前，天犹赦之，其妙莫测。谓甲己之日己巳时、乙庚之日甲申时、丙辛之日甲午时、丁壬之日甲辰时、戊癸之日甲寅时也、甲己之日甲子时也。

论六仪击刑

六仪击刑者，谓甲子直符临三宫，子刑卯也，为无理之刑，防人暗算；甲戌直符临二宫，戌刑未也，为恃势之刑，主事多参商；甲申直符临八宫，申刑寅也，为无恩之刑，同上论；甲午直符临九宫，午自刑也，为高大之刑，主有自残，事体错乱；甲辰直符临四宫，辰自刑也，同甲午论。故不宜行兵战阵，人间谋为万事皆不吉也。

论空亡

有日旬空亡，有时旬空亡，十干截路空亡，惟出行最忌截路空亡。凡吉事遇空，则吉事不成；凶事遇空，则凶事不成。乍病遇空则却，久病逢空则死，如日时逢太岁则却，久病逢月建则亡之类。大约日奇重日旬空亡，而时奇重时旬空亡。

论三盘入墓

如地盘三奇入墓为主，事则暗昧，为欲不为，进退狐疑不决，反覆之象。

如天盘三奇入墓为客，事有乖张，遇而不遇，明中投暗。天地六仪若入墓，与三奇同断。

如天地二盘三奇六仪虽临于墓宫，合吉凶等格，分主客，各有吉凶。若奇临于墓宫，得日时相生，又不可以凶吉也。

论日干时支

时干克日支，乃贱犯贵、幼犯长之义，犯此大凶，惟甲日克时尤甚。当审其衰旺，如日旺时衰，虽克无妨；时旺日衰，一克不救矣。克凶生吉，《经》曰“时干入墓不可救”，然惟丙戌时为墓，到巽宫则墓开；丁丑时到坤宫则墓开；己丑时亦然；壬辰时到乾宫则墓开；癸未时到艮则墓开。又天盘六仪击刑，其墓亦开。又丙戌时遇辰月日时，则墓开，则随事大小而取裁之，但我星门受克入墓者不救，虽墓开亦不救，故曰“时克日干必遭殃，日克时干必有伤”也。

论应期

奇门一盘、星门生克、奇仪吉凶固然已定，至应何年月日时，又当其事之远进，或应年月日，或应时日，星门奇仪衰旺而断，神而明之，不可执定。先定其支，后配其干，其得干支之法，惟在正时定之，假如甲子直符加离九宫为子，午一冲，子与丑合，应在丑年月日时；甲午直符加坎一宫亦为子午相冲，午与未合必应；未日甲寅直符加坤二宫，为寅申相冲，寅与亥合，应在亥日；甲申直符加艮八宫，亦为寅申相冲，巳与申合，应在巳日；甲戌直符加巽四宫，为辰戌相冲，卯与戌合，应在卯日；甲辰直符加乾六宫，亦为辰戌相冲，辰与酉合，应在酉日，此直符相冲法，定支亦如此。甲戌直符加坤二宫，为戌刑未，卯与戌合，应在卯日；甲子直符加震三宫，为子刑卯，子与丑合，亦应在丑日；甲寅直符加巽四宫，为寅刑巳，寅与亥合，亦应在亥日，此直符相刑法，定支者亦如是。直符落在旬空，必以出旬断之，假如甲子旬中空戌亥，是加在乾六宫，必是应在戌亥日，以戌为重，阳与阳比，阴与阴比，此旬空法，定支者亦如此。如又不冲、又不刑、又不空，断之则必看天盘六仪所带之支以定，其支亦照看其冲合，逢冲以决其合定支，逢合以决其冲定支可矣。其天盘所带之支，又不冲、又不合，以星门生克定之，生逢生日，克逢克日应之。内中且有先后分别，符应主先，使应符后。

论暗干

《传》曰："奇门既分三盘，上、下盘内俱有一干，地盘宫中有一奇仪也，天盘星上亦带一奇仪也。"上下相对，一照成格，显然可知。其人盘内藏著玄微，名曰"暗干"。暗奇非同格悖之论，只专视其庚、奇，带奇为吉，带庚为凶。重在主星之下，飞门有无暗庚、暗奇，落在余宫，则勿论矣。妙在暗干玄微，凶中藏吉，吉内有凶之奥也。假如飞门[①]既生主星，飞门内又忽有庚到，凡百事，外面虽然美备，内中蹭蹬；又如飞门既克主星，凡百占之大凶，而飞门内忽有奇到，[②]凡百事外面虽凶，内中实多暗护。《经》云"若隐若现，若有若无"，飞干之谓也。观暗干之法，如阳一局，明庚在震三宫，其盘所到之处为天上六庚，伤门所到之处即为飞门，人盘暗庚也；如带来暗奇，亦如是可明矣。

论年白法

其法，上元甲子六十年用阴遁一局，中元甲子六十年用阴遁四局，下元甲子六十年用阴遁七局，视本年之干支在何元内以定局，再看旬头在何宫，一年一移宫。假如庚戌年，下元七局管事，庚戌旬头系甲辰所属，即以七局三宫甲辰上逆数至庚戌在六宫，即以六白入中五，五黄在四宫，查道光庚戌年，系在下元甲子元内，至同治三年

---

① 即直使之门。

② 即飞干之乙丙丁。

甲子则交上元矣。歌曰："上元甲子一白求，中元四绿却为头，下元七赤居中位，逆寻星位逆宫游。"假如下元甲子七赤入中五，六白四宫、五黄三宫。余仿此。

论月白法

其法以本月之支，视孟仲季以定上中下三元，俱用一四七阴局逆数，再看何甲旬头在何宫，一月一宫。假如乙酉月系甲申旬所统，以阴一局八宫起甲申逆数至七宫即乙酉，即以七赤入中五宫，五黄则在三宫矣。假如子午卯酉年，正月八白入中五宫，七赤在四宫；辰戌丑未年，正月五黄入中五宫；寅申巳亥年，正月二黑入中五宫。《经》云"千工万工求年白，百工十工求月白"也。

论日白法

日家白法不难求，二十四气六宫周，冬至雨水及谷雨，阳顺一七四中游，夏至处暑霜降后，九三六局逆行留。假如冬至后甲子为上元，起一白乙丑二黑；雨水后甲子为中元，起七赤乙丑八白；谷雨后甲子为下元，起四绿乙丑五黄，并顺布，求值日星入中宫顺行；夏至后甲子为上元，起九紫乙丑八白；处暑后甲子为中元，起三碧乙丑二黑；霜降后甲子为下元，起六白乙丑五黄，并逆布，求值日星入中五宫逆行。

论时白法

冬至三元一七四，子午卯酉顺布之；夏至三元九三六，子卯午酉逆排之。如子午卯酉日，冬至后子时起一白、丑时二黑，顺行入中五。辰戌丑未日，冬至后，子时起七赤、丑时八白，顺行起中五。夏至后，子时起三碧、丑时二黑，逆行起中宫。寅申巳亥日，冬至后，子时起四绿、丑时五黄，顺行起中五。夏至后，子时起六白、丑时五黄，逆行入中五。

论纳音

歌曰："甲子乙丑海中金，丙寅丁卯炉中火。戊辰己巳大林木，庚午辛未路傍土。壬申癸酉剑锋金，甲戌乙亥山头火。丙子丁丑涧下水，戊寅己卯城头土。庚辰辛巳白蜡金，壬午癸未杨柳木。甲申乙酉泉中水，丙戌丁亥屋上土。戊子己丑霹雳火，庚寅辛卯松柏木。壬辰癸巳长流水，甲午乙未沙中金。丙申丁酉山下火，戊戌己亥平地木。庚子辛丑壁上土，壬寅癸卯金箔金。甲辰乙巳覆灯火，丙午丁未天河水。戊申己酉大驿土，庚戌辛亥钗钏金。壬子癸丑桑柘木，甲寅乙卯大溪水。丙辰丁巳沙中土，戊午己未天上火。庚申辛酉石榴木，壬戌癸亥大海水。”

法曰：“子午银灯架壁钩，辰戌烟满寺中楼。寅申汉地烧柴湿，此是六十花甲头。”

论十二宫分野

《历书》曰：“周天三百六十五度四分度之一。”言每度分作三十二分，再以四分定之，每分各八四分度之一，言一度三十二分，言度之一只八分也，言周天三百六十五度余八分也，日一日行一度有奇，一年行尽三百六十五度余八分之数。

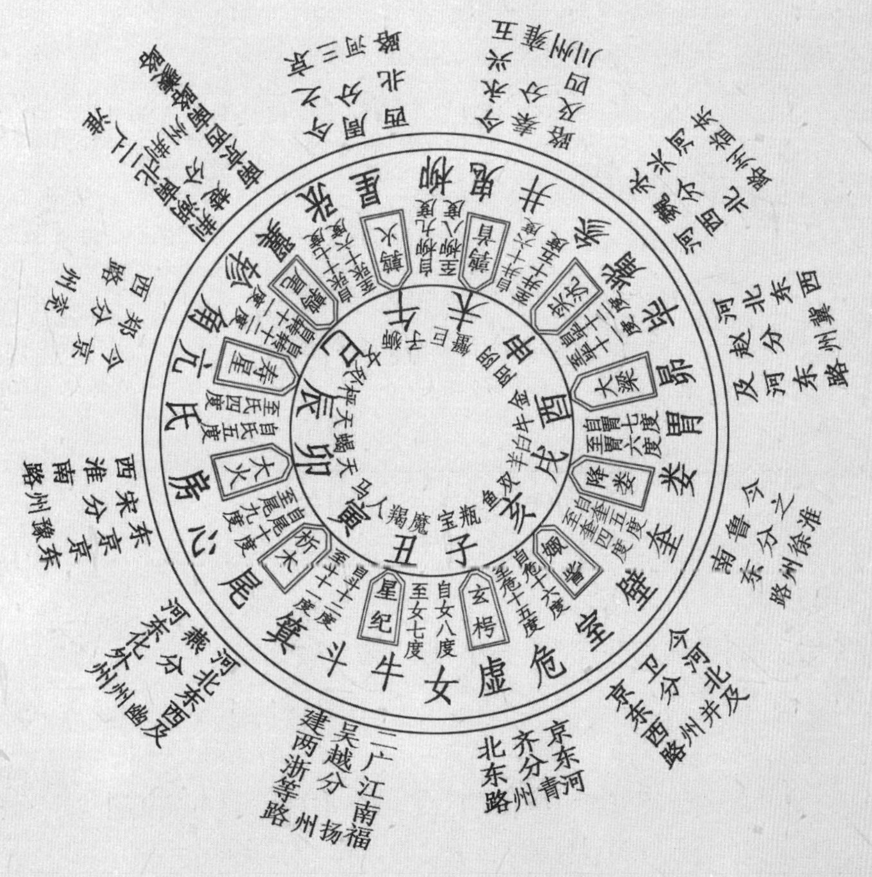

二十八宿分野图

二十八宿度数自立春始虚初度。

虚八度。危十五度。室十七度。壁九度。奎十七度。娄十一度。胃十五度。昴十度。毕十五度。参九度（附觜）。井三十度。鬼二度。柳十二度。星五度。张十七度。翼十九度。轸十七度。角十二度。亢八度。氐十五度。房五度。心六度。尾十七度。箕九度。斗二十二度。牛六度。女十度。

以上共三百三十八度，每宿俱有初度，除觜附参止二十七宿，该二十七个初度并三百三十八度，今正度足周天三百六十五度也。

四象	十二星次	二十八宿	二十四节气	十二分野	十二地支	四象	十二星次	二十八宿	二十四节气	十二分野	十二地支
东方青龙	寿星	1. 角	谷雨	兖州	辰	西方白虎	降娄	15. 奎	霜降	徐州	戌
		2. 亢	清明					16. 娄	寒露		
		3. 氐	春分					17. 胃	秋分		
	大火	4. 房		豫州	卯		大梁	18. 昴		冀州	酉
		5. 心	惊蛰					19. 毕	白露		
	析木	6. 尾	雨水	幽州	寅		实沈	20. 觜	处暑	益州	申
		7. 箕	立春					21. 参	立秋		
北方玄武	星纪	8. 斗	大寒	扬州	丑	南方朱雀	鹑首	22. 井	大暑	雍州	未
		9. 牛	小寒					23. 鬼	小暑		
		10. 女	冬至					24. 柳	夏至		
	玄枵	11. 虚		青州	子		鹑火	25. 星		三河	午
		12. 危	大雪					26. 张	芒种		
	娵訾	13. 室	小雪	并州	亥		鹑尾	27. 翼	小满	荆州	巳
		14. 壁	立冬					28. 轸	立夏		

二十八宿分野节气星次对应表

子，元枵，女虚危，齐分野，属青州（山东、济东、泰、武、登、莱、青、天津）。

丑，星纪，斗牛，吴越分野，属扬州（苏、松、常、镇、太、淮、扬、江宁、福建全省、广东全省、安徽全省、浙江全省、江西全省）。

寅，析木，尾箕，燕分野，属幽州（顺天、宣、永、保、易、河）。

卯，大火，氐房心，宋分野，属豫州（归、德、曹州、徐州、济宁）。

辰，寿星，亢角，郑分野，属梁州（开、陈、洛、光、颖）。

巳，鹑尾，翼轸，楚分野，属荆州（汉、黄、德、武昌、荆、襄、郧、韶、廉、广西全省、岳、常、澧、长沙、衡、宝、辰、永靖、柳、都匀、思镇、黎、石、平)。

午，鹑火，柳星张，周分野，属周之三河（河南府许、陕、汝、信各州并南阳府陕、商州、贵、铜仁)。

未，鹑尾，井鬼，秦分野，属雍州（西、同、凤、兴、汉、邠、乾、延、榆、绥郡，巩、秦、阶、平、庆、成、绵、龙、茂、顺、保、潼、忠、西、重、叙、夔、嘉、雅、宁、泸、眉、云南大理、临安、楚、曲、顺镇、丽江、腾、蒙各州)。

申，实沉，觜参，晋分野，属并州（山西全省)。

酉，大梁，胃昴毕，赵分野，属冀州（正定府，赵、祁、冀、深各州、翔州、大同)。

戌，降娄，奎娄，鲁分野，属兖州（兖、沂、泗、邳)。

亥，娵訾，室壁，卫分野，属河北（彰、怀、卫、大名、临清、东昌、曹州各县)。

论总发天机

盖三奇、八门、六仪、九星八卦九宫皆五行之所属，不过赖五行生克旺相、制害刑冲、胎绝养死、贵禄空亡、乘生陷旺之理，人能触类引申，则三才万物之道，尽可不求哉！

如天盘九星奇仪八门属金，加于地盘诸星属木，此谓金克木，谓之客来伤主，战利为客，行兵先举，放炮呐喊，士卒精强，百战百胜，凡求谋请益、交易等事，败破忧惊，宅舍暗昧，遭逢小人、贼盗，惟行人即至，若金旺木衰，其凶尤甚，金衰灾凶稍可。

如天盘诸星属金，若在衰墓死绝之时，加于木宫，乃无气之金，则不能伤木，木若在生旺之时，则木星为吉，木若在衰墓死绝之宫，则凶终不能免。

如天盘木加于地盘火星，是谓木能生火，为客来生主，战利为主，谋为一切等事，皆如心志，百事大吉，如有重木临生旺之宫，此为贪生之木，反压火光，火渐自灭，若木临退气之宫，或木少火旺，则为枯木生火，大利主兵，宜暗计征讨，百事大吉。

如天盘土加于地盘金，亦为客生主，若系土旺或有重土，则虽生金而被土埋，必有暗兵埋伏，或贤士英豪失志，或忠烈受屈无伸。

如天盘水加地盘金，乃主伤客，宜偃旗息鼓、禁声攻敌大胜，凡谋多破耗，有始无终，惟宜求名显达，官事得理，出行吉。

如天盘金加地盘土，乃主生客，宜耀武扬威，客兵大胜，凡谋为始终劳碌，耗散费力，方得安妥。

如天盘与地盘九星奇仪门宫五行一样，谓之比和，如金临金、火临火之类，若逢生旺之时，由我为主客，诸事吉，军兵奏凯；若临衰墓之时，诸事宜迟，宜埋伏、暗剿，利为主客；若在衰墓死绝之时遇日干相生，谓之绝处逢生，迟为后吉；若在死墓之时，又被本日时冲，谓之无气，受伤绝灭，生意终不利也。若诸星逢旺禄之时，或被冲克制害，终不为凶，如诸星在旺相又逢生者，为喜上加喜；在墓绝受克者，忧上加忧。衰墓逢生旺而好渐来；若旺受克，美景将退。

如地盘生天盘，乃我生者子孙，凡事先难，如父母养育子女，常怀忧惜之心，待子成人而后有望，好事日新，永远吉庆，为主者，宜施恩布德，选将求贤，凡事谋为，克己破费，若合吉格，主好事破财，如遇蓬休壬癸，主酒筵、湖海、水面、交易，或虚惊、水灾之厄；逢任生芮死，主田土、山岗、坟茔、死女、少男、喜庆灾厄之费，余仿此，各有条款，在前已详言之。

如天克地，是克我者为官鬼，大利为客，凡事只宜守旧，不可强谋，反破财、有始无终，谓之克我者，囚也。

如地克天，乃我克者为财，行兵利主，若求官、求名、官讼、捕猎吉，以下之事不利于后，成之反伤，终不久远，谓之我克者，休也。

如天盘生地盘，是生我者为父母，战利主大胜，凡求谋、干谒、婚姻、商贾、营宅等事，大吉，不可妄为，敬谨而行，永远吉庆，谓之生我者，旺也。

论五行生克制化

五行有生中克，如金生水，水盛则金沉；水生木，木盛则水阻；木生火，火盛则木烬；土生金，金盛则土衰；火生土，土盛则火蔽。又五行有克中生，如木克土，土厚喜克，是为秀耸山林；土克水，水盛喜克，是为撙节隄防；水克火，火盛喜克，是为既济成功；火克金，金盛喜克，是为煅炼成器；金克木，木盛喜克，是为斵削成器。

水下、火上、木左、金右、土中，以位言也。

水黑、火赤、木青、金白、土黄，以色言也。

水曲、火炎、木直、金元、土方，以形言也。

水润、火燥、木敷、金敛、土溽，以性言也。

水咸、火苦、木酸、金辛、土甘，以味言也。

故在天则火为日，水为雨，木为风，土为云，金为雷；在地则火为火，水为河，木为林，土为山，金为石；在人则火为心，水为肾，木为肝，金为肺，土为脾，又火为血，水为骨，木为筋，土为肉，金为皮。人第知火能克金，不知金遇旺合，则金中有水，火遇克金而反受其克，此生中克，克中生，变化无穷，不可不审也。

如土生金，土遇旺合，则生之不竭，如土相时，未离父母之胎，则土中尚存火气，不特不能生金，金且受其制。如金生水，金逢旺合，则生水无疑，如金相时，金中尚存土气，不但不能生水，水反受其制，木火水皆然，此中秘诀不可不知。

干支星门问答

问："本数星门受克，而干居旺地，是有始无终。凶中有救乎？"曰："然哉！君可语数指出元机来。北有池，南有台，阴阳元理贵心裁。炼得三盘真气候，风云呼吸取诸怀。语毕无辞君莫厌，我将永别上天台。"

又问："本干宜居旺地，倘庚临时干，数所最忌，宜衰不宜旺，日干总是本身宜旺不宜衰?"

假如有人问病于符使上，既断其大概之吉凶，复于本正时上看本干阴阳，或起长生轮去，病到何宫？宫上有奇否？有庚否？得门否？宫下受迫否？不落旬空？一一看之，如前断之，自验。又有人问婚姻，宜看冠带宫，冠带具成人之礼也，占婚姻必看此宫；问初进之功名，宜看临官；问迁职之功名，宜看帝旺；谋生、求禄、补廪、觅食，宜看养宫；产育、寿考，宜看长生宫，若配以十二天将，更得其精微。

又曰："四干之下，各带一支，看其冲合，地盘两干之下，各坐一宫，看其墓旺。墓旺所以验吉凶，冲合所以验动静。凡事未发而遇冲则动，既发而冲则散；事未起而遇合则静，既起而遇合则成，然又当以星门合看，不可执定。"

假如正时是乙卯时，坐专禄，[①] 乃为大美，若坐到坎宫，乃乙木之病乡，其体必强旺，比如壮人，尚可支撑；若正时是乙亥，乃乙木之死地，又坐坎宫，则本身久已无气，病必死，战必败，谋事不成；或正时是乙酉，酉本乙木之绝地，若坐到离宫，为绝处逢生，病药而后痊，战阵而后胜，谋事久而后成；若正时是乙卯，又坐到寅卯辰巳午未申诸宫，方为得地，最吉。假如正时是丙戌时，[②] 时干入墓，若坐到巽宫，其下地支乃壬辰，辰戌一冲，墓库已开，又为冠带之乡，做事先难后易，日久乃成，然又

① 乙禄在卯。
② 丙墓于戌。

当以主飞流看合，方毫厘不差，以上指丙言也，余干可以类推。

问："乙遇辛丁遇癸，冲坏即成凶格，独壬见丙为何不成凶格?"曰："此皆诸书之误也。盖丁见癸即使门也，癸见丁即符宫也，直使门也。若宫吉门吉，稍见相冲，不为大害；宫凶门凶，见之大凶，更丁见癸，在值门，则我吉，盖奇在我也，癸见丁，在使门，彼吉，盖奇在人也，秘之。"又问："玉女守门此奇在人，何又为吉格?"曰："守扉不过是阴私和合事，当因时而断。"

问："诈吉门奇到，如时加六庚、六辛、六壬，可以出门否?"《传》曰："六辛、六壬有奇可出；时加六庚，虽有奇，不可出。"

又问："逃难藏身，使门既吉，符宫或有庚到，可以出门否?"曰："逃难本身已有难，故可出；平居无事，断不可出。"

又问："使门不可出，可以出符宫否?"《传》曰："临阵可背，出门则不可也。倘本星受克，即背亦不背，当秘记之。"

又曰："出三奇三吉，以发兵时言也。背天罡、亭亭、月建、游都、雷公等法，以临阵言也，各用有准。"

门数既占矣，三奇不到，使门奈何?曰："奇到出奇，不然向天上而去，如庭中六步，郊外六丈是也。"又问："与众兵出乎?抑独自出乎?"曰："庭中自出，郊外同出也。"

《经》曰："凡动作营为，得三奇到方吉，到宫不拘，年月禁忌恶煞皆退避，化凶为吉。"

《传》曰："地下三奇避八卦，即庚丁墓丑、乙丙墓戌之类是也。"

《传》曰："支煞看使，门干煞，看符宫，干为天煞，支为地煞，凶多吉少。倘所到之煞甚凶，得三奇可解，遇天罡亦可解。倘三奇在地下与诸煞同处，诸煞远避，应无灾害。如三奇在天上，忽然加临，诸煞起而复退。"

问："四隅每一宫有两支落位，如使门落在艮宫，还看丑宫地煞，还看寅宫地煞，抑两宫俱看否?"

《传》曰："本时支属阳，则看阳宫；本时支属阴，则看阴宫。故曰'阳与阳比，阴与阴比'是也。如杜门到兑宫，是主门被流宫所克了，问行人似乎不来，然杜门逢克则开，欲金旺必到，秘之，八门可以意推。"

《传》曰："生门，土也，死门，亦土也，土虽同而异用，一生气，一死气，所以异也，如杜门、伤门皆木也，而用亦异，杜则重而轻有缺反轻，杜则闭而不出，伤则受而可救。"

如兑金克伤门，问病主刀箭疮刃、或嗽、或脓血、或肝病之类是也；乾金主克伤门，或跌打、或石压、或登高而坠、或肝病、或嗽症于伤寒之类是也。遇木旺金衰不妨，金旺木衰必死，金衰木旺亦死。

如兑金克杜门，或腹胀、或骨硬、或膈噎、或便闭，逢木衰金旺，则痢疾呕血之症，必死。木旺金衰虽重不妨，八门由是类推无失也。

问："五行首重衰旺。三月建辰，应土旺，又三月乃清明节，系卯木司令，应木旺，果否？"

《传》曰："依奇门则木旺，依节气则土旺，二者宜兼用。如生门直符，则木不能克土；伤门直符，则木又能克土，盖两旺因乎直符，万不可易。"

又曰："若遇杜门如何？"曰："微有所别。"

又曰："死门、生门均一土也，衰旺还同否？"曰："生旺春夏，死旺秋冬。"

又问："天禽寄天芮，衰旺同否？"曰："天禽虽寄西南，实居中宫，无分阴阳，遇辰戌丑未月，则皆旺矣。"

问："人有病，生死未判，还看生宫，看死宫？"曰："少年看生宫，老年看死宫，有奇到宫者，不迫乃吉。"

问："沐浴何谓也？"曰："沐浴者，欲发未发，机将漏之意也。"

问："何为绝？"曰："绝看甚多。绝者，生气尽，无订交，遇绝，则财进而疏婚姻，遇绝则情反而逆，触类而通，何求不可？且此中更有妙处，符宫之干为主，使门之支为客，胎旺同推。"

问："帝旺何义？"曰："假如婚姻遇帝旺，在男得休而成吉，女亦强良而助家。阴干得之应女，阳干得之应男。落空亡，则为假婚；遇空亡而成守扉，断然是野合。"

问："养字其意何？"曰："养包得多，求谋活计，皆可类推，不能尽述。"

问："假如本干坐落之宫既得旺相，而本干所带之支乃是衰绝，吉凶取用何如？"曰："干支十二有弃取，符使加临如联珠，逢帝旺绝虽难用，只看坐宫不看支。须知来意应其方，不因符使因其余，举将出兵逢帝旺，指挥妙算乱能除，若还逢绝又逢衰，片甲不回居墓衰，星奇既得干逢绝，有始无终真奇哉。"

问："天蓬星利于亥子月，春夏将兵不利，倘春夏月直蓬是水，而飞门是景，乃水克火也，可以用兵乎？"曰："蓬虽能克景，总是无力耳。"又问："遇子日子时，何如？"曰："稍差胜，符使虽分先后而断，符吉主应先凶而后不利，符重门轻，以数言也；门重符轻，以出兵时言也。若星门并吉而格未吉，吉中有凶；星门最凶而格最吉，凶中有吉。符为父，使为母，符受克则父亡，使受克则母亡；又符为本身，使为妻子，生克亦同推；而符为天，使为地；符为君，使为臣，同推。流宫生主门，属土，主增田土；属金，主增财帛；属木，主增房宅；属火，主增文章；属水，主增秀士。”

问：“八诈一盘缘何把十二天将折去几位，又把九天九地贵人直符插入内中，是何主见乎?”

《传》曰：“十二天将所以配十二地支也，八诈所以配八宫也。”问曰：“假如星门直符诈得白虎，可无妨否?”曰：“有害。其中吉凶当随八诈配以六壬所落宫位断之。”又曰：“伤门直符诈得九天可有害否?”曰：“最吉九天、九地，前贤未曾分剖。总之所到皆吉，大抵九天、九地则天地于我不大，其覆载有何不吉?”又曰：“倏为吉，倏为凶，倏为我用，倏为彼用，人不知，神不测，天地莫能窥，其微乃谓之诈。盖八诈之中，惟九天、九地、太阴、六合为吉，余皆凶，然诈凶而星吉奇到者，不妨。又一等诈虽凶，我星门克彼者，亦不妨，彼不居旺令者，亦不妨，如不得星门，又逢凶诈克星门者，乃为大凶。”

假如我坐天任生门，诈得元武，宜防小人盗贼，然土能克水，虽有小人，不足为害，彼居旺令者，若我居囚死，稍畏之。星门克主门得地者，吉。

又八诈之生克，须以我星门同敌之门宫合看。

八诈八属

直符：白虎，属金；九天，属金；九地，属土；六合，属木；太阴，属金；元武，属水；螣蛇，属火；朱雀，属火；勾陈，属土。

论干支合变

甲己化土，田园之土，情同夫妇，中正之义。

乙庚化金，嵌饰之金，情同将士，有恩威之用。

丙辛化水，浆胆之水，情同君臣，为势利之交。

丁壬化木，藤罗之木，情同朋友，为淫讹之局。

戊癸化火，焰燥之火，情同僧道，为妒忌之嫌。

子合丑，实丑合子虚，二合化土，为兰房之合，夫妇之义也；

寅合亥，破亥合寅就，二合化木，为生泄之合，父子之义也；

卯合戌，亲戌合卯就，二合化火，为规矩之合，兄弟之义也；

辰合酉，亲酉合辰离，二合化金，为投托之合，朋友之义也；

巳合申，信申合巳疑，二合化水，为合伙之合，僧道之义也。

奇门法窍卷三

八门九星吉凶克应

休门为阴气之位，坎宫之使，其星为一白。天蓬属水，坎者，陷也，居五行之首而生物，不敢与离火相敌，故曰“休门”。休者，美也，主冬，旺于壬子癸亥年月日时方，出此门者，无往不宜；来此门者，主有吉庆之事。出此门者，行二十里，见长吏大人、或引猪羊车马等人及见跛足人；行三五十里，见蛇鼠水中等物。休门宜上表章、选将、兴师、安营、上官、赴任、谒贵、应举、迁移、嫁娶、求财、远行、商贾、修造、竖柱、安息、休兵，凡举百事，皆宜休门，驭二宫之气，以镇坎也。《经》云：“休门坎德万事宁，出师大利出门行。三奇之下引兵出，神道昭彰效助灵。”

天蓬星宜安守边寨、修筑城池、屯兵固守、开穴造葬、移徙，主火灾、营造、损胎孕、争斗、见血光、上任、多盗贼，春夏吉，秋冬不利，又为贪狼星也，主兖州分野。

死门为刑戮之门，坤宫之使，其星为二黑，天芮属土，坤者，顺也，因与艮土对待复生，有生则有死，故曰“死门”。死者，终也，主旺于四季，辰丑未戌戊己年年月日时，将兵对敌，背生击死则获大胜。来此门者，报仇、行间、设伏、争斗，主有凶恶等事，宜谨防之。出此门者，行三五十里，牛骡骑犊，血光死伤，或逢丧葬之事，二十里见哭泣，或疾病皂衣人，或枷锁重囚应之。

死门宜启攒、安葬、攻城、行刑、诛戮、射猎、筌鱼、网兽、开田、修路、塞水、填基，余事不宜。出师失律，损将折兵。《经》曰：“死门坤道更得灵，误行其下定无魂。只有送犯临兹吉，若为他事不堪论。”

天芮星宜屯兵、固守、训练士卒、受业、修道、交易、田产、安葬、招贤、结友、驱邪、治病，四时皆吉，又为巨门星也，主梁州分野。

伤门为六害之门，震宫之使，其星三碧，天冲属木，震者，动也，动而受兑金之克，故曰“伤门”。伤者，损也，主旺于春，甲乙寅卯年月日时，将兵出战，士卒恐怖，只宜固守。来此门者，主有凶恶争斗、损害等事；出此门者，三十里或三里，见损伤之物，或争斗血光之人，或扭猪、产妇、犬吠、牛鸣、小人交争应之。

伤门宜捕捉、征伐、索债、博戏、求神、筌鱼蹄兔、收货、兴讼，伤门驭四宫之气，以镇震也。《经》云："伤门震位恐惊危，万里闻声人惧威。将兵出战多忧虑，射猎丛中得获归。"

天冲星宜选将、出师、交锋、战阵、报仇、捕贼、探围、射猎，余事不利，春夏吉，又为禄存星也，主徐州分野。

杜门为闭塞之门，巽宫之使，其星四绿，天辅属木，巽者，入也，受乾金对宫之克，敛迹退藏以避之，故曰"杜门"。杜者，绝也，主旺于甲乙寅卯年月日时，将兵不宜出战，只宜固守及邀截、隐匿。来此门者，主抑塞耗失忘命追寻之事；出此门者，四十里或四里，见修筑、惊惶之事，或见凶恶之人，或暴风疾雨应之。

杜门宜隐伏、讨逆、诛戮凶暴、判决、刑狱、填塞坑坎、邀截道路，不利兴兵征伐，宜坚壁固守，凡举百事俱凶。杜门驭九宫之气，以镇巽也。《经》云："杜门之下阴气蒙，误行其下妄西东。不宜举兵征战事，只宜固守待时通。"

天辅星宜选将、求贤、交锋、破阵、得地千里、造葬、婚姻、娶嫁、应举求名、商贾交易、修道、设教、移徙、营建，春夏吉，又为文曲星也，主荆州分野。

天禽星，中宫土也，主旺于四季辰戌丑未年月日时，将兵交锋，大战报捷，开疆展土，四时皆利，自有百灵相助，宜祭祀、求福、除邪、祛凶、赏功、封爵、上官、赴任、选举、求名、移徙、竖柱、修造、求财、交易、宴会、上书、献册、入官、伏罪、谒贵。《经》云："天禽之宿是廉贞，万事为之福自臻。大将出师先报捷，封疆化雨及斯民。"加三四宫利为客，一宫利为主，四季吉，又为廉贞星也，主豫州分野。

开门为显扬之门，乾宫之使，其星六白，天心属金。乾者，健也，乾为天行健而不息，因对宫巽木受克而杜绝，造化终无闭绝之理，闭则复开，故谓之开门。开者，辟也，主旺于秋，庚辛申酉年月日时，将兵客胜，被围突出伏匿避难。来此门者，主封赐、进献、求请、谒取、吉庆等事；出此门者，或六里六十里，有人执持酒食牵牛骑马，或紫衣阴人，或四十里遇相识之人应之。

开门宜求财、谒贵、上官、赴任、求名、应举、远行、商贾、嫁娶、造葬、移徙、开门、放水、导泉、穿井、行兵、辟地、开疆拓土，所向通达。开门驭八宫之气，以镇乾也。《经》云："开门乾道利元亨，将兵远出震威声。凡百所谋无不吉，万里扬名获利行。"

天心星宜选将、出师、扬威、布阵、擣巢、破敌、展土、开边、求仙、访道、合药、治病、入官、见贵、求名、移徙、商贾、远行、营建，秋冬吉，春夏凶，又为武曲星也，主冀州分野。

惊门为奸谋之门，兑宫之使，其星七赤，天柱属金。兑者，悦也，因对震宫而感动，故谓之惊门。惊者，骇也，主旺于秋，庚辛申酉年月日时。将兵主士卒有惊伤、败亡、攻劫之虞。来此门者，主惊走、失逃、诡诈、虚惊，凶逆之事；出此门者，行七里见大惊小怪之事，或阴人道路阻隔、车伤马骤、鸦鸣雀噪应之。

惊门宜捕捉盗贼、斗讼、恐惑乱众，虚诈诡谲、攻击伏兵，利于西方，凡百举事，忧祸随之。惊门驭六宫之气，以镇兑也。《经》云："惊门出入心不安，明中说事审其端。宜获奸人谋异事，顺天掩捕不为难。"

天柱星宜固守、屯兵、修筑垄垒、训练士卒、安养锐气、修造、祭祀、隐迹、埋形，余事不宜，秋冬吉，又为破军星也，主雍州分野。

生门为通泰之门，艮宫之使，其星八白，天任属土。艮者，止也，天地生物之化育，不能终止，止则复生，生而不息，故谓之生门。生者，育也，主旺于四季，戊己辰戌丑未年月日时，将兵从生门引兵而击死，百战百胜。来此门者，主进献、归投、吉庆等事；出此门者，行八里见贵人乘马或遇公司官吏之人应之。

生门宜兴兵、发令、上官、赴任、造葬、婚姻、入宅、归伙、求财、博戏、应举、求名、远行、商贾、交易、经营、修方，凡举百事所向，皆得。生门驭三宫之气，以镇艮也。《经》云："生门仁德阳气生，惟宜百事好经营。上书献贡奇门吉，所向之星甚协情。"

天任星宜安邦、建邑、选将、出兵、婚嫁、上官、商贾、求谋、造葬、修方、应试、求名、谒贵，四时吉，又为左辅星，主青州分野。

景门为进奏之门，离宫之使，其星九紫，天英属火。离者，丽也，因对坎水涵太阳日精，重明丽于天中，化生万物，故谓之景门。景者，大也，主旺于丙丁巳午年月日时，将兵量敌而进，破围突阵不凶。来此门者，主上书、索债、争婚、论讼等事，出此门者，或九十里九里见惊恐、盗贼、火光、失物，或有风雨疾病中途逢劫，或见蛇火，或见罪人应之。

景门宜求贤、访士、上书、献策、受道、学业、觅职、求官。景门驭一宫之气，以镇离也。《经》云："景门离九正当阳，上书献策出其方。突阵破围进士卒，余事随之道不祥。"

天英星宜面君、谒贵、上书、献册、干求、升擢、宴会，余事不宜。夏吉，又为右弼星也，主扬州分野。

八门临时断诀

开加乾乾卦，若遇天心星加于此宫，为伏吟之格，只宜访道、求贤、积粮、收货、练兵、藏宝、暗伏兵机、防守，诸事不宜；如有别星加于此宫，或三奇吉格，万事大吉，合凶格则凶。

开加坎讼卦，主贵人相扶，进益金宝，牛马之利，名成利遂，若合三奇吉格，尤吉；合凶格，凡事先吉，后有耗失，吉事减半。

开加艮遁卦，凡事有耗失利，为客事宜迟，若合吉格、三奇，万事大吉，出兵大胜；合凶格只宜固守。

开加震无妄，出兵利客，合三奇吉格，诸事大吉；合凶格，只宜固守。

开加巽姤卦，出兵利客，若天心星加临此宫，宜捣巢、破敌，百战百胜，合吉格尤吉。合凶格名曰“返吟”，只宜散兵、赏赐、移营、迁徙，余事大吉。

开加离同人，出兵利主，求名、官讼吉，合吉格、三奇尤吉；合凶格凡事迟吉，先举为强。

开加坤否卦，出兵利客，诸事耗失，若合三奇、吉格，将兵战胜，诸事亦吉；合凶格，凡事迟吉。

开加兑履卦，出兵主客俱利，合三奇吉格，战必全胜；合凶格，战宜计胜，凡事皆凶，先者利主刑伤。

休加坎坎卦，若遇天蓬星加于此宫，为伏吟之格。战宜固守，凡事不吉，惟宜开沟、养鱼、造酒、积粮、买鱼盐，迟则有利，若合吉格，凡事迟吉；合凶格，万事皆凶。

休加艮蹇卦，出兵利主，求名、官讼吉，合奇吉格战则胜，凡事先难后易之象；合凶格战宜固守，百事吉。

休加震屯卦，出兵利主，若合吉格、三奇，战必全胜，凡事吉；合凶格，战宜固守，百事不吉。

休加巽井卦，出兵利客，合三奇吉格，战则大胜，万事永远吉祥；如合凶格，诸事半吉，战宜固守。

休加离既济，若天蓬同临此宫，为返吟，战利客兵，大胜，又宜散粮、赏赐、放水、开沟、挖井、通渠；若合凶格，凡事不宜，如合别星吉格三奇，凡事半吉。

休加坤比卦，出兵利主，若合三奇吉格，战胜吉；合凶格，凡事凶。

休加兑节卦，出兵利客，若合三奇吉格，当用机胜，凡事亦利，永远亨通；如合凶格，诸吉减半，迟则祯祥。

休加乾需卦，出兵利客，凡事先施仁义，后得吉祥，若三奇吉格，战胜事利；若合凶格，战固守，诸事欠利。

生加艮艮卦，若逢任星加于此宫，为伏吟，战宜固守，诸事不利，如别星加此宫合吉格，战胜吉；如逢凶格，精兵休动，吉事成凶。伏吟利开田、耕种、筑墙、塞路、填井、收货、积粮。

生加震颐卦，出兵利主，若合三奇吉格，一敌百人，凡求有遇；如合凶格，战守皆凶。

生加巽蛊卦，出兵利主，若合三奇吉格，百事大利，战必大胜；合凶格，诸事先吉后败，用兵须防危险。

生加离贲卦，出兵利客，宜施仁义，以利诱之，若合吉格三奇，不战自退，化邪归正，凡事皆遂；若合凶格，凡为自损，有始无终。

生加坤剥卦，如天任星加于此宫，为返吟，只宜散兵、赏赐，若别星加之，合三奇吉格，战利主客，全胜；合凶格，凡为不利，兵宜固守。返吟格只宜破土、崩墙、坏屋。

生加兑损卦，出兵利主，贼必求和，事多进益，合三奇吉格，万事亨通，战则大胜；合凶格，凡事半吉，战宜固守。

生加乾大畜，出兵利主，战得力，凡为有益，如合吉格三奇，尤吉；合凶格，吉事半减，征兵勿举。

生加坎蒙卦，出兵利主，宜施仁义，以计取胜，诸事先虚后实，合吉格奇门，战必全胜，凡为大利；如逢凶格，凡事减半后凶。

伤加震震卦，若天冲星加临此宫，谓之伏吟，只宜索债、求神、博戏、收货、积粮、捕捉、斩邪、伐恶，如别星加临合吉格，战利主，皆胜；合凶格，只宜固守，凡事勿求。

伤加巽恒卦，出兵主客俱利，合吉格，战必全胜，凡事如心；合凶格，先吉后凶。

伤加离丰卦，出兵利主，贼来投降，不动兵戈，奏凯而回，合凶格，先吉后凶，须防埋伏，凡事早为则利，迟有惊忧；合吉格，首尾皆吉。

伤加坤豫卦，战利主，合吉格，弱兵为强，百战百胜；合凶格，凡为不吉。

伤加兑归妹，若天冲同临此宫，谓之返吟，只宜散众、赏赐、伐木、脱货，合吉格，战利主；合凶格，凡事不宜。

伤加乾大壮，出兵利主，合吉格战胜，凡事顺遂；合凶格，凡事无成，战宜收兵，迟则取胜。

伤加坎解卦，出兵利客，合吉格战利，先举得胜，凡为皆遂；合凶格，凡事迟吉，战勿举兵。

伤加艮小过，战利客，合吉格得胜，凡为亦利；合凶格，凡事大凶，急宜防守。

杜加巽巽卦，若天辅同临此宫，为伏吟，宜积粮、收货、窖珍、藏宝、逃避、种园、蓄果，若遇别星合吉格，战宜主客，利兵暗剿、诸谋、私计、暗图；合凶格，凡事俱凶。

杜加离家人，战利主客，合吉格贼来投降，闻威自败，凡事皆遂；合凶格，战不利后，防有伏兵，诸事不宜，先成后败。

杜加坤观卦，战利客，合吉格，凡为半吉，战宜先举得胜；合凶格，先胜后败。

杜加兑中孚，战利主，合吉格，战必全胜，谋事亦吉；合凶格，百事成凶，精兵必败。

杜加乾小畜，若天辅加临此宫，为返吟，宜回兵、散众、逃遁、赏赐、放脱，如别星合吉格，战为主，敌人闻威退避，然后进剿，凯歌而回；凶格，诸事凶。

杜加坎涣卦，战利客，合吉格，战胜事吉；合凶格，战宜固守，凡谋多见虚花。

杜加艮渐卦，战利客，合吉格，得胜，凡事先难后易；合凶格，战必败亡。

杜加震益卦，主客利，战则胜，合三奇吉格尤吉，凡为亦吉；合凶格，防有诈兵埋伏，凡事成空。

景加离离卦，若天英同加此宫，为伏吟，宜约谋、献策、遣使、破围、赏赐士卒、投师、授道、造炉、炼丹、修灶，如别星加之，合吉格，战主客俱利，以合取胜，百事亨通；逢凶格，战守待敌，凡为不利。

景加坤晋卦，战利主，合吉格，化邪归正，贼自投降，诸事皆吉；合凶格，先吉后败，战宜固守。

景加兑睽卦，战利客，合吉格，战必全胜，百事半吉，迟则全利；合凶格，始终无望，战只宜守。

景加乾大有，战利客，合吉格，奏凯而回；合凶格，战损兵卒，凡事不宜。

景加坎未济，战利主，合吉格，出战后举得胜，凡事吉；合凶格，百事无成，固守迟胜。若天英同加此宫，为返吟，宜散众、赏赐、打屋、拆灶。

景加艮旅卦，出兵利主，战得利，凡为有益，合吉格尤吉；凶格减半。

景加震噬嗑，战利为客，合吉格，征兵先举取胜，凡为小吉；合凶格，战宜固守，凡事勿行。

景加巽鼎卦，战利客，合吉格，兵宜先举得胜，凡事先施仁义，迟则亨通；合凶格，战宜固守，百事不利。

死加坤坤卦，若天芮同临此宫，为伏吟，宜耕种、筑墙、补路、开田、积粮、防守，如别星加此宫得吉格，战利主，以和取胜，凡事大吉；合凶格，凡事勿谋，兵勿动。

死加兑临卦，战利主，合吉格，出兵后举得胜，凡为小吉；合凶格，防有暗昧，不可轻动，凡事先吉后忧。

死加乾泰卦，战利主，合吉格，兵强战胜，谋为皆就；合凶格，战守迟利。

死加坎师卦，战利为客，合吉格，兵宜先举取胜；合凶格，百事逢凶，所谋不就。

死加艮谦卦，若天芮同临此宫，为伏吟，宜散粮、赏赐、开井、挖河，如别星加临合吉格，战利主客，以和取胜，凡事皆成；若合凶格，凡事不遂，战宜固守。

死加震复卦，战利主，合吉格，精兵后举得胜，凡为半吉；合凶格，凡为无益，战宜迟胜。

死加巽升卦，战利为主，合吉格，主兵大胜，谋为小吉；合凶格，百事俱凶。

死加离明夷，战宜客兵，合吉格，征兵先举大胜，诸事迟吉；合凶格，战防失机，固守待敌，凡事无成。

惊加兑兑卦，客主俱利，若天柱加临此宫，为伏吟，宜用捕捉、置货，如别星加临，合吉格，战宜计胜，凡事皆大吉；合凶格，战宜固守，百事勿为。

惊加乾夬卦，战利主客，合吉格，必大胜，凡事昌盛，永远亨通；若合凶格，百事无成，战宜防守。

惊加坎困卦，战利为主，合吉格，百战百胜，谋事通达；合凶格，战宜回兵，谨防奸细，百事无成。

惊加艮咸卦，战利为客，合吉格，宜用计，凡事先施仁义，后必大利；如遇凶格，精兵勿动，凡为欠利。

惊加震随卦，战利为客，合吉格，耀武扬威，百战百胜，凡事先难后吉；合凶格，战必大败，凡事不吉，若逢天柱同临此宫，为返吟，只宜散众、赏赐、入山、伐木。

惊加巽大过，战利为客，若合吉格，大胜，凡事先难后吉；合凶格，凡事大凶，战必大败。

惊加离革卦，利为主，合吉格，主兵全胜，凡事先难后利；合凶格，诸事不利。

惊加坤萃卦，战利为客，合吉格，战宜机胜，凡事迟吉；合凶格，战宜固守，凡为皆凶。

以上诸星，须详生合休旺克害刑冲贵禄空亡，凡吉凶，各得其宜，活法变通阐而用之。

八门路应

休门三十逢阴人，身着黄蓝及碧青。

生门十五逢官吏，贵人着皂紫衣襟。

伤门三十逢争讼，凶人着紫血光腥。

杜门二十男女辈，绢褐随人从路行。

景门三十鸦噪鸣，官府相从六畜犉。

死门二十逢疾病，黄皂衣人宴会行。

惊门七里逢险阻，车马桥梁见失惊。

开门二十阴人至，贵人乘马紫衣巾。

三奇静应

日奇到乾，有黄衣人至，或缠钱之人来应。

月奇到乾，有披衣人至，或飞鸟成双来应。

星奇到乾，有执刀斧，或牵角畜之人来应。

日奇到坎，有皂衣人，或鼓吹音乐声来应。

月奇到坎，有执杖人，或黄白鸟西北来应。

星奇到坎，有抱小儿南来，或黑云飞起来应。

日奇到艮，有青衣人，或提铁器之人来应。

月奇到艮，有青衣人，或网罟鱼鸟之物来应。

星奇到艮，有文书纸笔，或小儿铁器来应。

日奇到震，有武士执刀枪，或鼓吹之声来应。

月奇到震，有网罟卖鱼，或游猎小儿来应。

星奇到震，有女人成双南来，或飞禽来应。

日奇到巽，有白衣赤马，或小儿戏打来应。

月奇到巽，有乐声，或喝喏，或南方惊事来应。

星奇到巽，有小儿乘牛，或南方黑云来应。

日奇到离，有病眼、病脚，或小儿骑牛来应。

月奇到离，有黄黑飞禽成群，或单飞来应。

星奇到离，有青衣人，或青鸟成群飞来应。

日奇到坤，有裹白披孝，或四方擂鼓声来应。

月奇到坤，有青衣人乌鹊南北，或鼓声来应。

星奇到坤，有皂衣人，或担水黑禽飞来应。

日奇到兑，有女人三五，或鸟声飞鸣来应。

月奇到兑，有执杖人东来，或小儿鸣声来应。

星奇到兑，有文书纸笔，或打鱼黄禽来应。

三奇临宫吉凶格

乙为日奇，到震为日出扶桑，有禄之乡，又贵人升殿，吉，又云升殿归垣，行兵奏凯，万事皆合。

临兑为白兔游宫，又为玉女藏威，凡事迟得吉，退隐安稳，行兵主客大败。

临巽为金乌乘风，又玉女降神，凡百事皆吉，战斗必得胜。离为金乌，当阳吉，又长生之乡，凡百事皆显阳。

临坤为金乌损日，凶，又为玉女入墓，凡百事暗昧，有为必阻逆。

临乾为金乌入林，受制，凶，又为玉女朝天，百事大吉，军令宏宣。

临坎为金乌饮泉，吉，又为玉女旺乡，父母之地，凡事皆吉昌。

临艮为金乌步青云，吉，为玉女升堂，帝旺之所，凡事安康。

丙为月奇，临离南，为离火旺之地，又为贵人升殿，吉，又为临帝旺之宫，登台命将，凡百事皆吉也。

临震为月入雷门，吉，又为奇临雷霆之乡，父母之邦，事是贞嘉。

临巽为火行风起，吉，又为临有禄之乡，火入风门，此得吉之助也。

临坤为子活母腹，吉，又为子孙之宫，威德收藏，凡事皆益，主事迟缓。

临兑为玉兔折足，又为阳入阴宫，和合之象，诸事可暗图也，亦主迟延。

临乾为奇神入墓，凡事迟阻，只宜暗图。

临艮为玉兔入舟，又为凤入舟山，长生之位，平敌凯还，万事大吉。

临坎为火入水池，凶，水火相克，凡事主损伤也。

丁奇时，下临丁，出幽入冥，至老无刑，临险不惊。丁为玉女，三奇之中，此星最灵，凡隐匿、逃亡、绝迹，当从天上六丁方出入，人皆不见，故曰“出幽入冥，吉”。

临兑为天乙贵人升丁酉之殿，又为长生之方，火德流辉，无晦而光明也。

临震为光耀通明，吉，又为玉女入雷门，事事多妄惊，难于收拾也。

临巽，玉女临帝旺之所，万事皆亨通也。

临离为豪气乘旺，又为得禄之乡，百事逢之，利名显扬。

临坤为玉女游地户，吉，凡事暗地图谋必胜。

临乾为玉女游天门，吉，三奇斯为贵，其福利自得也。

临艮为玉女游鬼门，凶，又为入墓，固守无忧，宜埋伏取胜。

临坎为朱雀投江，凶，逢壬癸更甚，玉女收藏，宜于安静。

三奇路应

乙奇遇生门，路逢雨鼠斗。

乙奇遇休门，路逢扛木人。

乙奇遇开门，路逢红衣及公吏人。

丙奇遇生门，路逢患眼，或斗争。

丙奇遇休门，五十里鼓乐声。

丙奇遇开门，路逢执杖老人，或哭泣死丧应。

丁奇遇生门，路逢鹰犬采猎人。

丁奇遇休门，路逢皂衣人。

丁奇遇开门，路逢执杖小儿。

三奇会门克应

日奇会生门，宜上官赴任，应举、嫁娶、破土、立券、安葬、竖柱、上梁，有白鸟、风云、微雨、车马来应，主子孙超盛富贵。

月奇会休门，宜上官赴任，应举、嫁娶、破土、立券、安葬、竖柱、上梁，有乌鸟、风云、白鹤应之，主子孙富贵。

星奇会开门，宜上官、赴任、嫁娶、破土、立券、安葬、竖柱、上梁、入宅，有大车乘小车，白云盖冢应之，子孙荣贵。

三奇会使克应

乙奇会天蓬生门乙庚日时，雷霓现，二鸟应，暮风一阵，应之大利。

丙奇会天芮休门甲己日时，鹤鹏二人，乘马来应，大吉。

丁奇会天英开门戊癸日时，乌鸟白项，雷鸣，大利。

十干克应

十干克应有元微，一一皆从时位推。

六甲贵人端正好，

甲为天福吉有余，阴日青衣妇人，阳日青衣男人，应三年内得大禄，大吉。

六乙僧道九流医。

乙为天贵，主高贤，阳为贵人，阴为僧道。

六丙飞龙见赤白，

丙为天威，行逢骑赤白马人着青衣来应。

六丁玉女好仪容。

丁为玉女，阴日女子物色，阳日大女人，二十七日有进古气。

六戊旗枪并锣鼓，

戊为天武，阳日锣鼓，阴日亲友歌乐，年年得武人财宝。

六己黄衣并白衣。

己为明堂，阳日黄衣人，年内得贵人；阴日白衣人，一男一女。

六庚丧服并兵吏，

庚为天刑，阳日见兵吏，阴日见孝子、白衣人，四十九日有贵人交字来应，主见斗打人。

六辛禽鸟并飞鸦。

辛为天禽，主飞禽，阳日白衣人，一年得财宝。

六壬雷霆雾霏雨，

壬为天牢，千里雷霆，阴日皂衣人，阳日白衣人、女抱瓶，主七十日内进人口。

六癸孕妇喜欣归。

癸为天藏，阳日捕鱼人，阴日孕妇归，六十日得铜镜。

十干加时断法

天盘六甲同六戊，加地盘戊者，谓之伏吟，凡事淹蹇，守旧为吉。①

戊加乙，为青龙合灵，门吉事吉，门凶事凶。②

戊加丙，为青龙返首，动作大利，名利皆亨，若逢迫墓、击刑，吉成凶。③

戊加丁，为青龙耀明，宜谒贵、求名利，皆遂，若值死墓，招是招非。

戊加己，为龙神相亲，凡事有神助。甲加己，为贵人入狱，凡占公私皆不利。④

戊加庚，为直符飞宫，吉事不吉，凶事不凶，又为太白登天门，休囚门制，祸临身。⑤

戊加辛，为青龙折足，若吉门生助，尚可谋为，若逢凶门，主拐带、失财、有足疾。

戊加壬，为龙入天牢，凡占一切皆不利，门制更加凶，三门合，唱奏凯归。⑥

---

① 又曰青龙入地，养威蓄锐。

② 又曰青龙入云，利见大人，若遇三门，出兵全胜，主客皆利。

③ 又曰青龙得旺格，分主客用之。

④ 又为青龙相合。

⑤ 得令之时，皆有成就，须分主客。

⑥ 又为青龙破狱格。

戊加癸，为青龙入华盖，利于为客，门制多伤，门吉招福。[①]

天盘乙加甲，为奇入天门，万事皆旺，三门会合，吉，门逢凶迫，不利。

乙加乙，为日奇伏吟，不宜谒贵、求名，只宜守分安身，合生则吉，合克则殃。[②]

乙加丙，为奇顺吉格，门吉，迁官、进职；门凶，主夫妻离别。[③]

乙加丁，为奇仪相佐，文书事吉，百事可为。[④]

乙加戊，为奇入天门，与甲同断。[⑤]

乙加己，为日奇入雾，被土暗昧，门凶更凶。[⑥]

乙加庚，为太白奇合，万事可为，若宫门相合，尤吉；门凶少逊。

乙加辛，为青龙逃走，奴婢拐逃，六畜损伤。[⑦]

乙加壬，为日奇入地，主有悖乱之事，官讼是非。[⑧]

乙加癸，为奇临华盖，宜遁迹、修道、藏形、避灾难，吉。[⑨]

天盘丙加戊，为鸟跌穴格，百事谋为皆吉。[⑩]

丙加乙，为日月并行，公私谋为遂心。[⑪]

丙加丁，为星奇逢朱雀，贵人文书吉利，常人平静。[⑫]

丙加丙，为悖格，主客相伤，诸事逆理，不吉，出入往返，战败自伤。

丙加己，为丙孛入刑，公私不利，吉门尚吉，凶门转凶。[⑬]

丙加庚，为荧入太白，主门户破财，盗贼耗失。[⑭]

丙加辛，为奇神相合，谋事可成，名利称心，万事大吉。[⑮]

丙加壬，为奇入天罗，为客不利，是非颇多。[⑯]

---

① 又为青龙相合格。

② 又奇中伏奇格。

③ 奇蔽明堂，云遮其光，诸事暗昧，后必吉昌，得门为良。

④ 又为奇旺太阴，利主前征，行师全胜，四海安宁。

⑤ 又万事光明，三门若合，奏凯回营。

⑥ 又为月入地户格，为客大利，为主欠利。

⑦ 三门合，利主；三门制，吉变凶；门宫相生，永远吉祥。

⑧ 作事主虚张，凡为皆不实，三门合，利客。

⑨ 奇入地网，客兵亨，主兵暗昧，路迷程，作事狐疑，难进步，三门相合，百事成。

⑩ 又曰奇门相生，利主兵征，三门相合，永远亨通。

⑪ 又曰三奇当阳，主客兵强，出兵破敌，贼必投降。

⑫ 又曰三奇相至格，各有旺墓宫，凡为一切事半实半相侵，三门合和，喜事欣欣。

⑬ 又曰奇神入墓格，凡为事不成，战宜收兵，万事迟亨，又鸟跌穴格，战利主客，求谋遂意，又为奇入明堂。

⑭ 又曰荧入白，战利客，诸事难，宜守旧。

⑮ 又为飞鸟跌穴，断同前法。

⑯ 又曰奇神逢时格，狱人主逃亡，又为神奇游海格，求名、官讼吉，战利主兵。

丙加癸，为奇逢华盖，凡事多暗昧不明，迟则名利兴。

天盘丁加地盘戊，为青龙得光，官主升迁，常人咸吉，凶恶不起。[①]

丁加乙，为人遁格，贵人加官进爵，常人主有婚姻财喜，谋事吉，王室有宠光。[②]

丁加丙，为星随月转，贵人越级超升，主客皆利，诸谋遂心，三门合，享太平。[③]

丁加己，为火入勾陈，主有阴私之事，谋为皆不利。[④]

丁加丁，为奇合重阴，主文书即至，诸事可谋，谨慎勿惊。[⑤]

丁加庚，为悖格，主文书阻隔，谋为难就。[⑥]

丁加辛，为朱雀入狱，罪人释囚，求谋不遂。[⑦]

丁加壬，为奇仪相合，百事有成，贵人辅助，讼狱公平。[⑧]

丁加癸，为朱雀投江，文书音信主有沉失，谋为不利。[⑨]

天盘己加地盘戊，明堂合青龙，万事得吉祥，谋为皆遂意，门吉事吉，凶反。

己加乙，为奇入地户，凡事多暗昧难图。

己加丙，为火孛入地户，阳人有相害之事，女人有被淫之占，凡为不亨，遇回首可得安康。[⑩]

己加丁，为星奇入墓，凡事宜缓谋，词讼主先直后曲。[⑪]

己加己，为玉堂临地户，百事不遂，战宜固守，灾祸不侵。[⑫]

己加庚，为玉堂逢太白，谋事祸来侵，兵休，举动守固安宁。[⑬]

己加辛，为游魂入墓，人鬼相侵，凡事宜谨慎。[⑭]

己加壬，为地网高张，凡事不吉，灾凶更深，固守为亨。[⑮]

---

① 玉女乘龙格。

② 又为玉女奇生格。

③ 奇神合明格。

④ 又曰奇神相合，阵唱凯歌，凡求如意，凶散吉多，又曰玉女施恩格。

⑤ 阴人牵绊，内助无心，三门若合，暗计可行。

⑥ 又为玉女刑杀格，凡事强图而反覆。

⑦ 战利客兵，求谋事不成，门制多凶，三门相合，战讼尤亨，阴人暗助，事遂心情，又为玉女伏虎格，诸事艰难。

⑧ 三门若相遇，永远福祥增，又曰乘龙游格，万事俱吉，又为得使格。

⑨ 主客不利，家国有咎殃，惟官事求名，吉，战利为客，又为得使格，断同前。

⑩ 又为地户埋光格。

⑪ 客兵胜，伏兵亨，又为明堂贪生格，主客皆宜。

⑫ 又为明堂重逢格，进退不决之象。

⑬ 又为明堂杀格。

⑭ 又曰玉堂人天庭，战利客兵征，诸为有进益，六合喜盈盈，诸事喜悦。

⑮ 又为明堂被刑格。

己加癸，为玉堂逢天网，凡事一切宜守旧为吉，占词讼有囚狱之灾。

天盘庚加地盘甲，为太白天乙伏吟，百事不可谋为，凶。

庚加乙，太白和合，谋为大吉，主客兵全胜。

庚加丙，为太白入荧，占贼必来，为客进，为主破财，万事不吉。①

庚加丁，为凡事无一就，门制害非轻，星奇被格，侵战固守无惊。②

庚加己，为刑格官司，遭重刑，诸事有阻遏，三门合，亦非亨。

庚加庚，为太白同宫，官灾横祸，凡事皆凶。③

庚加辛，为向虎干格，远行不利，诸事有殃。④

庚加壬，为小格，又为上格，主远行失迷道路，音信阻嗟，百事敛踪为吉。

庚加癸，为大格，占行人立至，占官司立止，占产子母有伤。⑤

天盘辛加地盘甲，为困龙被伤，官司、破财、缺损，惟宜守分。⑥

辛加乙，为白虎猖狂，家败人亡，远行多殃，船车多伤，诸事不吉，不就。

辛加丙，为合孛，荧惑出现，谋为主亨利。⑦

辛加丁，为狱神得奇，经商获倍利，囚人逢赦宥，凡事主惊忧。⑧

辛加己，为入狱自刑，诉讼难伸，凡为主破败，暗地受灾殃。⑨

辛加庚，为天狱自刑，凡谋不利，不可强求。⑩

辛加辛，为伏吟天庭，谋望费心，三门虽合，兵不可征。⑪

辛加壬，为蛇入狱，主争讼不息，先动失理，三门合和，固守安宁，凡为不利。

辛加癸，为天牢华盖，日月失明，门逢克制，主有乖张。⑫

天盘壬加戊，为小蛇化龙，凡事多耗散，合三吉门尚可谋为。⑬

壬加乙，为奇神游海，为事无定，占孕生子，一切犯空亡凶。⑭

---

① 又曰奇逢墓地，贼来害丙，临旺地，主兵征。

② 又为太白受制格。

③ 又为太白重刑格。

④ 又为太白重锋格。

⑤ 又为太白中刑格，诸事不宜，图谋反害。

⑥ 又为龙虎争强格，谋求不遇。

⑦ 又为天庭得明格，万事大吉，求谋皆就，得回首，凡为吉庆。

⑧ 又为白虎受伤格，有始无终。

⑨ 又为虎坐明堂格，诸事虽吉，费用后益。

⑩ 又为白虎逢太白格，诸事反覆，争论不定。

⑪ 又为天庭自刑格，为事自破，进退不果。

⑫ 又为虎投罗网。

⑬ 又为青龙入狱格，诸事有始无终。

⑭ 又为日入九地格，凡为不利。

壬加丙，为水蛇入火宫，刑禁络绎不绝，万事不通。①

壬加丁，为玉女合狱神，求谋贵人亲，主客威声振。②

壬加己，为天狱入地户，破败又刑冲，诸般休妄动，守斯可无凶。③

壬加庚，为太白犯格，凡为难进，词讼公平。④

壬加辛，为白虎犯格，求谋万事门制祸尤速，门生免祸侵。

壬加壬，为天狱自刑，凡为无就，萧墙有祸惊，诸事破败。

壬加癸，为天狱逢天网，凡事切莫为。⑤

天盘癸加地盘戊，为天乙会合吉格，生财喜，婚姻吉，人攒助成合，若门凶刑迫，反招官非。⑥

癸加乙，为蓬星华盖，贵人禄位，常人平安，战利主。⑦

癸加丙，为华盖孛师，贵贱逢之，上人见喜，凡为后吉，战利客。⑧

癸加丁，为螣蛇妖蹻，文书官司，大禁莫逃，三门若相合，谋为得半祥。

癸加己，为明堂入天藏，占信主阻滞，求谋多破败，得门吉可为。

癸加庚，为大格，凡谋事无成就，吉事定成空。⑨

癸加辛，为网盖天牢，占病、占讼凶，门吉尚吉，门凶尤甚，兵利客。⑩

癸加壬，为天网逢天狱，凡为惹祸速，不利行军。

癸加癸，为天网高张，行人失伴，病讼皆伤，诸事不宜。⑪

以上吉凶诸格，须详推主客生旺衰墓，日时干支门宫得令失令，生克之理用之，方得奥妙。

---

① 又为天狱伏奇格，得回首反吉。

② 又为太阴被狱格，诸事有阻，谋事暗昧。

③ 又曰天地冲刑格。

④ 又为天狱倚势格，凡为耗费，迟吉。

⑤ 又为阴阳重地格。

⑥ 癸加戊为青龙入地格，宜私谋。

⑦ 又为日沉九地，诸为有益，迟吉。

⑧ 凡为阻滞，百事忧惊。

⑨ 又为天网犯冲格。

⑩ 又曰华盖受恩格，先为后益。

⑪ 又为天网重张格，凡事自败，宜守旧。

十干吉凶断

时加六甲，一开一阖，上下交接。① 加阳星为开时，百事吉；加阴星为阖时，百事不利。

时加六乙，往来恍惚，与神俱出。时下得乙奇，凡攻击、行来、逃亡，宜从天上六乙出，为日奇相随，恍惚如神，人无见者，故曰“与神俱出”。六乙为蓬星，又为天德，百事利，求利得，移徙、入官、市贾、嫁娶吉，若将兵，大胜，所向获功，不可遣怒，行鞭扑之事。②

时加六丙，万兵莫往，王侯之象。时下得丙为月奇也，凡攻伐，宜从天上六丙出，与月奇相遇，又丙为明堂，闻忧不忧，闻喜则喜，入官得迁，商贾有利，将兵大胜。又丙为天威，宜上号令、迁徙、入宅、归伙，万事大吉。

时加六丁，出幽入冥，到老不刑。时下得丁为星奇，又为玉女，宜安葬、藏匿之事。若随星奇从天上六丁而出，入太阴而藏，敌人自不能见，利请谒、嫁娶、入官、市贾、百事皆吉无凶，若用兵主大胜。又六丁为三奇之灵，行来出入，宜从天上六丁所临之方出，百事吉利。③

时加六戊，乘龙万里，莫敢呵止。戊为天武，从天上六戊而出，挟天武入天门，百事皆吉，逃走亡命远行万里无所拘止，又宜发号施令，诸恶伐罪，图谋大事。④

时加六己，如神所使，出被凶咎。己为地户，又为六合，宜隐谋私密之事，不可表章暴露，强为之者必获凶咎，入官、嫁娶、造作，大段用事皆凶，只宜市贾，将兵必弱。⑤

时加六庚，抱木而行，强有出者，必有斗争。庚为天狱，又为天刑，出被凌辱，市贾无利，入官、嫁娶，白事皆凶，将兵客死主胜。

时加六辛，行逢死人，强有所作，殃罚缠身，辛为天庭，不宜远行、诉讼、决刑狱、嫁娶、市贾、入官，不可间疾，诸事不利，将兵主胜客死。

---

① 时下者，旬首加地盘，占时也，时下得甲申为伏吟之类。余仿此。

② 凡六乙之时，看天盘上乙奇所临之宫为天德，此时客胜，宜和作营垒。六乙之下，以安军鼓者也。

③ 丁，木火之情，化而成金，凡征战、谋为等事，利于暗计，私约交通。

④ 加本旬直符得返首跌穴得使之时，凡征伐，不战自退，任自求请，万事大吉；犯刑冲凶格，大凶。

⑤ 凡六己之时，看天盘上甲戌己所临之宫为明堂，此时用兵乃上将所居之地，宜隐伏，并偷营、劫寨，利为阴私秘密之事，小人利以亡命惊走。

时加六壬，为吏所禁，强有出入，非祸相邻。壬为天牢，不可远行，入官、问疾、移徙、嫁娶、逃亡，百事皆凶，此时用事，必有仇怨，为吏所呵，不可举兵，只宜严刑狱、平诉讼。

时加六癸，众人莫视，不知六癸，出门即死。癸为天藏，宜求仙、远遁、绝迹，从天上六癸所临之方而出，则众人莫见，不宜市贾、入官、迁除、嫁娶、移徙、入室，问疾病者重，又宜扬鞭扑之事，故云："九地之下，利以逃亡。"六癸之下，利以伏兵、逃亡、隐形也。临一二三四五宫可以隐，临六七八九宫谓网遏，人不可以隐也。此时将兵主胜，百事皆凶。

八卦克应

乾，为官长，为老人，为病人，为僧，为公门人，为马，为孝服人。

坎，为渔人，为水夫，为乞丐，为猪，为鱼，为盐，为油，为水。

艮，为童子，为山人，为猫，为犬，为砖石。

震，为龙，为雷，为雹，为鼓声，为术士，为商人，为舟子，为木匠，为笔客。

巽，为风，为女人，为鸡鹅鸭，为道士，为秀才，为柴薪，为竹器，为花木。

离，为妇女，为炉人，为患目人，为红衣。

坤，为老妇，为农夫，为裁缝，为乐人，为戏子，为医生，为牛，为布帛，为食物，为药饵。

兑，为少妇，为尼妇，为羊，为响声，为歌唱，为口舌。

地支克应

子，为小儿，为妇女，为渔人，为舟子，为染匠，为蛇。子乘元武，为盗贼，为水；乘蛇为轻狂妇女，为菜，为青菱，为菜油，为螺蚬；乘龙为笔。

丑，为耆老，为故旧，为库书，为耕牛，为尼姑，为秃头人，为大腹人。

寅，为官员，为公吏，为儒者，为祝子，为书客，为胡须人。

卯，为童稚，为舟子。乘朱为牙行人。

辰，为凶徒，为方僧，为猎人。乘虎为徒人；乘元为网罟；乘蛇为鱼；乘勾为缸。

巳，为画师，为匠工，为远客，为庖人，为少女，为师姑，为炉冶人，为扇子，为花朵。乘朱为印，乘虎为弓弩。

午，为马夫。乘龙为官员；乘蛇为妇女，为旌旗；乘勾为武官；乘虎为患目人。

未，为农夫，为乐人，为戏子，为裁缝，为寡妇，为媒婆，为师巫。乘勾为牵羊人、为柳；乘龙为医生；乘朱为橘。

申，为贵人，为铜锡匠，为剃头人。乘龙为僧人，为铜钱；乘勾为缉捕人；乘虎为猎人，为箭，为绵絮。

酉，为妇女，为银匠，为佛婆。乘元为娼妓，为酒保；乘虎为孝服人，为锣声；乘朱为鸡为鸭鹅。

戌，为犬，为猎人，为狱吏，为军卒，为僧人，为聚众。乘蛇为菊花；乘虎为铁器；乘元为螺。

亥，为卖鱼人，为挑水人。乘虎为屠宰人，为梅花；乘元为雨伞，为簑笠；乘蛇为绳索，为猪秽；乘龙为图画，为幼孩；乘朱为猪；乘元为蛇，为乞丐，为龙，为鱼；乘朱元虎蛇为哭泣；乘勾虎蛇为链锁。

八神吉凶主断

九天，乾金之神，其神性刚而好动，所主者，名正言顺之权，伸其令而无阻，至吉之神，得门得奇，万福毕集，不得奇门，而畏凶墓。所临之宫，主有显扬之事，高上之人，武旺之事，不忿之事，天神之象。

九地，坤土之神，其性情柔顺，主虚恭之事，亦操生杀之机，半凶半吉之神，畏克制入墓。所临之宫，主有田土之事，平陆之人，安逸之兆。

元武，水神，其神性好阴谋贼害，专司邪昧、鬼魅、逃亡。所临之宫，主有盗贼之事，偷窃之人，走失之事。①

白虎，金神，其神好杀，专司兵戈、杀伐、道路等事。所临之宫，主有丧亡、疾病、词讼、口舌、伤生之物。临死门、惊门皆凶。

朱雀，火神，司文明之机，执文书、印信、口舌、文职，得地则有文书、印绶之喜；失地则有口舌、是非、挠舌之凶。

---

① 又云：天盘元武出现，主远方贼恶，地盘乘元武，主本处有人暗劫，宜防之。

勾陈，中央土神，其神性顽，专司田土、争讼、词讼、勾连之事，其神凶顽，不可趋向也。

螣蛇，火神，其神性柔而口毒，司火光、怪异、惊恐、梦寐、妖邪、蛊惑之事。所临之宫，主有怪异之事，火盗之惊，相生为阴私之利，相克为阴私之害。临景门主火烛，临惊门主灾害。

太阴，金神，性隐匿，专司隐匿、暗昧、欺瞒、妾妇之事。所临之宫，主有阴私之事，妇女之非，相生者吉，相克者凶，生合者，主得阴人之利；相克者，主有阴人之害也。

六合，木神，其神性和平，专司交易、和合、婚姻、牙媒之事。所临之宫，主有会合之事。加景门主酒食，或遇僧道艺术之应。

直符，木神，为九星领袖，到处百恶消除，万善并集，至吉之神，畏庚金，忌人墓。所临之宫，主有委用之事，管理之美，必有贵人照临任用也。

六仪所主克应

甲子，为阳人，主鱼盐虾蟹之类，茶酒河潦泉溪之处，黑色之物，有土为阜，宅园、蛇鼠之类。

甲戌，为阴人，主田地、宅基、土器之类，黄色之物，犬狼之畜，生为大粮之进，克为大粮之出。

甲申，为阴人，主金石刀剑银钱之属，炭洞之处，猿猴白色之物，有惩治之难。

甲午，为阴人，火箭、文词、炉灶之类，红色之物，首饰之物，猪马之畜，火烧之难。

甲辰，为阳人，主田宅、高阜、土器、蛟龙、黄色之物、道路、[1] 在地为水，主牢禁之灾。

甲寅，为阳人，草木山林瓜菜之物，虎猫之兽，蓝色之物，在天为雨，在地为水，有罗网之灾。

以上凡逢亥丑卯酉未巳等日，可以类推。

① 在天为雨。

吉格变体备考

天遁。丙生六丁。丙生六戊。

地遁。乙奇九地临坤。

人遁。乙生九天。

神遁。乙开天心。

鬼遁。乙开九天。丁生九地。乙开九地。

风遁。乙休地辛。

云遁。天辛三吉门临地乙。

龙遁。乙休临癸。

虎遁。丙生临地辛。乙生地辛。

交遁。乙生地丁。

武遁。丙开六辛。

奇门得禄格。甲加寅、乙加卯之类。

奇门遇贵格。甲戊庚加丑未之类。

仪合格。甲寅癸加戊之类。

日月合明格。乙奇开休生加丙。

奇临支马格。甲子辰加寅之类。

虎符格。甲寅癸加丁合三吉门。

龙符格。甲辰壬加丁合三吉门。

龙凤呈祥格。丁乙相加六符头也。

阴阳化气格。丁甲相加。

交泰格。乙加丙。

天地合德格。戊加己合三吉门。

三甲合格。日辰直符正时俱甲合奇门。

凶格变体备考

奇凶格。庚加丁。

二龙野战。甲乙相加。

青龙困顿。甲戊相加。

二虎争雄。庚辛相加。

白虎遭迍。庚壬相加。

羊入虎格。壬加庚。

太白天乙格。庚加戊即飞宫伏宫格也。

太白同宫格。上庚加下庚。

三奇制格。乙临乾、庚辛丙丁临坎壬癸。

勃格。天丙加地丙。

符冲格。天盘甲子加地甲午之类。

野战格，庚加当旬使门。

破冲制异格。庚丁、丙壬相加。

刑盗同气格。庚加癸、丙加己。

火投水池。丙丁加坎。

木入金乡。乙临六七宫。

奇门法窍卷四

奇门起例捷要诀

《大全·奇门捷要歌》：先观二至，以分顺逆；次看节气，以定三元。取符使全凭旬首，定直符却随时干。直使数时支，直符加旬首。再察格局之美恶，详推入墓与休囚。符使星门，要临于生合旺相之地。年月日时，须避夫刑冲空绝之宫。迫制义和，主客所系；阴阳动静，天地攸分。细决生克之吉凶，始得奇门之测验。

论应候先后

《奇门大全》曰："奇门应候，时有先后，应有主客，以彼此人我而推之。大凡奇神应时之初，星应时之中，门应时之末，依次消息推去，无不应验如神。若我寻人，我为客，他为主，以天盘之星为我，以地盘之星为他，他来寻我，他为客，我为主，以天盘之星为他，地盘之星为我，看他生我，我生他，他生我，益在我，我生他，益在他，他克我，损于我，我克他，损在他。又以阳日之天盘星为他，阴日之地盘星为我，比和者无损。余仿而推之。"

论天地盘应事

《奇门一得》曰："凡占国事、都省、府县、乡市、安宅、官讼、坟茔、求谋、名利、婚姻、行人、失脱、逃走、捕捉，即以地盘为主，天盘为客，人事最多，不能细述。"

论天地二盘主客

大抵天盘诸星生合地盘为主，地盘生合天盘次之。凡用当详细而用之，如主临旺气，逢生为美、为盛、为新、为繁华、为鲜明；逢克，为朽、为破、为败、为旧、为歪、为无色、无用也。

论宫门奇仪生克吉凶

凡八门与宫比和，为主为客皆和，门生宫为客生主，宫克门为主强客弱，门克宫为客伤主，宫生门为客强主弱，若天盘生地盘，或地盘克天盘，为主利益。

以上星仪门宫，若得生旺之时，或逢冲克，而不为忧；若逢衰墓之时，又被冲克，当宜固守，诸事莫为。若我在生旺，制人为胜，如逢衰墓，制人招忧，若逢旺而生，人有益；逢衰墓而生，人自此败矣。若逢旺气相生，则受生之人大吉，如我逢衰墓之宫，他来生我，主好事渐来。

论日时主客

《奇门大全》曰："凡占事，先以日主为己身，次以时支为用事。以日主临生旺，得奇仪相生，吉星吉门照应，无刑冲破害，则为主者吉；若日主临克制之宫，无奇仪吉星相照，兼有刑冲破害者，则为主凶，百事不能有成。"

如宫加生合之宫，奇仪吉格，吉星相照，则为客者吉；若临克制之宫，无奇门吉宿，六仪刑冲破害，则为客凶，百事不能成。

论天地盘生克

天盘星克地盘星，凡谋为一切等事，多是非，惊忧不免；若地盘星克天盘星，是为有力，我克者休，有始无终，为主百战百胜。

论吉凶神生克

奇门统宗曰："吉神生我吉愈吉，凶神生我不全凶，吉神克我不为吉，凶神克我祸不轻。"此定吉凶生克之理。

论五不遇不以吉论

又曰："时干克日五不遇，奇仪入墓亦同凶，纳甲入墓须审量，门星入墓亦同厄。"此言入墓不以吉论也。

论奇仪空亡

又曰："门宫星奇仪落空亡者，不凶，吉者，不吉。"此言空亡不以吉凶论也。

论九星旺相

《钓叟赋》云："大凶无气化为吉，小凶无气亦同之。"此言星之休旺。若大凶之星，得休囚无气，则小凶也；小凶之星，得休囚无气，亦不足虑也；若上吉之星、次吉之星无气，亦不甚吉也。

论奇墓

《奇门大成》曰："三奇入墓天地盘，又有分别。天上三奇墓支不墓宫，地下三奇墓支兼墓宫，地下三奇避八卦，[1] 天上三奇无克制。"

论星门时干衰旺

又曰："星门衰旺，准乎时令十干之衰旺，存乎方位。"言看十干，当照阴阳起长生式，论旺墓也。

---

① 墓宫故也。

论冲合动静

又曰："凡事未发而遇冲，则动；既发而遇冲，则散；事未起而遇合，则静；既起而遇合，则成。又当与星门合看，此所以言吉凶；冲合所以验动静也。"

论应远近断法

《大成》云："如奇门一盘，星门生克，奇仪吉凶，固然已定，至应合年月日时，又当审其事之远近，或应年月，或应时日，星门奇仪衰旺而断，神而明之，不可执定。先定其支，后配其干，其得干支之法，唯在正时定之，如子午相冲，子与丑合，丑年月日时应之之类。"

论旬空法

又直符落在旬空，必以出旬断之。假如甲子旬中空戌亥，是加在乾六宫，必应在戌亥日，以戌为重，阳与阳比，阴与阴比，此旬空法，定支者如此。

论冲合断法

又曰："如又不冲，又不刑，又不空，断之则必看天盘六仪所带之干以定，其支亦照看其冲合，逢冲决其合日定支，逢合决其冲日定支可矣。其天盘所带之支，又不冲不合，以星门生克定之，生逢生日，克逢克日，应之内中，且有先后分别，符应在先，使应在后。"

论奇仪迫制

《大成》曰："六仪最忌击刑，三奇最忌入墓与迫制也。"

论八门迫制

又曰："吉门迫制，吉事不成；凶门迫制，凶灾尤甚。凶门和义，其凶不凶；吉门和义，其吉益吉。"，又曰："凶中有吉，不复言凶；吉中有凶，不复言吉。"此谓宫门仪奇吉凶辨也。

论门宫生克

《大成》云："凡门生宫，是客来生主，合吉格，此时利主；虽是门生宫合凶格，防有暗计、埋藏，审而用之，大抵合得吉格，方为全美。"

凡宫生门者，乃主生客，宜施恩、布德、赏赐、招安，又曰："我生者谓之子孙，先宜恩育，百事利迟，久必祯祥。"

凡八门克宫，乃客来伤主，若合吉格，利为客，此时宜扬兵耀武，若合凶格，不利于后。

凡宫克门，谓之主克客，合吉格，利为主，行兵大胜，凡谋有成；合凶格，反招破败。

凡八门九宫比和，为主客相投，如开加兑、伤加巽之类，乃金见金，木见木，若合吉格三奇，万事大吉；如合凶格，或干克支、支克干，刑冲合破德禄空等类，分利主客，各有善恶用法也。

以上宫门，逢旺气相生，则受生之人大吉；逢衰受克，则受克之人招凶。又如衰墓时克人，则受克之人无咎；如在旺气时生人，则受生之人大吉，余可类推。

论星生旺吉凶

《大成》曰："凡用诸星，须详生合休旺、克害刑冲、胎墓死绝、贵禄空亡，凡吉凶各得其用，活法变通，阐而用之。"

如上克下者，利为客；下克上，利为主；上生下，利主；下生上，利客；上下比和，主客皆利。

如金星在秋季庚辛申酉日时生水星，则水星吉；如克木星，则木星大凶，余仿此。

又如我星在旺气被他星克我者，当忧不忧，终始皆吉；如逢衰墓受他克者，极凶而灾害不能免也。又曰旺而受克，美运渐衰。

又如我逢衰墓之宫，受他来生者，生好事渐来，求谋无阻，凡事遂意，以小而成大也。

又如我逢衰墓之时，又去生他，主破败招非，诸事退耗，求而不遇。

又如我在旺气生他者，凡事不求而得，好事兴发，日日增新，所图远大，虽小有阻，终能成就也。

又如诸星比和，凡谋为皆遂。

论天地盘动静占法

《奇门大全》曰："凡占事以静用地盘，以动用天盘。天盘是客，利为客；地盘是主，利为主，则趋避之，更看格局之美恶，细查入墓与休囚，大抵时干不可克日干，时干不可冲日支也，盖以地盘不可克天盘，直细占之。如地盘诸星克天盘，是为有势，凡事强为，恐后无益，谓我克者休，诸事有始无终，推求名官事得吉，或战为主百胜。"

论克应

《奇门一得》曰："凡取克应，此一时一宫，有八神、九星、三奇、六仪、八门，俱有克应，不知以何星等类为定，一时之应耳。盖一时有一星得令为主，余星若失令为用，俱取为克，应之准也。如此时合吉，有明堂贵人青龙长生旺禄五符等吉星，门宫相生者，在人为显达、贵善、公正之人，在物为美、为新、为贵、美味佳品，若会凶格，门宫相克，干支冲犯，在人为平常人、僧道、不正人，为奸邪、为疾病、为废人或盗贼，在物为破损、旧物，为缺器、无用，闲气为苦酸腥臭之味，此大概言之耳，然万事类无穷，凡用以本日时详看生旺休囚，以变通详察也。"

论三盘占法

又论三盘占法，出行趋避首重八门，八门，人盘也，吉凶由自取也，凡门克宫者，吉；宫克门者，凶。

修造者，首重九宫，九宫即地盘也，凡事皆由地盘而起者，故门生宫，吉；宫生门亦吉，不宜相克。

论卦气体用

凡时日方位得卦气者，为上吉；合卦气者为次吉。生体者为利主，生用者利客；在内者事近，在外者事远；已往者，为去事；将来者，为未到事；对待者，为遥望事；外应者，为远涉事，所以先见日时方位，断其事之本体，谓之先天，复以来占正时，加于所立方位，上逐十二宫，轮去看本卦干支落在何宫、何卦，或生，或克，或在内，或在外，或以往，或将来，或对待，或外应，或遇卦气之财宫、父母、兄弟、妻财、子孙，以断其一事之成败可否，谓之后天。凡断神乎先后二天，其验异常。

论动静占法

《大全》曰："凡奇门占法，动则专看方向，静则只查直符、直使，时下看其生克旺相，以定休咎。"

论节候成败占验

《大全》曰："节后占验，凡万物之成在于何时，则具败坏之期，即定于其成之时也，物之败坏，当在世爻破空绝之时而埋碑，记文书则须看何时提出世下所伏之父母爻，及何旬空去其世爻，是其时也。又须合内外两卦之数，以定其年分日子之多少，假如阳遁八局乙未时演成雷地豫卦，世爻未土败于酉，绝于巳，破于辰，受克于寅卯，定于甲申旬，凡此甲申旬中，寅卯巳酉年月合败也，若定开拆文书、发掘碑记，当在甲申旬中，子午年月日时也，盖以文书子水伏在世爻乙未之下，赖子来提起，午来冲起，而甲申旬中又能空去飞爻未土故也。"

论三奇旺衰

《大成》曰："要得天上三奇到均可解，然三奇有衰旺墓不一。统一岁言之，乙旺于春，丙丁旺于夏；统一日言之，乙旺于昼，丙旺于夜，丁昼夜皆明，而尤旺于星夜，故曰'惟丁奇最灵'。"

统八方言之，乙旺于卯，制于酉，墓于戌；丙旺于午，制于子，墓于戌；丁旺于巳，制于子，墓于丑，三奇同救甲，而衰旺墓制不一，不可不知。

论三墓

《大成》曰："又有日墓、时墓、宫墓三者，不可不知。日时墓如前云，戊戌、壬辰、丙戌之类是也，谓之时干入墓。若宫墓，如正时干支，乃戊子而直符临乾宫，乃戌地也，云时干入墓宫，又云值时墓，余仿此。"

论生死二门

《大成》曰："生门、死门均之土也，衰旺同否？曰生旺于春，死旺于秋冬。"

论同宫两支

又曰："凡四隅，每宫俱有二支，落位在艮宫，还看丑宫，还看寅宫，地煞抑两宫，俱看本宫，干属阳则看阳支，本宫干属阴则看阴支，故《经》曰'阳与阳比，阴与阴比'，此之谓也。"

论选择神煞吉凶

《大成》曰："奇门选择，凡一切太岁三煞凶神恶曜俱不忌，盖奇者，奇兵也；门者，门第也。吉门到座，如人入琼楼宝殿，则尘氛不得而扰之，又如入相府侯门，窃盗不得而与焉，兼之三奇加临，如人君在内，大将守门之象，一切诸煞，悉行远避，故死者安，而生者迪吉，又何凶煞之足云哉?”

论天上三奇之妙

然地下三奇，一座五日，与诸煞同驯熟，天上三奇乃忽然加临，诸煞起而后退地下三奇，如有司恒居习熟，人每不知畏，天上三奇如巡方，一时历一宫，奸宄闻风远避，故地下三奇终不若天上三奇之灵应也，确有至理，非止为选择，凡用奇门，悉皆准此，即以天上论，而乙奇尤利于夜，丁奇昼夜皆同。[①]《经》云：“奇门择日异诸家，不论凶神与吉华。一切进祥献瑞霭，子孙绵远福无涯。”

论三奇为万神之主

《奇门圣灵经》曰：“夫奇者，乙丙丁，乃上界之真宰，天上号日月星，地下号乙丙丁，以为天地中万神之主，每月朔旦之日，九十四家年月日时，三百六十神煞将军太岁年禁退星，拱手朝临，安门、出门得三奇多获吉利，五姓大葬、破土、斩草、立券、安葬、开山、立向、野外、权厝、改卜、新茔、开坟、合葬、附葬，得此三奇到山头或临向者，并不忌。山家墓运阴府九十四家年月日时，三百六十神煞年禁退星太岁将军，土王用事，三元五姓破克，斩草之日，安葬相克日期，皆以不忌，诸神煞抎退六十步，拱手进福，大葬立宅得三奇，子孙发福定如意；上官赴任得奇门，未及三年受皇恩；门上立向得三奇，子孙必定换红衣；求官应举得三奇，定主黄甲绯衣；迎婚嫁娶得三奇，百年谐老共齐眉。”

论遁甲吉凶祸福之机

夫遁甲者，六壬之总管，阴阳风水诸书之总要也，吉凶祸福之枢机，诸神恶煞不能为咎，乙丙丁日月星奇能制一切诸凶神，三光齐到土神而永久。国得奇而太平，宅得奇而兴盛，茔得奇而旺相，上官赴任得奇而必迁升，奇门皆到，诸神拱手。伏藏若到南方兼北，利，若居东地造西宫，一奇若到山头坐，一切凶神俱伏藏，得奇不得门

---

① 以其为日月星是也。

可用，得门不得奇不可用，奇门皆到，无不吉也。

夫将者，三军之司命，敌战之权衡，其攻击刺杀之谋，进退存亡之道，不可不知也，是故善攻者，动于九天之上；善守者，藏于九地之下，故能自保而全胜也。夫察天时地理，战必胜，攻必败，取则可为良将矣。次及人间万事，动静营为，皆吉凶之应，不啻若指诸掌，故术者不知，则为冒术之称也，学者岂可不尽心乎？

世间术士只凭三元内五姓被克之日斩草破土，相生之日安葬，便言吉也，以后倘有人口伤亡、六畜死损、百般凶祸频发者，只道天降灾祸，不知遁甲内隐凶殃，或云："不通壬遁，不葬；不通遁甲，不宅。"术士若能通晓遁甲，何必拘于大小墓也，术士不晓六壬、遁甲，名为冒术，不足用，以作后必大凶。

占　雨

以天柱为雨师，天英为电母，天辅为风伯，天冲为雷公，天蓬壬癸为水神，开为雷，伤为雷，休为云雨，生为风，杜为电，景为露，死为水母，惊为虹，以天地二盘直符、直使生克决之。

占　晴

以天辅为风伯，天英景门为火神，以乘旺之宫为晴，或克日时为断。

占　雪

以乾兑二宫主之，心柱二星乘壬癸到宫，以所得之干为期。

占　雷

以天冲直符伤门在乾巽上见螣蛇、朱雀、从魁、太冲为有雷。

占禾稼

以天任落艮震宫，主丰，不落者，为歉。以贵神月将分旱涝，又伤门为麦，生门为谷，蛇雀巳午为旱，传送天后为涝。

占种植

以天冲为花木，以天辅为树木，各看落于旺相之宫，为生休囚为死，相生者活，相克者死。

占　蚕

以三奇三吉门吉星落于金木之宫为吉，下克上为良，不到金木之宫而克门者，不利。

占蝗蝻

以死伤杜惊临于日干之宫，主有蝗蝻。

占岁中丰歉

以立春时刻日建起看天地二盘以决之，看奇吉落于何宫，以九宫分野定之。

占童试

以天辅为试官，日干为士子，丁为文章，以旺相生克吉格休囚断之。

占科试

以日干为士子，直符为主考，天乙月干为副主考，景门为文章，以生克吉凶决之。

占殿试

以岁干为天子，月建为主考，日干为士子，景门为策论，各于旺时三奇生克决之，不得奇岁月干生者为二甲。

占武试

以直符天冲为考试官，日干为士子，甲戌己为弓，甲申庚为箭，景门为策，伤门为马，甲午辛为靶，各以生克吉凶决之。

占征召

以太岁为皇恩，月建为铨部，日干为己身，生克决其召否。

占升迁

以开门为官，加生旺宫有奇格者，必升，岁干乘吉格，来生年命日干宫者，均吉。升擢武官，看杜门同论。

占朝觐

以岁干为天子，为引见之人，以生克日干宫者吉凶决之。

占上官

以上官时所向之方所得宫神，如吉格生旺则吉，休囚废没则凶，乘凶格更凶，主罢黜。

占考绩

以直符为大宪，开门为官，生克吉凶决之。

占所任地方吉凶

以禽落宫为帝畿，余为升地，各宫奇仪为分野，以开门落宫，上有天蓬，为盗贼；庚为兵乱；丙壬旱涝，不犯此者平安。

占投武

以天冲为武士，直符为帅主，生克决其收用。

占干谒

以休门宫为所见之人，时干宫为干谒之人，以生克吉凶决之。

占 寿

以九十为率，每宫十年，天冲落宫与死门远近以定其数，带旺一生无患，无吉者，看其休囚之气断之。

占人生贵贱

以年月日时配合八门九星九宫，带吉奇旺相之宫，为吉者、为贵，仍按十二宫推之。

占人年命吉凶

以来人所来之方合天地正时，与其生命所坐之方，合而推之，其人来方合奇吉者为吉。

占婚姻

以乙为女家，庚为男家，以两家落宫相生合决其成否，又以天盘六合为媒人，生合男女决之。

占招赘

以天庚生地乙宫，庚上得吉者良，男求女须以地乙生天庚为可成。

占纳宠

以乙奇为妻，丁奇为妾，庚为夫，以生克空陷决之。

占娶女容貌性格何如

以乙奇所乘之星推之，以九星决其性情美恶。

占婚后有益

以庚乙之宫推之，以奇吉生克决之。

占婚后子息旺否

以得使之宫为子息，如值阳吉星，多男；阴吉星，多女。仍以乘旺相相生断之。

占买奴婢吉否

以直符落宫为买主，以蓬为奴，以芮为婢，以生克八神决其美恶。

占生产男女

以坤宫为产室，以坤宫地盘天芮为产母，以坤宫天盘之星推之，阳干男，阴干女。又法，以坤上所得之门为胎，天盘为产室，以生克决其安否，得阳门男胎，阴门女胎。

占生产日期

以坤宫所得之星为胎神，以坤宫所得之干为作胎之日，以对冲坤宫天盘星所得之干为产期。

占产子长命否

以其所生之时，遁其天地二盘，若乘之星带奇门吉格，与年命日时相生者，吉。

占　病

以天芮为病神，生死二门为生死，以本人年干落宫得生死二门休囚废没决其生死。

占延医

以天心为医士，天芮为病神，以日干为病人，以奇吉生克论之。

占病痊愈

以天芮落宫为病症，以天芮落宫之干支为愈期，如木克土之类是也。

占词讼

以直符为原告，以天乙为被告，以开门为问官，惊门为讼师，以生克休囚决其胜负。

占兴讼

以朱雀为讼师，乘景门其讼必兴，反此不讼。又法，以惊景二门主之，旺者必成讼，空亡则不成讼。

占词状

以开门为官长，以景门为文状，生克休囚决之。

占争竞

以直符为先动之人，为客；天乙为后动之人，为主，钱财青龙为主，田产五谷衣物，生门为主。

占利息

以庚丙两家为构讼之人，甲子戊为主和之人，并开门落宫，以生克休囚决之。

占公私两事

以巳到宫为公事，未到宫为私事，看时干落宫，落于动宫，不能归结。

占讼狱

以丙为本主，庚为被治之人，开门为官长，以生克旺相休废决之。

占带干证如何

以六合落宫决之，直符用天上之落宫，六合、天乙用地盘六合所在之宫生克决之。

占嘱托

以开门为问官，直符为原告，天乙为被告，生克决之。又法，天乙宫为求托之人，直符宫为所托之人，直使宫为转托之人，以生克决其济否。

占被责否

以庚格刑格、击刑并断之，以生克决其责否。

占结案

专以庚格决之，阳日看天盘之庚下临何宫；阴日看地盘之庚上乘天盘之干为结期。

占罪轻重

以甲午辛为罪人，辛落地盘带九天、天冲者，必发遣。若天庚加辛或罪人年命日干之宫者，必正法。又法，以本人日干宫上星旺门吉，并有奇吉格者，为轻罪。

占囚禁

以甲午辛为罪人，天狱天牢天网为人狱，专以日干落宫决之。以日干落地盘壬癸辛者，主囚禁。

占捕获罪人否

以开门为长官，直使为公人，以有事之人年命日干，以生克落宫内外为迟速。

占起解罪人

以天辛为主，直使为解人，辛落休囚，无碍，直使克辛者，平安，再为开门宫克制，尤妙。

占捕盗贼

以元武天蓬为盗贼，伤门为捕人，时干为物主，以生克决其难易。

占捕亡

以六合宫为逃亡之人，伤门宫为捕者，以生克决之，逢格必获。

占攻贼

以六庚旺相得开门加中五，其贼可擒；又地盘天禽所临之宫得旺相吉门，其贼自败；若休囚废没凶门者，守将不吉。

占间谍

以直符为主者，内为自己，庚为仇人，以月将加时与直使所得之干支冲则动，不冲不动，庚旺无益。

占行诈

以六丙为己，六庚为敌，朱雀为谣，朱雀落旺宫六丙克六庚者，其术得行，反此不行。

占攻城

以六庚为攻者，天禽为守者，以旺相生克决之。

占守城

以天禽为守者，天蓬六庚为攻者，以天禽生旺为不破。

占盗贼

以占其何时去看六庚，在内四宫者为不去，在外四宫者为去，以庚之地盘干支年月日时为之来期。

占贼临境否

以时支宫为客，时干宫为主，看其生克。

占胜败

凡战阵以惊景二门主之，当以直符落宫为主，六庚落宫为客，生克决之。

占行期

以时干为起行之人，日干为牵缠之人，开门为起行之期，以时干在内、在外，并开门下干决定。

占行人

以本人年命合当局中干支为行人，以支宫为宅舍，左右为来之迟速，其日以地方远近决之。

占远信

以丁为信，时干内外为迟速，外迟内速，如人在北方，占南方信息，一宫得景门者，信到。

占在外虑家中安否

以日干为主，十干长生处为家，如甲木长生在亥之类，亥属乾宫，无凶，为平安。

占回乡

以本人年命占时入局中，人已在外方，占时其年命已落内界，未回以地盘干支定其日期。

占在外人安否

以外宫上下二盘得三奇吉门及诸吉格者安，反此不安。

占未出门先定归期

以出行日干长生之方定之，若甲乙日出行，须看乾方地盘所在之干为归家之期。

占出行经商地方吉否

以其所往之方得三奇吉格生年命日干落宫者为上吉。

占行人何日归来

专以庚格决之，以本人年命落于何宫，即在何方。落内者近，外者远。

占登舟船主善恶

以震宫为船，天盘所得星为船主之善恶，以九星吉凶决之。

占道途吉凶

以时干所落之宫得蓬为盗贼，如蓬不遇，再时干所加本宫得三奇吉门旺相诸吉格，不妨。

占谋害

庚为仇人，甲为己身，生克决其有无谋害。

占行路遇人同往善恶

以时干为己身，看上得何星临之，以九星吉凶决其善恶，休旺定其吉凶。

占出行水陆吉凶

以休门、景门所乘之宫分水、旱二路，二门落宫、天地二盘得奇仪吉格相乘为吉。

占人在外不知何方

以行人年干决之，本人年干落于何宫即何方，落内者近，外者远。

占久出存亡

以年命落宫定之，以乘旺带奇吉者，平安；休囚为困苦；空亡为其人不在，仿此。

占久出外信虚实

以景门、朱雀决之。景门为文书之神，朱雀为口舌信息之神，得奇吉者实。

占求财

以生门落宫再看上下二盘格局，吉格吉星所求皆遂意，一有不吉，求半；休囚，无。又法，以本人年命日干落宫并所往之方，合而决之。又法，以日干、时干落宫与生门落宫合而决之。

占贸易

以生门落宫旺相得三奇吉格，主买卖兴旺，不全者，平常，休囚更凶，凶格大不利。又法，以甲子戊为资本，生门为利息，以所落之宫吉凶生克决之。

占合伙

以地盘生门为财主，天盘落宫，生门为伙计，以生克决之。

占交易

以直符为买物之人，生门为所买之物，生门落宫为物主，各以生克决之。

占索债

以伤门为讨债之人，天乙为欠债之人，以生克决之。又法以天乙落宫为讨债之人，以勾陈所乘之宫为欠债之人，以生克决之。

占放债

以直符为财主，天乙为取财之人，生门为财神，以生克旺相论之。

占称贷

以直符为物主，天乙为称贷之人，各以所落宫生克决之。又法，以所往之方，天盘所得之星为求借之人，以天盘所落地盘之宫为借贷之家，以克生决之。

占得财

以地盘时干在内地上得奇，休生三门天盘甲子戊亦在内地会开门，此财速，不会迟。又法，以甲子戊为财神，生门为财方，看落于何方，以二宫生克验其得失。

占脱货

以日干落宫为货主，时干落宫为货物，甲子戊落宫为资本，生门落宫为利息，生克决之。又法，以日干落宫为收买货物之人，以时干落宫为货物，以吉凶生克决之。

占买房产

以直符为买主，生门为住宅，死门为地土，以生死得奇吉格吉凶断之。

占交易开张益否

以开门为店铺，以生门为本利，以日干为开设之人，以奇吉生克吉凶决之。

占谒贵求财有益否

以现任官开门为主，未任官天盘甲子戊主之，以日干为求谒之人。

占揭借财物得否

以直符落宫为财主，以日干落宫为揭借之人，以吉凶生克年命日干落宫决之。

占合伙求财

以日干落宫为我，时干落宫为伙计，以生克决之。

占访人

以所往之方地盘为主，天盘为客，生合得奇吉者，遇合则见，遇格则拒。

占约期至与不至

以年为尊长，月为同类，时为后辈，日为己身，直符在前者先至，直符后者后至，相生相比者至，相克不至，伏吟阳星不至。

占远人来何事

以直符为主，天乙为远人，各以落宫相生者，无关系，克则有事。

占有人来访宜见否

以来人所来之方天盘之星为来人、为客，或以来人所乘之时干为客，以地盘所在之星为主、为我。

占我访人见否

以天盘所往之方为我，地盘之星为他，比和可见，以生克决之。

占请客来否

以直符为客，天乙为主，生克决之。

占人请是否好意

以其来方之门星宫合而推之，以其方地盘之门星宫乘吉奇为好意。

占失物

以时干为失主，八门物类为逃亡之物，以旺相休囚并八神四格决之。

占人走失

小儿走失，阳日看天盘六合落宫，阴日看地盘六合所在之宫，在天盘，内四宫近，外四宫远，奴仆专以天蓬星主之，落于坤宫，归于父母之家，以空亡墓库为难寻，婢妾以天盘太阴主之，或以天芮落宫决之。

占走失六畜

走失骡马船车以伤门主之，天冲主之必根寻伤门落于何宫何方，即往何方寻之。牛羊以坤宫死门主之，若死门隐于何宫，即在何方，芮星宫亦可。马匹专以乾宫所得之神决之，看天盘天蓬之星在何方，即以何方寻之。

占何人为盗

以天蓬为盗，阳日看天盘元武，阴日看天盘元武，再以八卦九星类其人以决之。

占被盗之物藏于何处

以盗之去方为藏物之处，谓其相合而然也，看九星乘元定所盗之物藏匿之方。

占捕贼获否

以勾陈为捕盗之人，以蓬为大盗，以元武为小贼，以杜门为捕盗之方，各以所乘之落宫生克决之。

占失财

以八门九星之类落宫见元武有人盗去，不见元武，自己遗失，以生克空亡内外宫决之。

占家宅兴旺

以生门之落宫并本日长生之宫合而参之，生克旺相决其兴隆。

占分居

以本局中支干推之，分别内外，以年父母、月兄弟、日己身、时子孙，如居两宫为分居，一处不分，俱以宫分干支照年月定日期以旺相休囚，决其吉凶。

占迁移

以方上有三奇吉门，再得三奇四季月皆吉，以九星吉凶定之。

占谋馆有无

以天辅为师长，为求馆之人，以天芮为东主，以生克决之。

占官幕

以辅星为求幕之人，以甲子戊为官长，开门亦为官长，以生克决之。

占求荐

以甲子为求荐之人，以天乙为推荐之人，生克决之。

占差遣

专以开门之星决之，看应差之人何年干、日干为开门，所冲者，去；不冲者，不去。

占退役

以开门为官长，以日干为退役，生克决之。

占应役

以开门为官长，日干为应役之人，以生克旺相决之。又法，以直使为己身，以生克休囚断之。

占投主

以甲子戊落宫为本人日干落宫决之，以甲子戊生者宜投。

占卸事能否

以日干落宫为卸事之人，时干落宫为所卸之事，比者，不能卸，生克决之。

占领文迟速

丁为文件，与直符相生速，克则迟。丁在何宫相生，即以本宫干支定其日期。

占官事缓急

以时干为己身，直符为官长，六丁为公文，直使为公差，以内外宫并生克决之。

占给假

以直符为尊长，天乙为卑小，克者不准。

占避难逃避方向

以杜门、丁己癸、六合、天上太冲及生门所临之方，又生本时干，则吉，再有三奇吉星，大吉，反此不利。

占避难可否

避兵看六庚，避贼看天蓬，避讼看天辛，时干为己身，以加内地克时干者，即避之。

占雀噪

看朱雀所临下得何奇门，以决其事，不得奇及门迫，无所系；如景门，则有喜信。

占鸦鸣

以景门上八神决其事体，须听声还何方，得吉门吉，凶门凶。

占　梦

看地盘梦时支干上，门吉凶星奇吉格，吉者吉，凶梦亦吉；不得者，凶梦更凶，空亡即幻景也。

占怪异

如狗嚎、金鸣、火笑、水笑、牝鸡嚎晨之类，以时干所加，下得奇吉星格，平安；无吉者，无异。又法，以螣蛇所乘门星决之，得奇平安，空亡无凶。

占祷祀

凡祈祷当看天禽所在，下得风云鬼龙神五遁，方得效验，反此不验。

占求仙

以地盘本身日干为主，上得心芮二星，并仪奇生日，占时又得癸，可求；若无者，不成。

占烧丹

坎为真铅，休门主之；震为真汞，伤门主之；砂，景门主之；兑为金，惊门主之。

地盘丙丁火、天盘壬癸水可成，有杂气不成。

占设教

天辅为师长，直符为主者，天芮为弟子，以吉凶生克旺相休囚决之，又所往之方，均吉者利。

占受教否

以天芮为访道之人，以天辅为传道之人，以生克论。

占立窑

以景门主之，生年命日干者，吉。

占得吉地否

专以死门与日干落宫合而决之。

占坟墓

以死门为天地二盘之墓以决之，以死门落宫地盘之星为死，以死门落宫天盘之星为生者，生克决之。

占开挖水道

以开门生之，得奇吉，开挖有益。

占河水消长

以天蓬休门决之，得奇吉，虽长不泛。甲辰壬带蛇，主水害；休落于二八五，水立消。

占博弈

以直符所在之方决之，直符加伤者胜。

占舟得顺风

专以天辅星决之，天辅落于何宫，即何方风吉为顺。风凶反此。

占渔猎

以伤死二门合癸干决之，加休以水猎，以伤门作舟筏，癸为天网罟。

占田猎

专以伤门决之，伤门乘旺带庚者，畋猎其方大获，落乾兑伤门受克，死门亦可得。到艮不能得，到坤亦不得。

占牛马怀驹牝牡

各以其宫所乘之星推之，马离、牛坤、骡驴震，阳星为牝，阴星为牡。

占奏事准驳

以景门落宫为陈奏之事，日干为奏事之人，以岁干为天子，以奇吉生克决之。

占派差务否

以月干为落宫，为上宪，以时干落宫为委派之人，生克决之。

占文武官补否

以开门为文职，以杜门为武职，以生克休旺决之。

占在任动静

以开门落宫为动静，以月干为上宪，比和者不动，带奇吉生者主升，克者不利。又法，以开门为上司，日干为本身，生和者，吉。

占捐劝踊跃否

以开门为官长，以生门为富户，以生克决之。

占剿匪迟速

以元武落宫为流贼，以直使之宫为剿贼之官，以生克休囚旺相决之。

占解饷平安

以生门落宫为饷，以天蓬为贼盗，以直使为护解之官，以生克决之。

占监狱平安

以甲辰壬落宫为狱，以开门为有狱之官，以甲午辛为罪人，生克决之。

占有无贼窝

以天蓬落宫为贼窝，以日干为包庇之人，以勾陈为捕役，生克决之。

占交友

以日干落宫为己身，以时干为友人，以生克奇吉论之。

占服药效否

以天芮落宫为病，以生门为药饵，生者，效不生；带凶格者，不效。

占废员起用

以岁干为天子，以日干为引见之人，生克乘奇吉旺相决之。

占出兵吉凶

以日干落宫为从军之人，以直使为统军之宫，以元武为贼，各以生克决之。

占保劾

以日干宫为保举之上司，日干为应保劾之人，论生克决之。

占谒陵

以杜门为山陵，以岁干落宫为天子，冲旺生者为谒。

占税务衰旺

以生门落宫为关税，以日干为收税之人，以开门为税官，以生克旺相休囚决之。

占井泉旺否

以休门落宫为泉，以死门落宫为井，相生合者，水旺。

占是否有妊

以杜门落宫为月信，以日干落宫为占人，各以生克定之。

占耳鸣

以蓬星落宫为耳，看落于何宫，合天地二盘以类神断其吉凶。

占果木结实

以伤门落宫为树木，以生门落宫为果实，乘虎为风，乘元为雨，又以旺相生克决之。

占酒口味

以元武落宫决之，落震必酸，落土必甜，落金必苦，有奇吉为佳酿，休囚为坏酒。

占荐友请否

以日干为荐友之人，以时干为请友之人，以生克决之。

占出差平安

以日干落宫为出差之人，以时干落宫为所差之事，以生克决之。

占掣签远近

以开门落宫为省分，为掣之人，落内四宫者近，外四宫者远。

占简放

以岁干落宫为天子，以日干落宫为应放之人，生合者吉，休克者否。

占天时

占晴以天英为主，占雨以天蓬为主，相生相克以决有无，凡占晴须论符天朱蛇勾白之神与八门生景死杜辅禽英芮，并起元于火木局三奇日，位戊己当机阳星开必旺，凡占雨，须看地阴元白与八门之休惊开伤、九星之蓬柱心冲，并起元于金水局，以奇入墓，庚辛壬癸当权阴星阖，必阴雨。

占升迁

上官以克直符为官星，以直使之下为地方，以分野决其何处。官克宫门，此地不宜，另图别处；若宫门克官星，则官尚未升迁，主迟。

占选举以直符为举子，直符地盘之下奇仪为文字，直使为场屋，直使之下地盘奇仪为榜案，日干为试官，专以直符为主，喜生忌克。

占求财

占财以时干为主，时干所克者为财星，若在直符本宫有六仪三奇入星宫门为财星，又有占时旺相之地主得财，否则不得，天蓬为财星，宜往北方求之，冬十分、春五分、夏三分，秋一分，其余卦候递推，开门为财，宜往西北方得贵人之财，休得富家之财，生得田土之财，伤得植物之财，杜得器皿之财，景得酒食之财，死得丧亡之财，惊得忧恐之财。

占婚姻

占婚姻以直符为夫，直符之下地盘九星为媒妁，以直使为女，直使之下地盘八门为妆奁，各以生克决之。占女之性情妍媸，直使加九星决之，遇旺则美，休囚则恶。

加天蓬，旺主性柔慈爱貌白，休则奸狡形陋；加禽芮任，旺则厚重端方貌美，休则黄瘦丑拙；加冲辅，旺正直无私貌秀丽，休则发枯性暴；加英，旺主性速明澈貌光洁，休则凶暴；加柱心，旺主果决貌白净，休则性硬貌白。

占产育

占胎产男女，以时干为母，直符为父，时干加地盘九星为子，专看主位相生则吉，相克则凶，以九星阴阳论男女，九星加奇仪为之生期，天蓬生男平常，天任子多福，天冲多秀，天辅子多贵，天英生女有福，天芮生女平常，天禽生女多贵，天柱生女多福，天心生女果决，时干克子宫易产子，星克时干难产子，星同宫共克时干主伤母，时干与直符共克子星，主伤子。

占疾病

占疾病以时干为病人，直符为病症，时干加地盘九星为医药，直使加奇仪为痊期，时干克地盘九星，不肯服药，生宜服药；九星克时干，药不对症，生则服药有灵，直使加六仪三奇生时干，主易痊，克则难愈，时干克奇仪易痊，生则迟。

占官讼

占词讼以时干为我，时干直符为中证，时干加门为听讼之官，时干加地盘奇仪为彼，奇仪同宫九星为彼干证，要在五处验其生克，以决胜负。

占官事完结以绝日为主，各时干加门属金则寅月日事绝之类，绝之例要论四时衰旺，旺则月论，衰则日论，伏吟主迟，反吟主反覆。

占罪之轻重，以加八门为主，门生我无罪，门克我有罪，门生彼无罪，门克彼有罪，乘旺来克罪重，休囚者罪轻。

占行人

占行人以时干为行人，以时干加八门为所往之方，以时干加地盘九星为来期，以直符为占事之人，又时干克门，主已动，时干生门有成，未成主未动，门克时干，此事不宜，已往他方，门生时干，有人勾引未动，时干克直符，不思归家，直符克时干，主在半路，时上生直符立至，直符生时干，主将动身，伏吟不来，反吟已来。

占盗贼

占盗贼以时干为失主，以直使九星为逃人为贼人，九星同门为去向，直符捕盗之人，直使加奇仪为盗去之物，时干克直使加九星主易得，生则迟得，九星克时干主贼难得，生则贼自降，直符克九星主早捕，生则捕人相为助盗，九星克直符主难捕，生则捕人受贿。

占田禾

占田禾以时干为农人，直使加九宫为桑，直使加八门为田地，时干生门五倍收，克门无收，门生时干十倍收，克时干无收，或田地无人耕种，时干星相生桑茂，相克枯死。

占种何物，直使加天蓬宜稻粟黑豆，天英宜红豆小麦，天冲辅宜瓜果五谷，任禽芮宜芝麻黄豆，心柱宜大麦荞麦高粱。

占蚕，上以天英为蚕命，蓬星丝，辅为筐，冲为茧，以上四星，若在符使加临之宫，在本宫主蚕旺，或在休囚迫克之，主不旺。

占终身

占终身当分天地人三盘而断，主星管少年之造化，主门管中年，主宫管末年，然以主星为重。

问终身以得奇门诈为吉，其飞流亦须得宫门为重。

占家宅

占家宅吉凶休咎如何，符为新宅，使为旧宅；符为正屋，使为侧厢；符为阳宅，使为阴基；符为本身，使为田舍；符为尊长，使为卑幼；符为心宫五脏，使为四体经络，其中分而合，合而分，符受克，新宅凶；使受克，旧宅凶，以占事论生克断之，又以主星为住宅之人，以飞门为所住之宅，俱宜生旺，不宜衰废，更以得奇得诈为上吉。

凡占家宅，以直符为人，直符加八门为宅，地盘九星为对门，地盘九星为左邻，右宫为右邻。

占地理

以星为龙穴，以门为堂局，星受克，穴不吉；门受克，堂不好，落空亡亦然，符吉使凶，得奇门可阡，符凶使吉，虽有奇门亦不可用。

占坟墓以直符为占事之人，直符所临之下地盘遇九星为亡人，直使所临之下地盘遇门为亡人之墓，看其二处，彼此相生，比相遇旺之地，又得三奇六仪扶助为吉，墓亡人克墓，只可发财，不出贵，若墓克亡人，必主官非口舌横事，要验九星与门生克以定吉凶。

占谒见

占谒贵人以时为我，以直使之下奇仪为所谒之人，时干生奇仪主我求他，可见；时干克奇仪主我伤他，难见；奇仪生时干主贵人有力，即克时干，不见。

占奴婢

占奴婢以时干为主人，时干加九星为奴，时干加八门为婢，以生乾决之。

占博弈

占博弈以直符为我，直使为人，直符加九星生直符主我胜，直使加九星克直符，主人胜，直符克九星主我胜，直使下九星遇奇仪三白门者，主人胜。

奇门法窍卷五

阴阳两遁奇仪符使行宫图说

《经》云“一十八局为精艺”，为汉张子房所定，总约阴阳各九局，凡一局统四气，每一气管六十时，诚遁法千古不易之良规也。惟所定九局图式类，皆本节本元甲子时之正图，其余自乙丑时起，至癸亥时止之奇仪符使并格局之吉凶，则难以推布，而不求门奇星符飞布行宫之法，竟将各局剪成活图推演，以致星门之次序先后紊乱，坊本之谬，诚非浅鲜。详查遁甲起法，悉取洛书九宫自然之数，阳遁自一至九，阴遁自九至一，阳顺阴逆排列九宫，而九局五百四十时，了如指掌，今立此活图捷法，较之汉子房旧图尤为灵变，遁法之妙，无出其右矣！愚按捷法，如阳遁九局自坎一顺排，坤二、震三、巽四、中五、乾六、兑七、艮八、离九为地盘之九宫，以戊加坎一宫顺排己庚辛壬癸丁丙乙为次序，作地盘之奇仪，以蓬星加坎一宫顺排，芮冲辅禽心柱任英为地盘之九星，集为一层，此一局地盘星符定矣；以休死伤杜开惊生景为次八门，顺行排为直使，集为一层一局，人盘门使定矣；其天盘亦如地盘之法，将星符集为一层，此一局天盘定矣。如占时得甲子时，即将天盘甲子直符蓬星加丁坎一宫地盘甲干之上，人盘直使即以休门加于坎一宫之上，此即阳遁甲子时之正图也，虽九宫顺排，而奇仪符使并格局之吉凶，与八卦方位之正图，亦丝毫无紊，如乙丑时，即将天盘甲子直符、蓬星加于离九宫乙干之上，其人盘直使以休门加于坤二宫之上，此即阳遁一局，乙丑时排宫之图也。按六甲直符挨次顺推，则六十时符使奇仪轮转灵通，吉凶其应如响，如丙子时，则以天盘甲戌直符加于艮八宫地盘丙干之上，其人盘直使，即以死门加于巽四宫之上，此即甲戌旬丙子时排宫之图也，其甲申各旬直符，仿此类推，如阳遁二局，即以甲子直符芮星集为一层，加于坤二宫，作为二局地盘，其天盘亦如地盘之法，将星符集为一层，作为二局天盘，以死伤杜中开惊生景休为次，八门顺排，集为一层，作为二局人盘，此定排布二局星符之法，如占时得甲子时，即将天盘甲子直符芮星加于坤二宫，地盘甲干之上，其人盘直使，即以死门加于坤二宫之上，此即阳遁二局甲子时之正图也，如乙丑时，即以天盘甲子直符芮星加于地盘坎一宫乙干之上，其人盘直使以死门加于震三宫之上，此阳遁二局乙丑时排宫之图也。按六甲直符挨次顺排，则六十时之吉凶格局立现，其余直符仿一局法类推。

阴遁活图捷法，如阴遁九局，自离九、艮八、兑七、乾六、中五、巽四、震三、坤二、坎一为地盘之九宫，以戊加离九宫逆排己庚辛壬癸丁丙乙为次序作地盘之奇仪，以英星加离九宫逆排任柱心禽辅冲芮蓬为地盘之九星，集为一层，此九局地盘星符定矣，以景生惊开中杜伤死休为次，八门逆行，排为直使，集为一层，此九局人盘门使定矣，其天盘亦如地盘之法，将星符集为一层，此九局天盘定矣。如占时得甲子时，即将天盘甲子直符英星加于离九宫地盘甲干之上，其人盘直使，即以景门加于离九宫之上，此即阴遁九局甲子时之正图也，如乙丑时，即将天盘甲子直符英星加于坎一宫乙干之上，其人盘直使以景门加于艮八宫之上，此即阴遁九局乙丑时排宫之图也。按六甲直符挨次逆推，则六十时符使奇仪轮转周遍，如丙子时，则以天盘甲戌直符加于地盘丙干之上，其人盘直使，即以生门加于坤二宫之上，此即甲戌旬丙子时排宫之图也，其甲申各旬直符仿此类推，如阴遁八局，即以甲子直符任星集为一层，加于艮八宫，作为八局地盘，其天盘亦如地盘之法，将星符集成一层，作为八局天盘，以生惊开中杜伤死休景为次，八门逆排，集为一层，作为八局人盘，此定排布八局星符之法，如占时得甲子时，即将天盘甲子直符任星加于艮八宫地盘甲干之上，其人盘直使，即以生门加于艮八宫之上，此即阴遁八局甲子时之正图也，如乙丑时，即将天盘甲子直符任星，加于离九宫地盘乙干之上，其人盘直使，即以生门加于兑七宫之上，此即阴遁八局乙丑时排宫之图也。按六甲直符挨次推排六十时轮转满足，则癸亥时之星符奇使伏吟定矣，其余各局，并本局之六直符，仿此类推。

阴阳两遁八神行宫图说

《经》云："直符前三六合位，太阴之神在前二。后一宫兮为九天，后二之宫为九地。"此论八神行宫之定位也。八神不用飞宫，分阴顺阳逆依次临方，不循宫序，以坎艮震巽离坤兑乾为轮布之法，依小直符加大直符，假如天盘甲子直符加坎一宫，应以八神直符加于天盘甲子直符之上，顺布螣蛇在艮、太阴在震、六合在巽、勾陈在离、朱雀在坤、九地在兑、九天在乾，此八神循八卦而行，即合《经》云"直符前三六合，前二太阴；直符后一九天，后二九地"之谓也。愚按八神顺飞九宫，按卦位而行，如一宫直符，则二宫朱雀、三太阴、四六合、五中宫、六九天、七九地、八螣蛇、九勾陈，此直符八神加坎一宫飞布之定位法也，虽八神飞布九宫而考之所行八卦定位之法，均亦符合此阳遁直符八神按卦位飞布之捷法也，如二宫直符，则三宫朱雀、四九地、五中宫、六太阴、七螣蛇、八勾陈、九九天、一六合，此直符八神加坤二宫飞布之定位也，如三宫直符，则四宫螣蛇、五中宫、六朱雀、七勾陈、八九天、九太阴、一九地、二六合，此直符八神加震三宫飞布之定位也，如四宫直符，则五中宫、六勾陈、七六合、八九地、九螣蛇、一朱雀、二太阴、三九天，此直符八神加巽四宫飞布之定位也，如六宫直符，则七宫九天、八太阴、九朱雀、一螣蛇、二九地、三六合、四勾陈、五中宫，此直符八神加乾六宫飞布之定位也，如七宫直符，则八宫六合、九九地、一太阴、二九天、三勾陈、四朱雀、五中宫、六螣蛇，此直符八神加兑七宫飞布之定位也，如八宫直符，则九宫六合、一九天、二勾陈、三螣蛇、四太阴、五中宫、六九地、七朱雀，此直符八神加艮八宫飞布之定位也，如九宫直符，则一宫勾陈、二螣蛇、三九地、四九天、五中宫、六六合、七太阴、八朱雀，此直符八神加离九宫飞布之定位也，如五中宫直符，即按寄宫卦位之八神次序布之，推演之法九局皆同，以直符加卦位宫次飞布而定八神之格局，实为捷妙之诀矣。

阴遁八神逆行卦位，以离巽震艮坎乾兑坤为次，依小直符加大直符之法，如天盘甲子直符加离九宫，应以八神直符加于天盘甲子直符之上，逆布螣蛇在巽，太阴在震，六合在艮，勾陈在坎，朱雀在乾，九地在兑，九天在坤，此八神循八卦而行，即合《经》云"直符前三六合，前二太阴；直符后二九地，后一九天"之谓也。愚按八神逆飞九宫，按卦位而行，如九宫直符，则八宫六合、七九地、六朱雀、五中宫、四螣蛇、三太阴、二九天、一勾陈，此直符八神加离九宫飞布之定位也。如八宫直符，则七宫六合、六太阴、五中宫、四九地、三九天、二勾陈、一螣蛇、九朱雀，此直符八神加艮八宫飞布之定位也。如七宫直符，则六宫九天、五中宫、四六合、三勾陈、二螣蛇、一九地、九太阴、八朱雀，此直符八神加兑宫飞布之定位也。如六宫直符，则五中宫、四勾陈、三朱雀、二太阴、一九天、九六合、八九地、七螣蛇，此直符八神加乾六宫飞布之定位也。如四宫直符，则三宫螣蛇、二九地、一六合、九九天、八太阴、七朱雀、六勾陈、五中宫，此直符八神加巽四宫飞布之定位也。如三宫直符，则二宫朱雀、一宫太阴、九九地、八螣蛇、七勾陈、六六合、五中宫、四九天，此直符八神加震三宫飞布之定位也。如二宫直符，则一宫朱雀、九螣蛇、八勾陈、七九天、六九地、五中宫、四太阴、三六合，此直符八神加坤二宫飞布之定位也。如一宫直符，则九宫勾陈、八九天、七太阴、六螣蛇、五中宫、四朱雀、三九地、二六合，此直符八神加一宫飞布之定位也。如五宫直符，即按寄宫卦位之八神次序布之，推演之法，以直符临卦位宫次飞布而定之，九局同法，随阳随阴，其奥无穷，诚为八神行宫之秘要也。

阴阳两遁排宫间宫直使图说

排宫天地二盘既定，则九宫星仪轮转可以周遍，惟中盘直使，因有逾六逾四之诀，轮至中宫，则直使间隔不能置其宫，今拟另备一盘以补之，假如阳遁一局甲子日甲子时，休门直使在一宫，死门在二宫，伤门在三宫，杜门在四宫，中宫无门，阳遁顺行，逾于六即用上盘，开门补置于六宫，则八门均可值其使，如乙丑时，休门在二宫，死门在三宫，伤门在四宫，中宫无门，即用上盘杜门补置于六宫，则杜门即逾于六宫矣，假如阴遁九局甲子日甲子时，景门直使在九宫，生门在八宫，惊门在七宫，开门在六宫，中宫无门，阴遁逆行，逾于四即用上盘，杜门补置于四宫，则八门均可值其使，如乙丑时景门在八宫，生门在七宫，惊门在六宫，中宫无门，即用上盘开门补置于四宫，，则开门即逾于四宫矣，余遁直使同法。

阴阳九遁八神临宫法

其法视直符临于何卦何宫，即定八神之位，如阳遁直符值坎一宫，则一至九顺行不入中五，依后推定阳遁八神次序，按九宫挨次布之，如阴遁直符加离九宫，则九至一逆行不入中五，依后推定阴遁八神次序，按九宫挨次布之。阴阳九局同法。

阳遁八神临卦位宫分次序图

直符加坎一宫、二朱雀、三太阴、四六合、六九天、七九地、八螣蛇、九勾陈。
直符加坤二宫、三朱雀、四九地、六太阴、七螣蛇、八勾陈、九九天、一六合。
直符加震三宫、四螣蛇、六朱雀、七勾陈、八九天、九太阴、一九地、二六合。
直符加巽四宫、六勾陈、七六合、八九地、九螣蛇、一朱雀、二太阴、三九天。
直符加乾六宫、七九天、八太阴、九朱雀、一螣蛇、二九地、三六合、四勾陈。
直符加兑七宫、八六合、九九地、一太阴、二九天、三勾陈、四朱雀、六螣蛇。
直符加艮八宫、九六合、一九天、二勾陈、三螣蛇、四太阴、六九地、七朱雀。
直符加离九宫、一勾陈、二螣蛇、三九地、四九天、六六合、七太阴、八朱雀。
直符加中五宫，即按寄宫卦位直符八神之次序布之。

阴遁八神临卦位宫分次序图

直符加离九宫、八六合、七九地、六朱雀、四螣蛇、三太阴、二九天、一勾陈。
直符加艮八宫、七六合、六太阴、四九地、三九天、二勾陈、一螣蛇、九朱雀。
直符加兑七宫、六九天、四六合、三勾陈、二螣蛇、一九地、九太阴、八朱雀。
直符加乾六宫、四勾陈、三朱雀、二太阴、一九天、九六合、八九地、七螣蛇。
直符加巽四宫、三螣蛇、二九地、一六合、九九天、八太阴、七朱雀、六勾陈。
直符加震三宫、二朱雀、一太阴、九九地、八螣蛇、七勾陈、六六合、四九天。
直符加坤二宫、一朱雀、九螣蛇、八勾陈、七九天、六九地、四太阴、三六合。
直符加坎一宫、九勾陈、八九天、七太阴、六螣蛇、四朱雀、三九地、二六合。
直符加中五宫，即按寄宫卦位直符八神之次序布之。

阳九遁飞宫图式

阳遁一局甲子时飞宫图式

蓬星直符
休门直使
冬至上
惊蛰上
清明中
立夏中

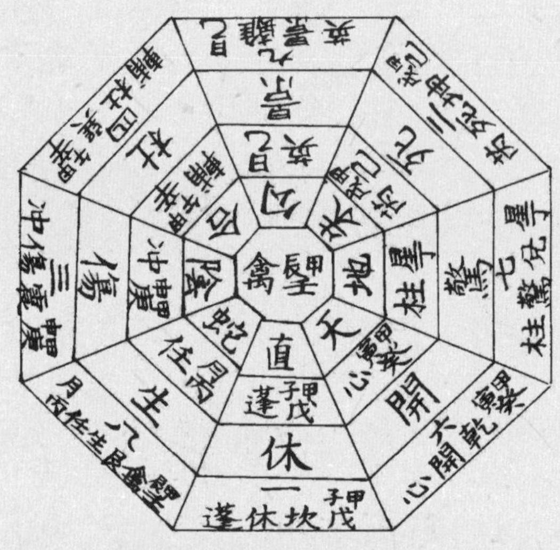

阳遁一局乙丑时飞宫图式

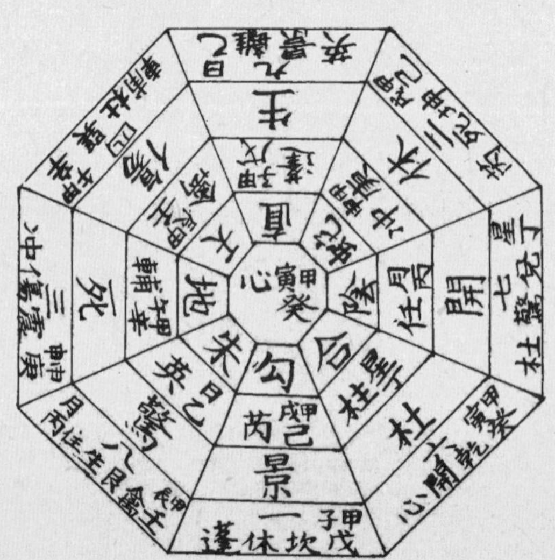

阳遁二局甲子时飞宫图式

芮星直符
死门直使
小寒上
立春下
谷雨中
小满中

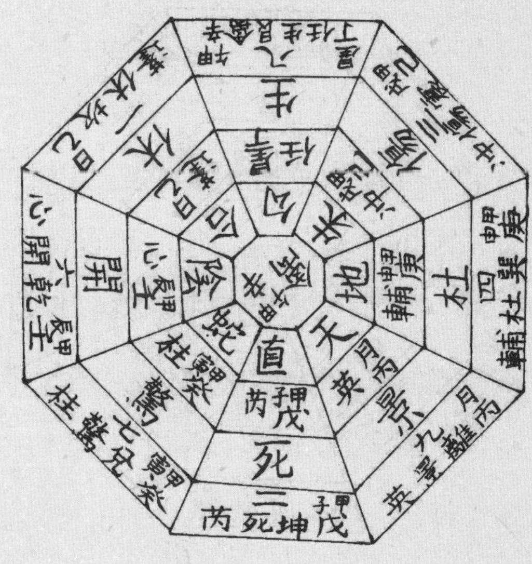

阳遁二局乙丑时飞图宫式

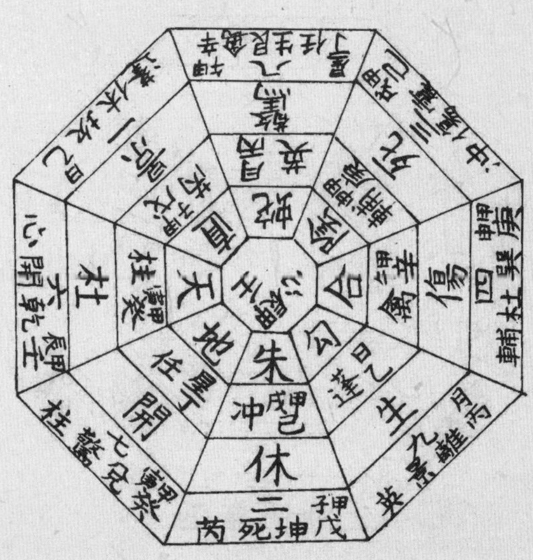

阳遁三局甲子时飞宫图式

冲星直符
伤门直使
大寒上
春分上
雨水下
芒种中

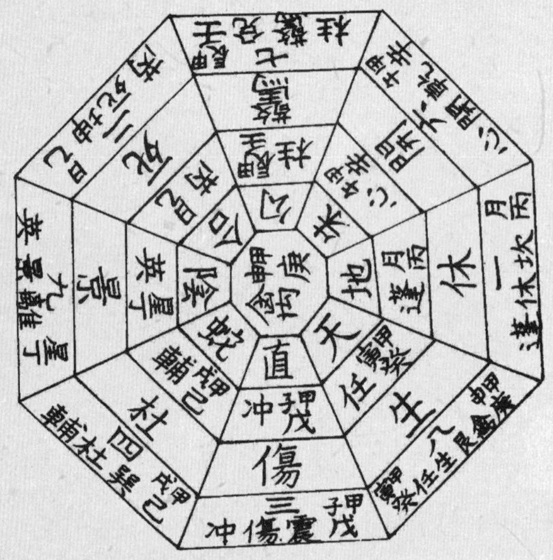

阳遁三局乙丑时飞宫图式

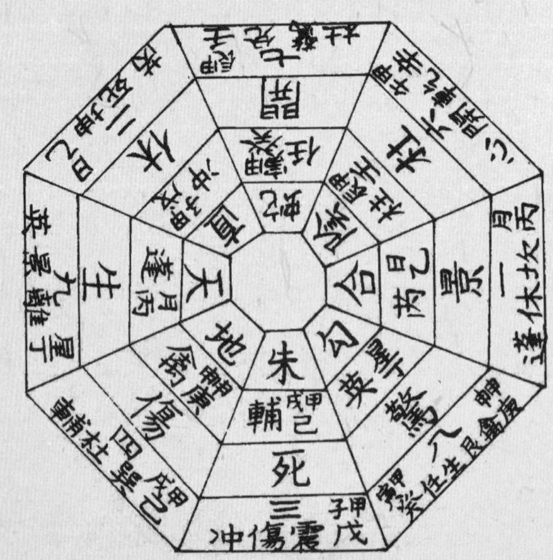

阳遁四局甲子时飞宫图式

辅星直符
杜门直使
惊蛰下
冬至下
清明上
立夏上

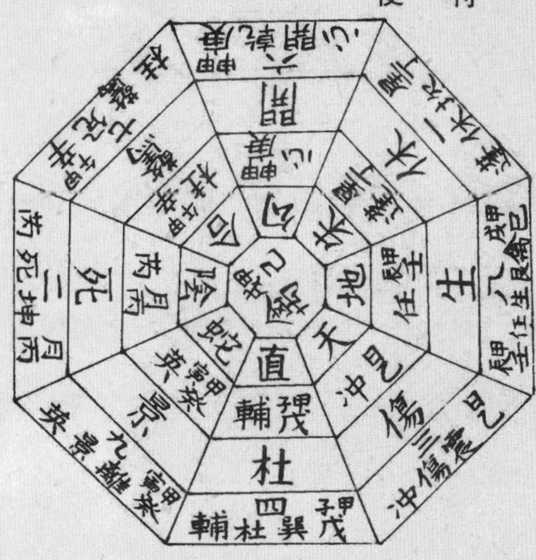

阳遁四局乙丑时飞宫图式

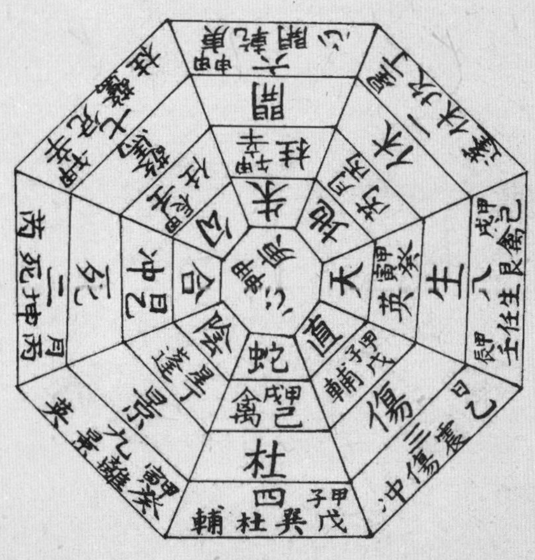

阳遁五局甲子时飞宫图式

禽星直符
生门直使
小寒下
立春中
谷雨上
小满上

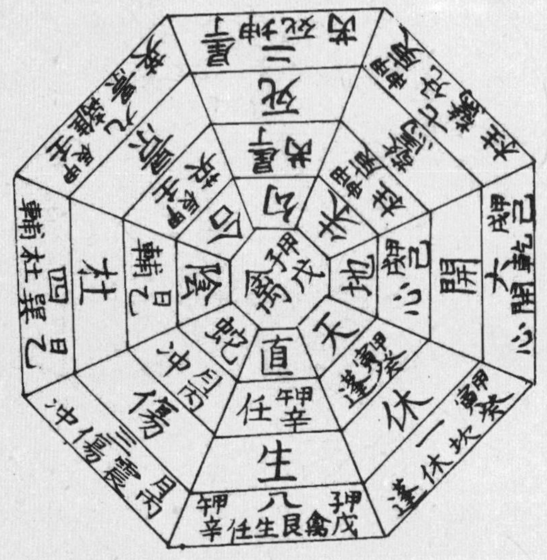

阳遁五局乙丑时飞宫图式

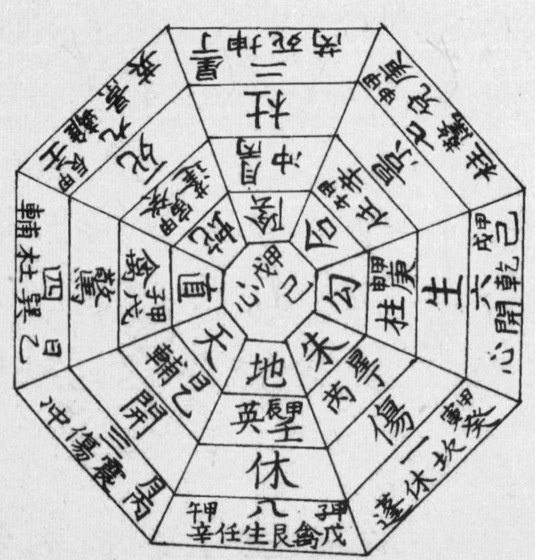

阳遁六局甲子时飞宫图式

心星直符

开门直使

大寒下

雨水中

春分下

芒种上

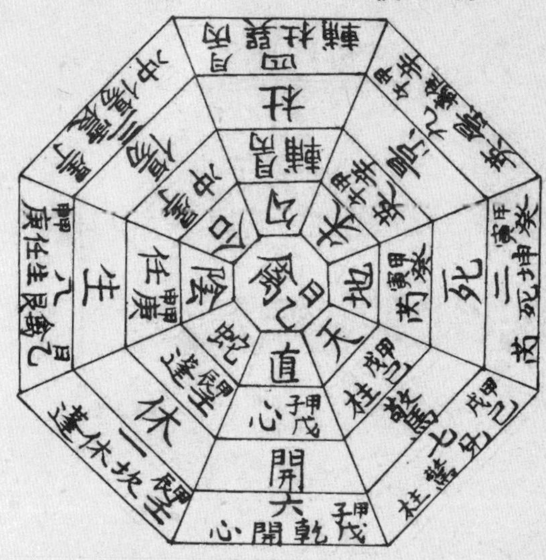

阳遁六局乙丑时飞宫图式

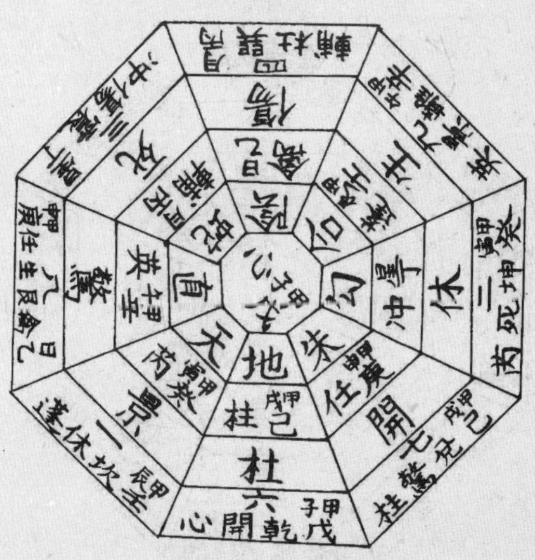

阳遁七局甲子时飞宫图式

柱星直符
惊门直使
冬至中
惊蛰中
清明下
立夏下

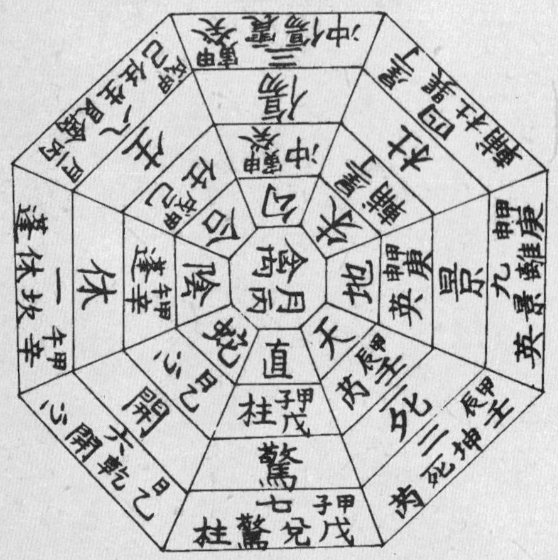

阳遁七局乙丑时飞宫图式

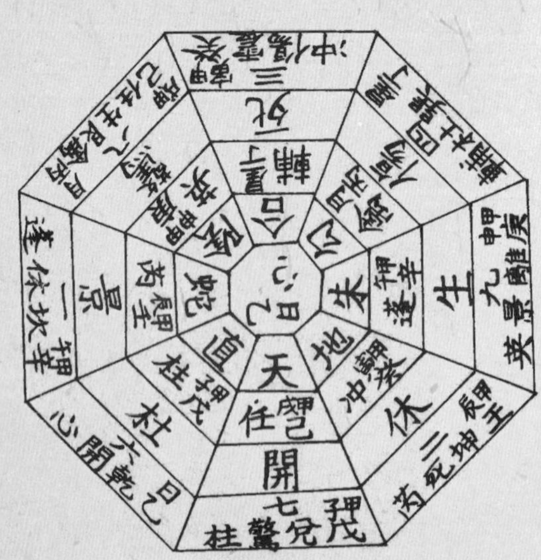

阳遁八局甲子时飞宫图式

任星直符 生门直使 小寒中 立春上 谷雨下 小满下

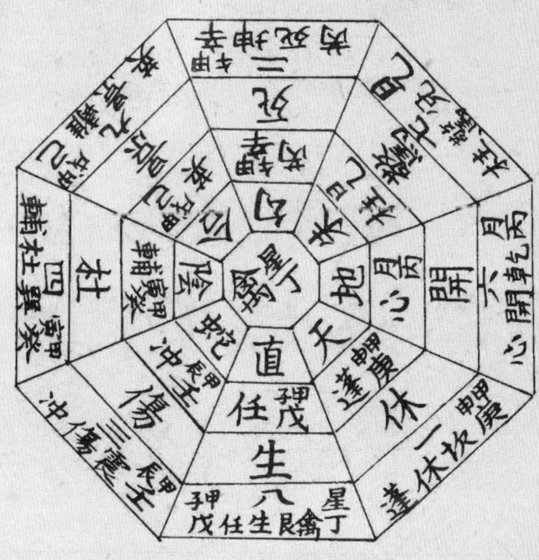

阳遁八局乙丑时飞宫图式

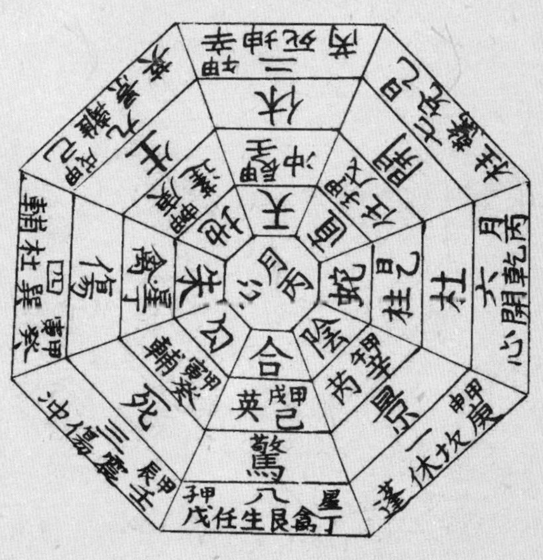

阳遁九局甲子时飞宫图式

英星直符
景门直使
大寒中
雨水上
春分中
芒种下

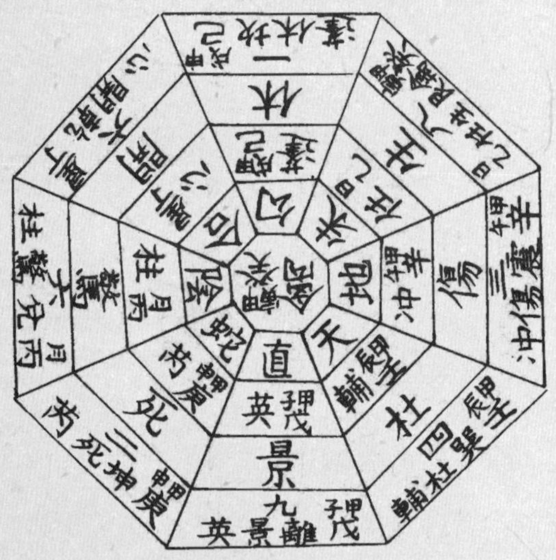

阳遁九局乙丑时飞宫图式

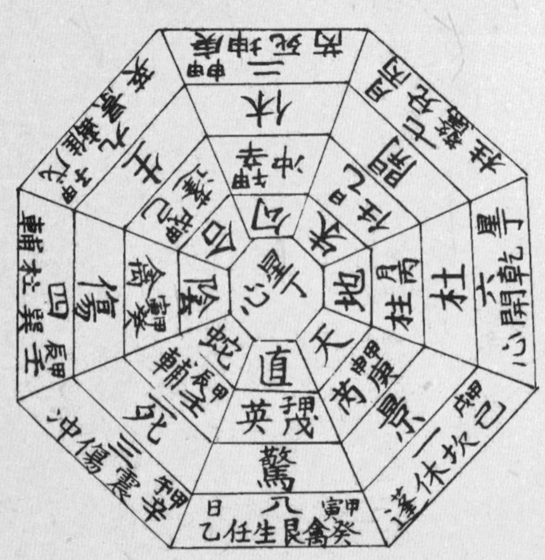

阳九遁排宫图式

阳遁一局甲子时排宫图式

蓬星直符

休门直使

冬至上

惊蛰上

清明中

立夏中

阳遁一局乙丑时排宫图式

阳遁二局甲子时排宫图式

芮星直符
死门直使
小寒上
立春下
谷雨中
小满中

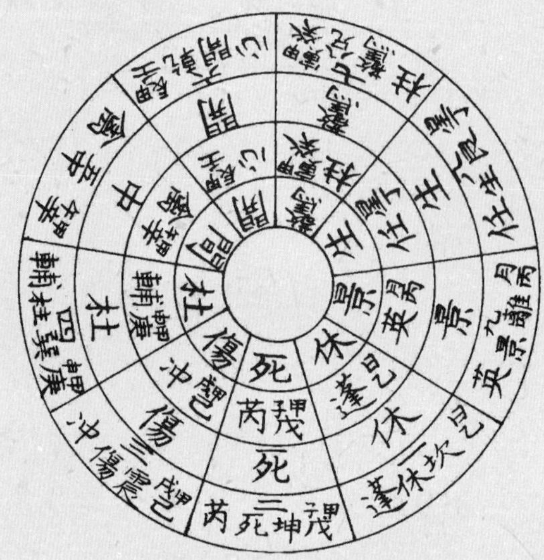

阳遁二局乙丑时排宫图式

阳遁三局甲子时排宫图式

冲星直符
伤门直使
大寒上
春分上
雨水下
芒种中

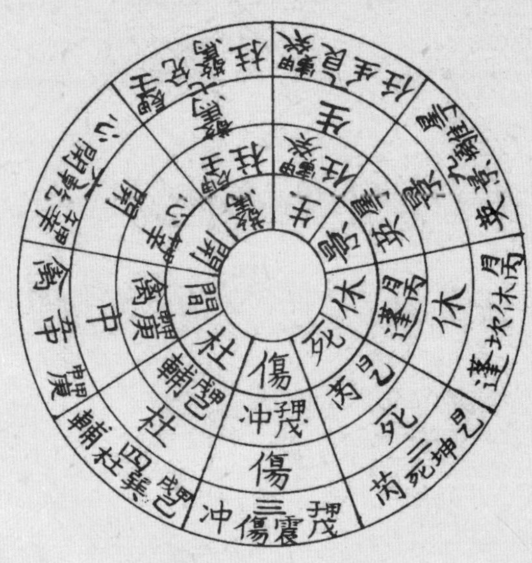

阳遁三局乙丑时排宫图式

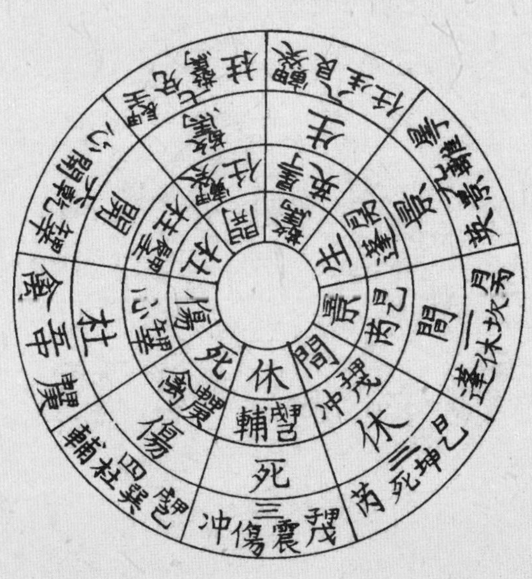

阳遁四局甲子时排宫图式

辅星直符
杜门直使
惊蛰下
冬至下
清明上
立夏上

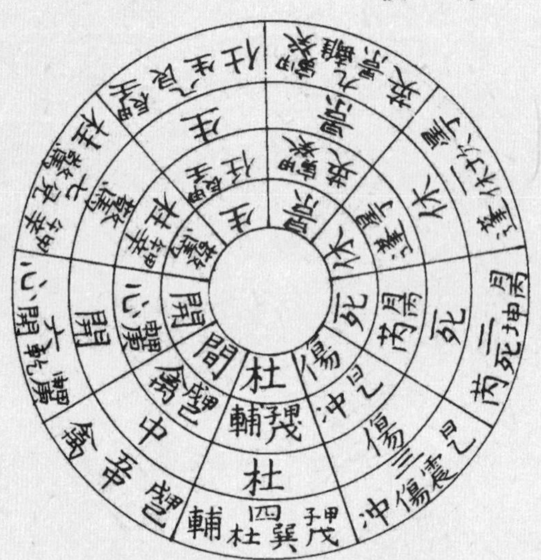

阳遁四局乙丑时排宫图式

阳遁五局甲子时排宫图式

禽星直符
生门直使
小寒下
立春中
谷雨上
小满上

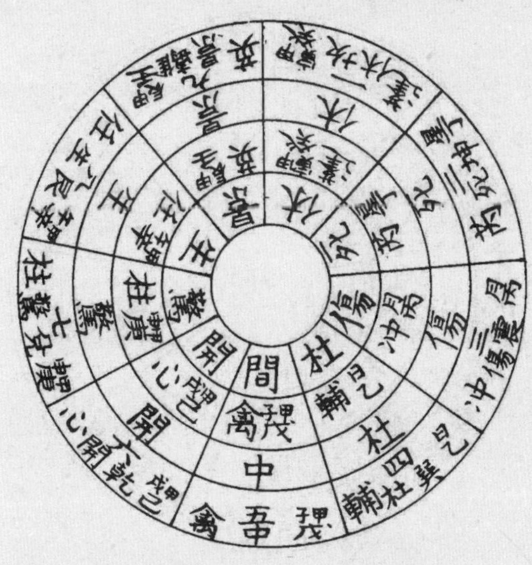

阳遁五局乙丑时排宫图式

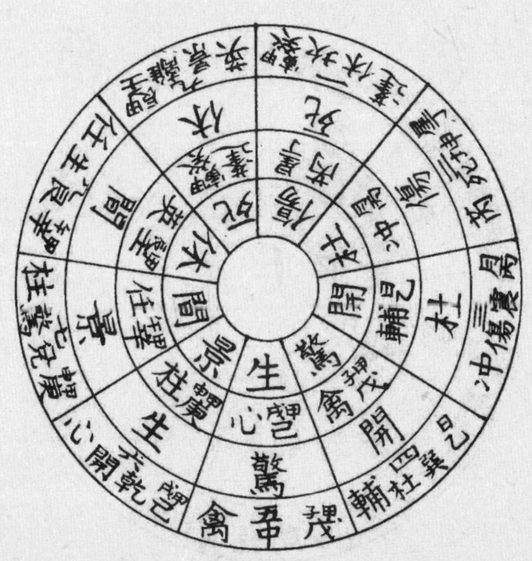

阳遁六局甲子时排宫图式

心星直符
开门直使
大寒下
雨水中
春分下
芒种上

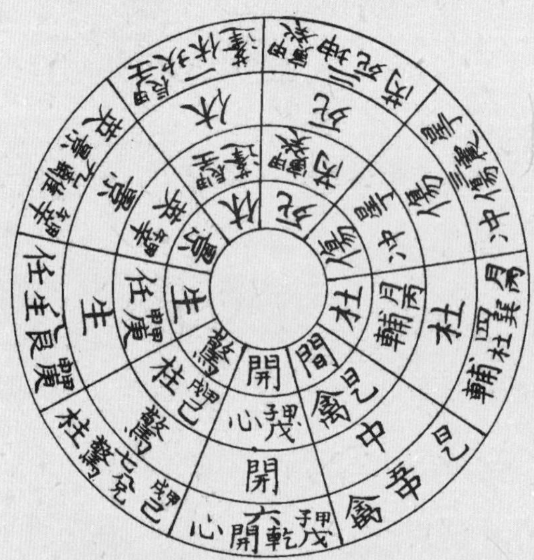

阳遁六局乙丑时排宫图式

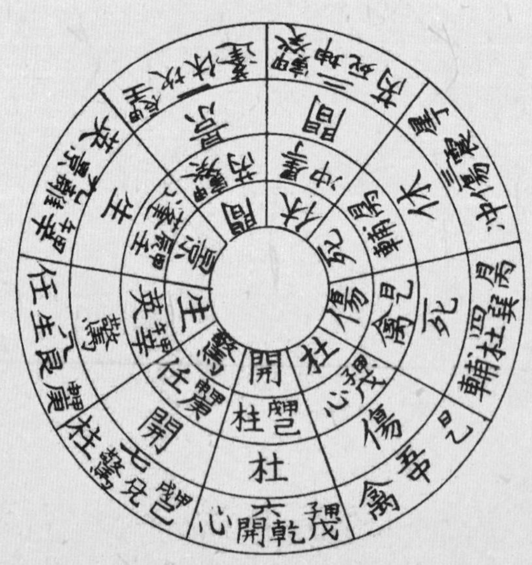

阳遁七局甲子时排宫图式

柱星直符

惊门直使

冬至中

惊蛰中

清明下

立夏下

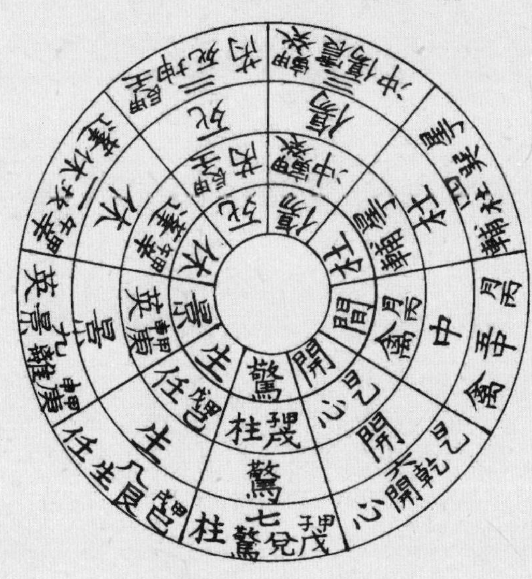

阳遁七局乙丑时排宫图式

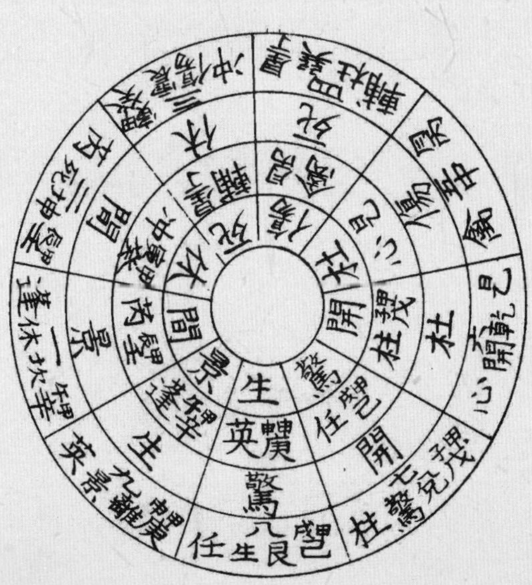

阳遁八局甲子时排宫图式

任星直符
生门直使
小寒中
立春上
谷雨下
小满下

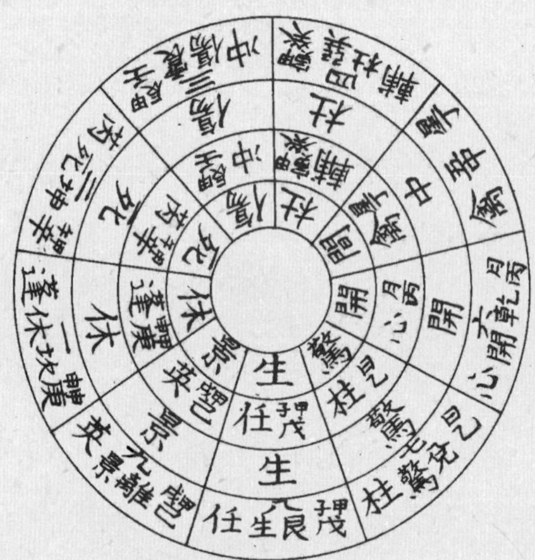

阳遁八局乙丑时排宫图式

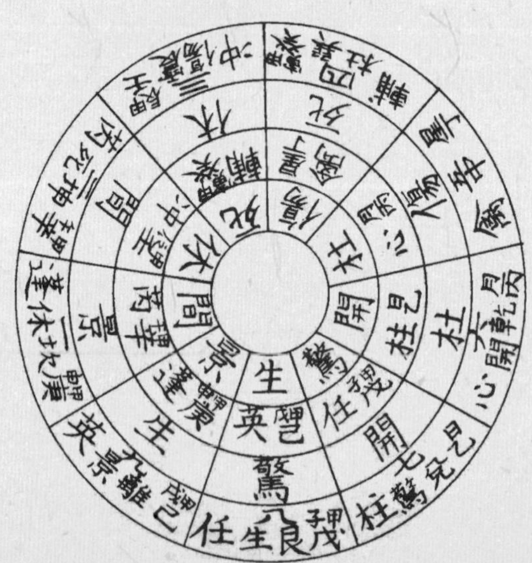

阳遁九局甲子时排宫图式

英星直符
景门直使
大寒中
雨水上
春分中
芒种下

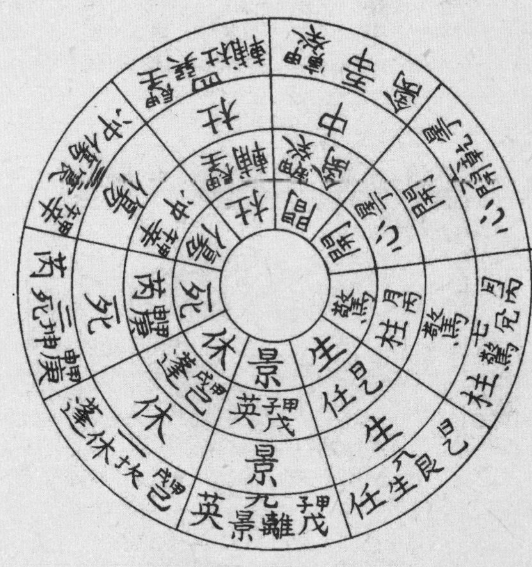

阳遁九局乙丑时排宫图式

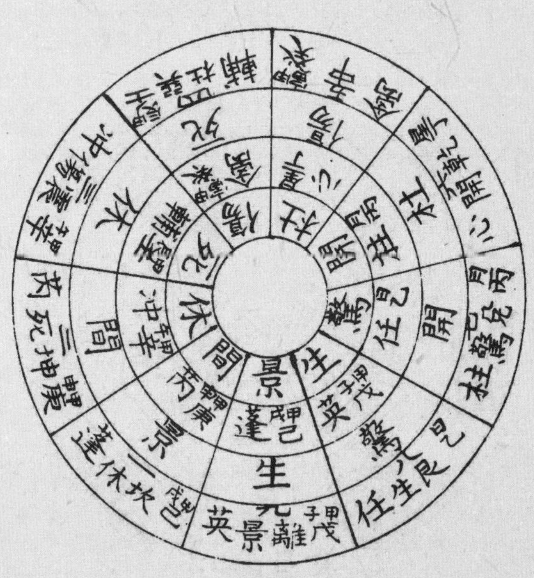

阴九遁飞宫图式

阴遁九局甲子时飞宫图式

英星直符
景门直使
夏至上
白露上
寒露中
立冬中

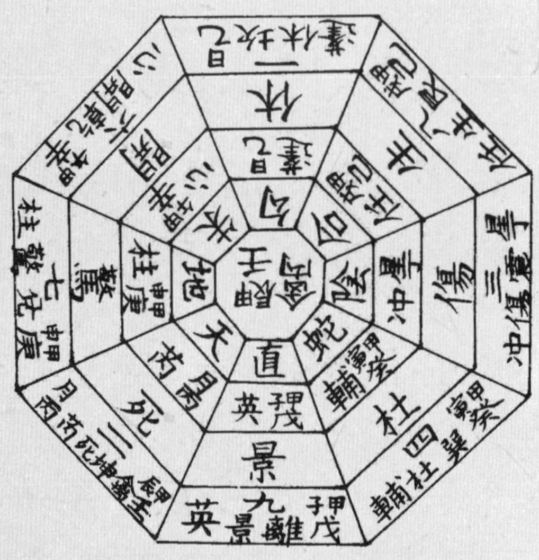

阴遁九局乙丑时飞宫图式

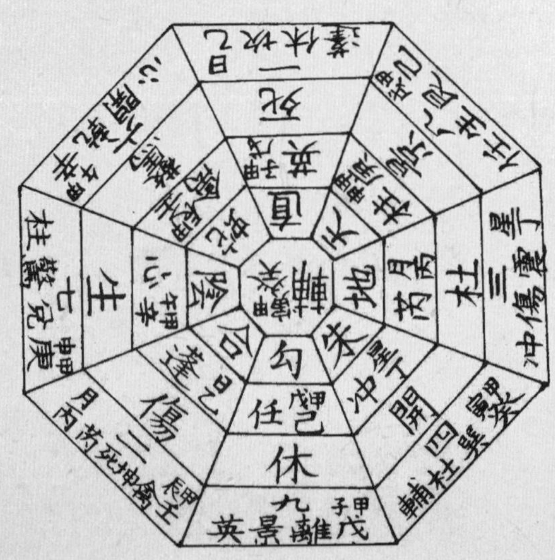

阴遁八局甲子时飞宫图式

任星直符
生门直使
小暑上
立秋下
小雪中
霜降中

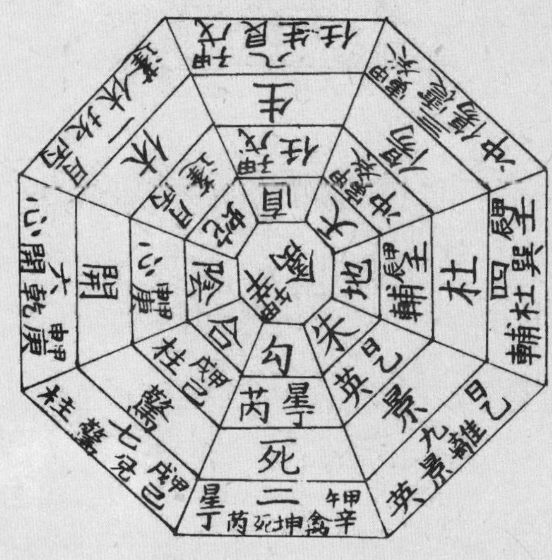

阴遁八局乙丑时飞宫图式

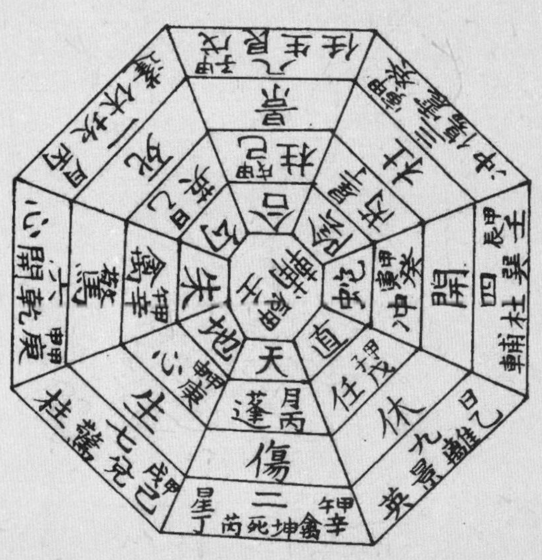

阴遁七局甲子时飞宫图式

柱星直符

惊门直使

大暑上

处暑下

秋分上

大雪中

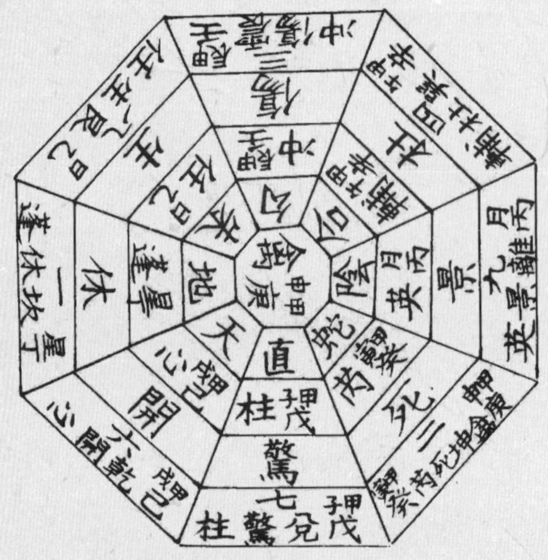

阴遁七局乙丑时飞宫图式

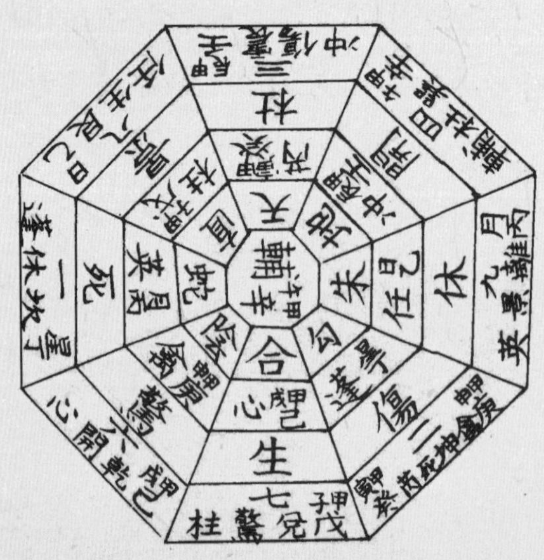

阴遁六局甲子时飞宫图式

心星直符
开门直使
夏至下
白露下
寒露上
立冬上

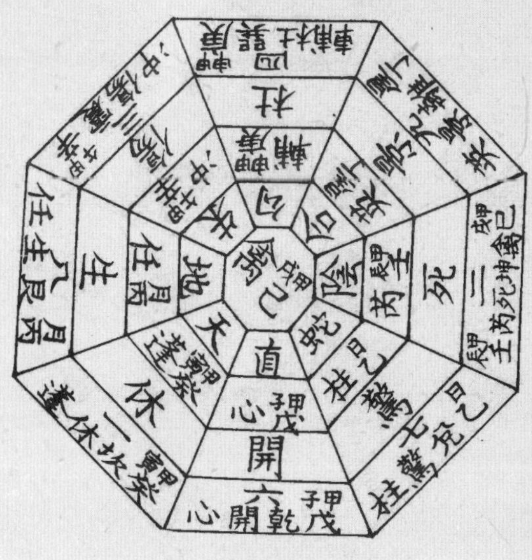

阴遁六局乙丑时飞宫图式

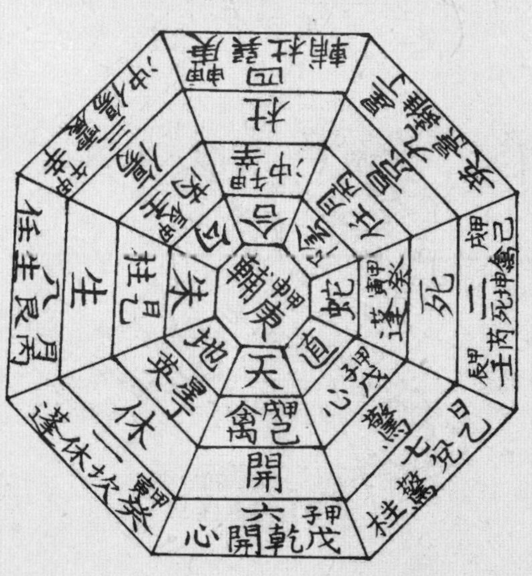

阴遁五局甲子时飞宫图式

禽星直符
死门直使
小暑下
立秋中
露降上
小雪上

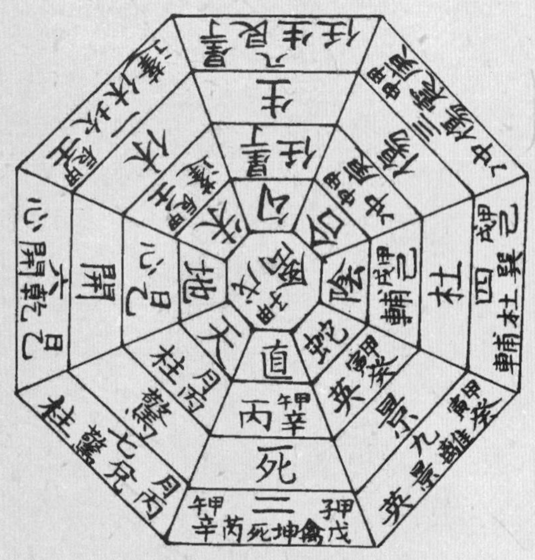

阴遁五局乙丑时飞宫图式

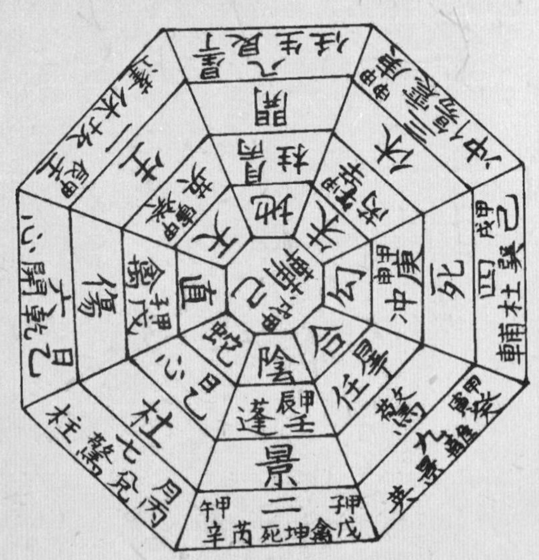

阴遁四局甲子时飞宫图式

辅星直符
杜门直使
大暑下
处暑中
秋分下
大雪上

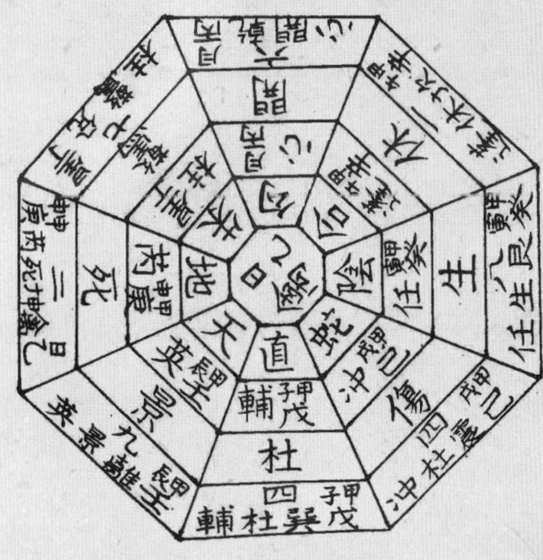

阴遁四局乙丑时飞宫图式

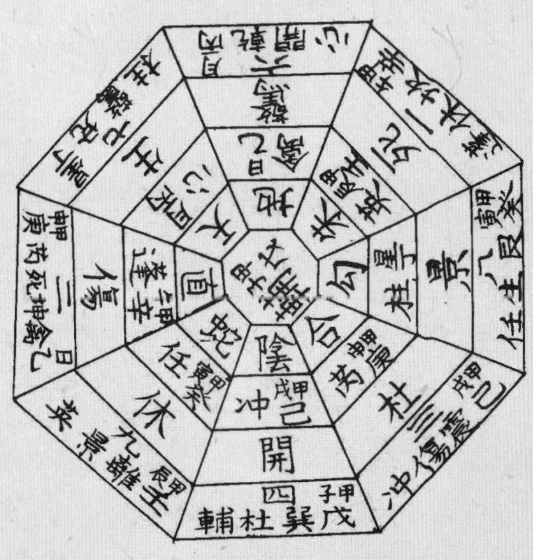

阴遁三局甲子时飞宫图式

冲星直符
伤门直使
夏至中
白露中
寒露下
立冬下

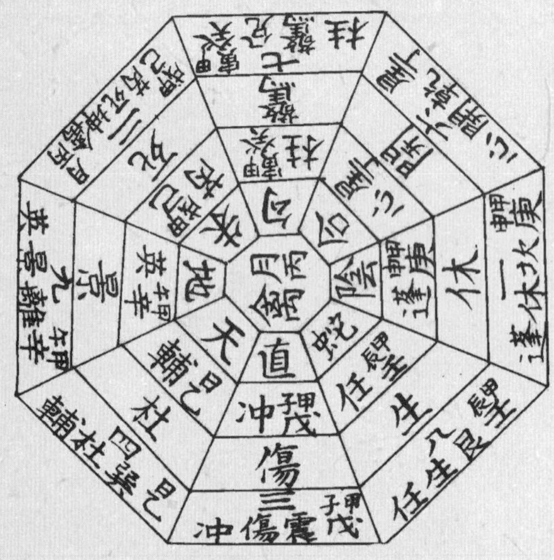

阴遁三局乙丑时飞宫图式

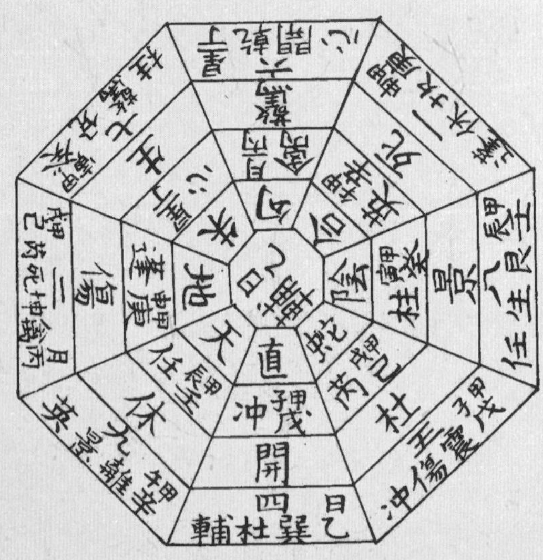

阴遁二局甲子时飞宫图式

芮星直符
死门直使
小暑中
霜降下
立秋上
小雪下

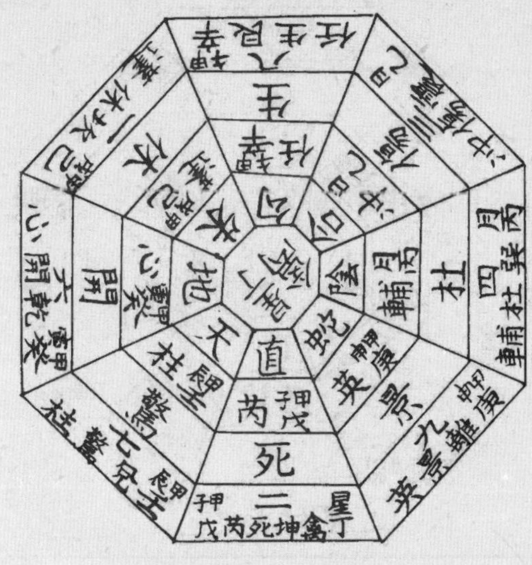

阴遁二局乙丑时飞宫图式

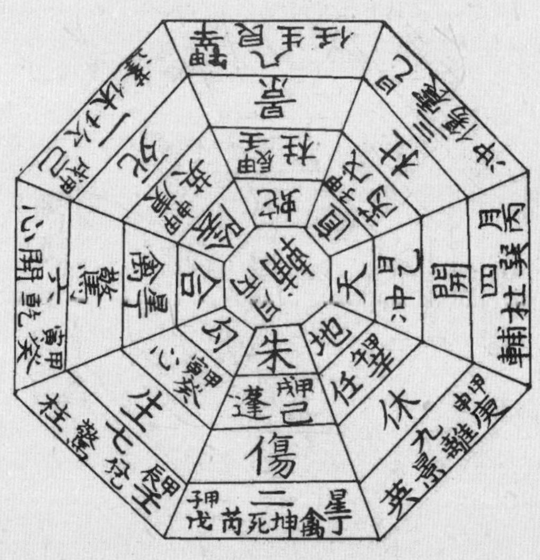

阴遁一局甲子时飞宫图式

蓬星直符
休门直使
大暑中
处暑上
秋分中
大雪下

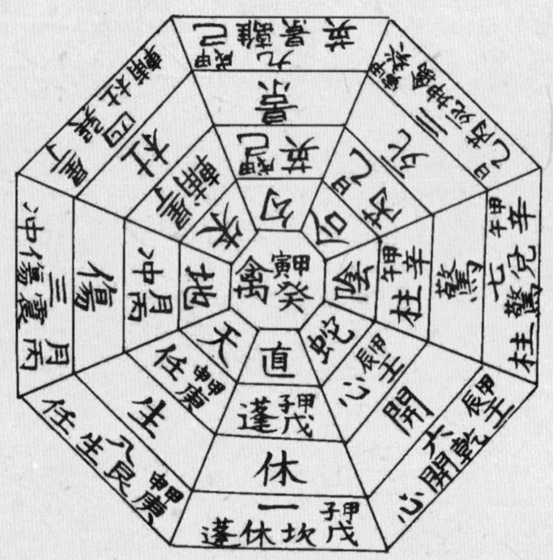

阴遁一局乙丑时飞宫图式

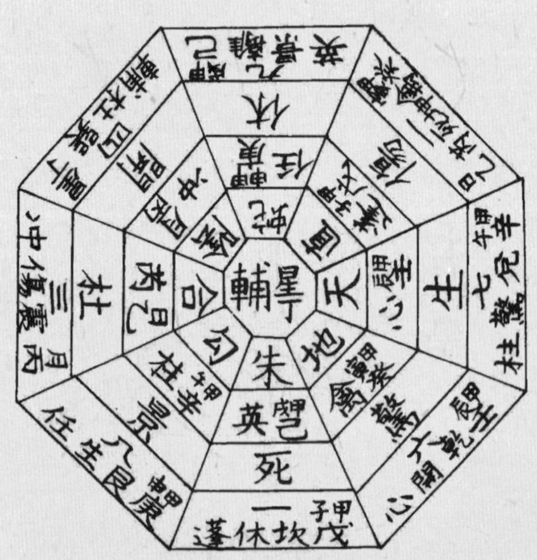

阴九遁排宫图式

阴遁九局甲子时排宫图式

英星直符 景门直使 夏至上 白露上 寒露中 立冬中

阴遁九局乙丑时排宫图式

阴遁八局甲子时排宫图式

任星直符
生门直使
小暑上
立秋下
小雪中
霜降中

阴遁八局乙丑时排宫图式

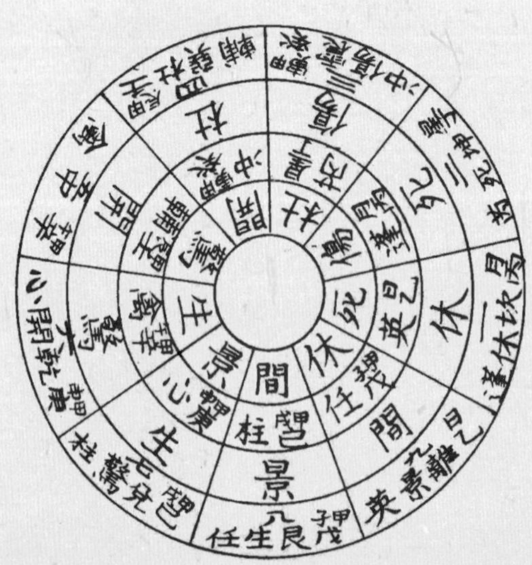

阴遁七局甲子时排宫图式

柱星直符
惊门直使
大暑上
处暑下
秋分上
大雪中

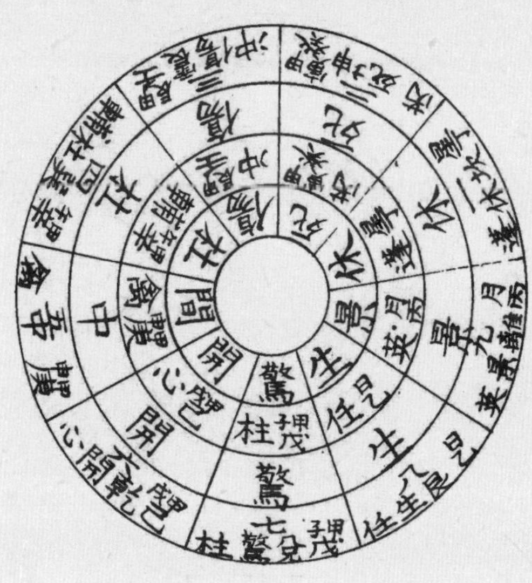

阴遁七局乙丑时排宫图式

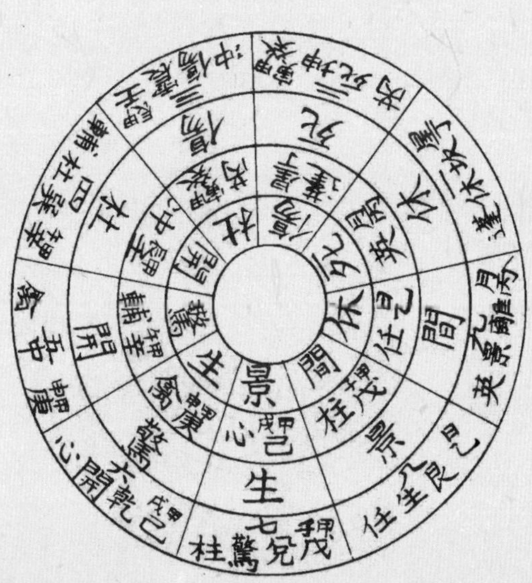

阴遁六局甲子时排宫图式

心星直符

开门直使

夏至下

白露下

寒露上

立冬上

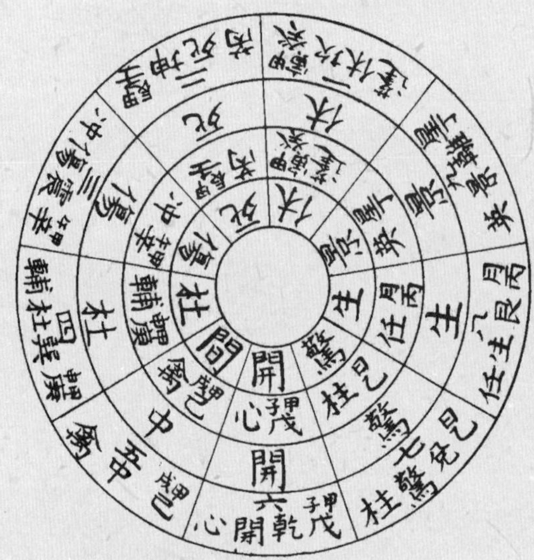

阴遁六局乙丑时排宫图式

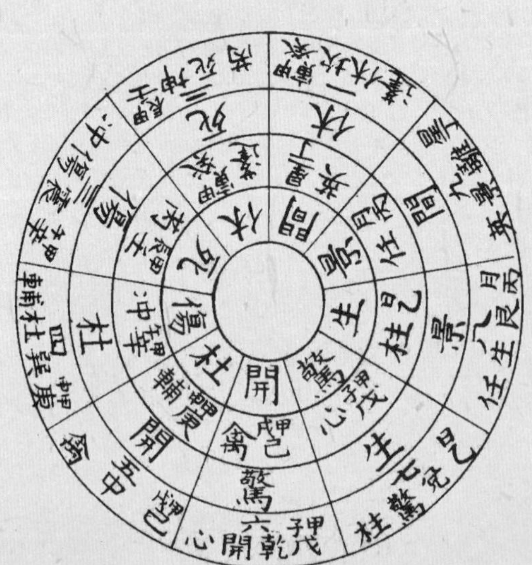

阴遁五局甲子时排宫图式

禽星直符
死门直使
小暑下
立秋中
霜降上
小雪上

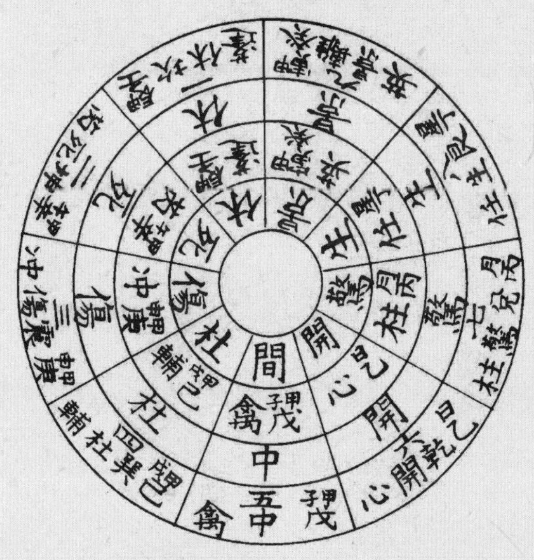

阴遁五局乙丑时排宫图式

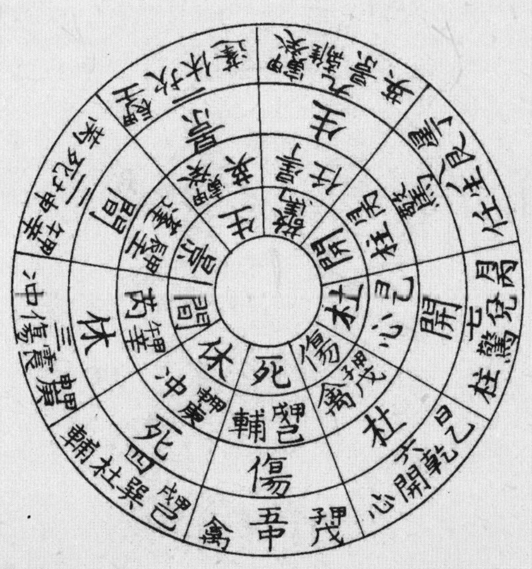

阴遁四局甲子时排宫图式

辅星直符
杜门直使
大暑下
处暑中
秋分下
大雪上

阴遁四局乙丑时排宫图式

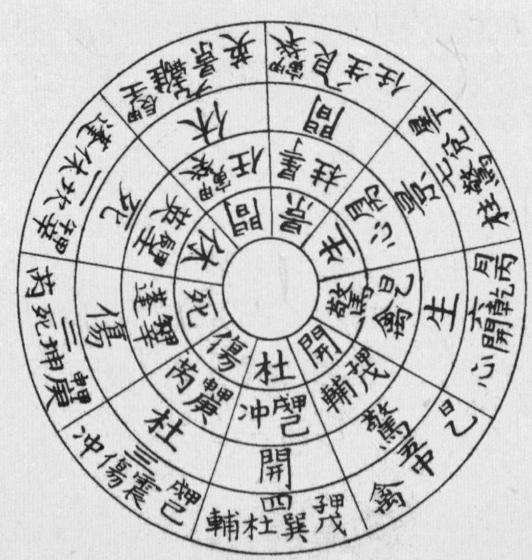

阴遁三局甲子时排宫图式

冲星直符

伤门直使

夏至中

白露中

寒露下

立冬下

阴遁三局乙丑时排宫图式

阴遁二局甲子时排宫图式

芮星直符
死门直使
小暑中
霜降下
立秋上
小雪下

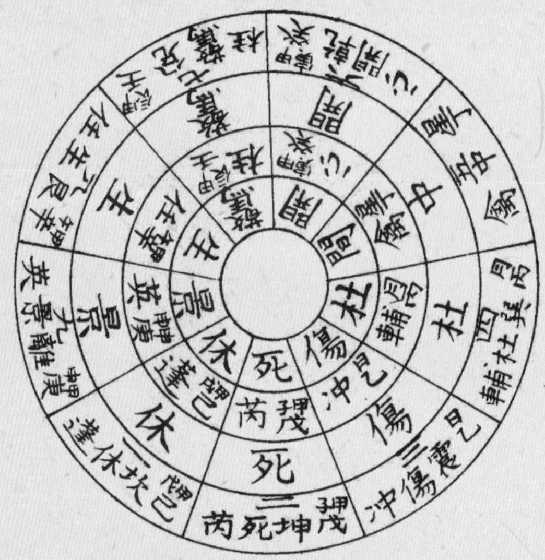

阴遁二局乙丑时排宫图式

阴遁一局甲子时排宫图式

蓬星直符
休门直使
大暑中
处暑上
秋分中
大雪下

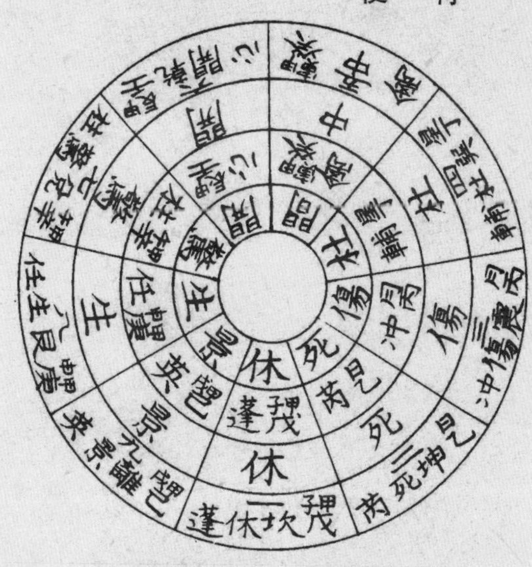

阴遁一局乙丑时排宫图式

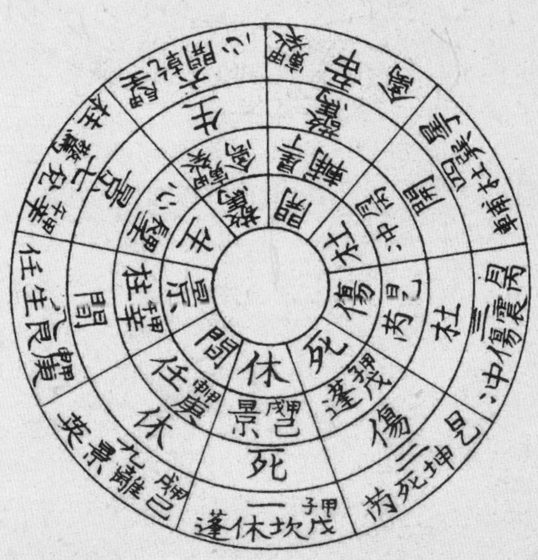

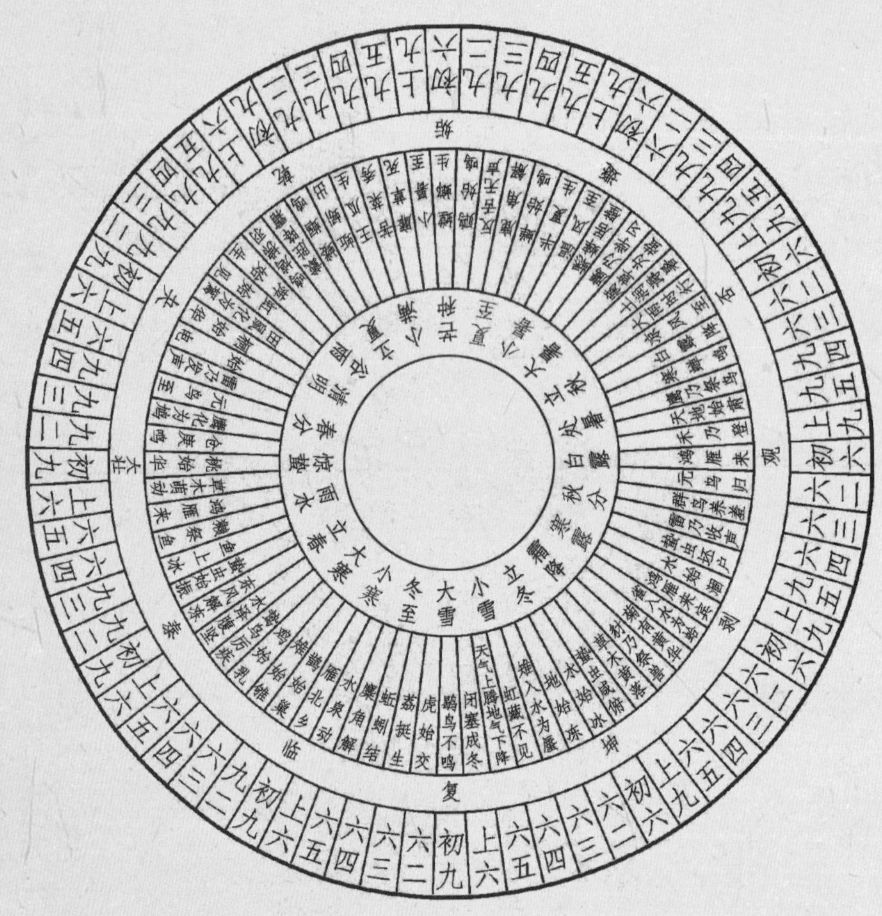
复
临
泰
大壮
夬
乾
姤
遁
否
观
剥
坤
冬至
小寒
大寒
立春
雨水
惊蛰
春分
清明
谷雨
立夏
小满
芒种
夏至
小暑
大暑
立秋
处暑
白露
秋分
寒露
霜降
立冬
小雪
大雪

奇门法窍卷六

遁甲论

六甲者，乃天乙之贵神，人君之象也。随阴阳二气以遁之，故为遁甲。即甲子、甲戌、甲申、甲午、甲辰、甲寅也。三奇者，应天上日月星也。丙为月奇，丁为星奇，乙为日奇也。六仪者，即奇下六位受甲者为仪，戊己庚辛壬癸。故甲子同戊，甲戌同己，甲申同庚，甲午同辛，甲辰同壬，甲寅同癸也。九星者，蓬芮冲辅禽心柱任英。八门者，休死伤杜开惊生景也。三才者，九星居上象天，九宫在下象地，八门在中象人，即上中下三盘也。直符者，随宫飞出九星为直符。直使者，八门随时所泊而加之为直使。八节者，即二至四立二分也，冬至为阳遁，自一至九顺行；夏至阴遁，自九至一逆行。三元者，子午卯酉为上元，寅申巳亥为中元，辰戌丑未为下元，以甲己日为符头，五日一换元。奇仪飞布者，阳遁逆布三奇、顺布六仪；阴遁逆布六仪、顺布三奇。概以戊己庚辛壬癸丁丙乙为次，分阴阳顺逆而补九宫也。九宫星门一门一旬，甲子戊为旬首，直符随星仪遁至癸酉止，十时一易，则更甲戌为旬首，直符以六甲所隶之门，寻本旬时支落处加之为直使。超神接气者，专以交节之日视何甲己起元，再以交节之日分元定局。假如甲子日冬至，即用冬至上元，是为正授，符与节同日也。如冬至是甲辰符首，交节之日则在丁未，是符首在节前也。以甲辰日至丙午日止，仍用前节大雪下元三日，则丁未交节之日，即用冬至下元甲辰符首之局；至己酉日，即换冬至上元一局。此拆局补局之法，余可类推。其八诈亦分阳顺阴逆，推排视何甲符首加子时干之宫，即将直符加于符首之上，所谓直符加旬首，小直符加大直符也。中五无专方，立有寄宫之法。故阳遁冬至寄艮，阴遁夏至寄坤，较之专寄二宫，更为活变而通玄妙矣。按时奇之法，分阴阳两遁，以甲己为符头，接气超神则仍用拆局补局之法。如阳遁一局统四气，冬至上元、立夏中元、清明中元、惊蛰上元；七局统四气，冬至中元、立夏下元、清明下元、惊蛰中元；四局统四气，冬至下元、立夏上元、清明上元、惊蛰下元；二局统四气，小寒上元、小满中元、谷雨中元，立春下元；八局统四气，小寒中元、小满下元、谷雨下元、立春上元；五局统四气，小寒下元、小满上元、谷雨上元、立春中元；三局统四气，大寒上元、芒种中元、春分上元、雨水下元；九局统四气，大寒中元、芒种下元、春分中元、雨水上元；六局统四气，大寒下元、芒种上元、春分下元、雨水中元，此阳九遁统三十六局起时奇法也。阴遁九局统四气，夏至上元、立冬中元、寒露中元、白露上元；三局统四气，夏至中元，立冬下元、寒露下元、白露中元；六局统四气，夏至下元、立冬上元、寒露上元、白露下元；八局统四气，小暑上元，小雪中元、霜降中元、立秋下元；二局统四气，小暑中元、小雪下元、霜降下元、立秋上元；五局统四气，小暑下元、小雪上元、霜降上元、立秋中元；七局统四气，大暑上元、大雪中元、处暑下元、秋分上元；一局统四气，大暑中元、大雪下元、处暑上元、秋分中元；四局统四气，大暑下元、大雪上元、处暑中元、秋分下元，此阴九遁统三十六局起时奇法也。元局既定，再查交何节气，系何符头，应用何元，本日系何时干，如甲己日，则起甲子时，乙庚日，则起丙子时，佐以日门吉凶，参核时奇星门吉凶之格局，能得门时皆吉，用之趋避，则无往不利，较之日家时格青龙五符吉凶诸神煞，尤为灵应矣。

奇神保应章

夫遁甲者，六甲之总管，阴阳风水诸书之总要，吉凶祸福之枢机。诸神恶煞不能为咎，乙丙丁日月星三奇能制服一切诸凶煞。三光齐到，土神得奇而永久，国得奇而太平，宅得奇而兴盛，茔得奇而旺相，上官赴任得奇而必迁升。奇门皆到，诸神拱手伏藏。若在南方兼北利，若居东地造西宫。一奇若在山头坐，一切凶神尽伏藏。得奇不得门，可用；得门不得奇，不可用；奇门皆到，无不吉也。

八门执事

建章休门，若选将、出师、阵战、谒贵、应举、上官、赴任、婚姻、嫁娶、竖柱、修方、安坟、立券、求财、商贾，并从此方而出，一里或十里，逢见僧尼道冠；或五十里，见贵人武弁，或阴人，身着黄蓝青色之衣；四十里，遇有酒食之物应之。

仁德生门，若选将、出师、交锋、征战、谒贵、应举、上官、赴任、婚姻、嫁娶、移徙、远行、商贾、经商、竖柱、修造、立券、安坟，并从此方而出，或八里逢见贵人着紫皂衣，或十五里遇公司官吏之人，或六十里遇贵人车马应之。

高阳伤门，若打围、射猎、筌鱼、擒贼、捕盗、兴词告状、取财索债、收敛货物，并从此方而出，三里逢见损伤之物，三十里遇见争斗血光之人或着皂衣人，五十里逢见囚盗枷锁之人应之。

耀武杜门，若掩捕逃亡、诛奸、斩凶、剪恶、判决、刑狱、填塞坑坎、避邪、躲病，并从此方而出，或四里见修筑之事，二十里男女着皂碧绢褐之衣相随而行，或六十里见有牛羊在路傍应之。

赤帝景门，若上书、献策、干求谒贵、遣使拜表、招贤，并从此方而出，或九里遇有祭赛之事，二十八里遇着红衣人，并有宴会等事应之。

审顺死门，若射猎、网兽、筌鱼、吊死、送葬、行刑、诛戮、处决罪囚、启攒、造葬，并从此方而出，三里或七里，遇有丧葬之事；或二十里着皂黄人，或哭泣之声应之。

武雷惊门，若捕捉盗贼、赌博财物，并从此方而出，十里遇阴人僧道，并见车马驰骤等事，三十里有鸦鸣雀噪，四十里见有牛羊并斗争之人应之。

天启开门，若选将、兴师、交锋、对垒、谒贵、应举、上官、赴任、远行、商贾、谋财、嫁娶、放水、开门、导泉、穿井，并从此方而出，六里之外见有桥马，二十里见武人或阴人并紫衣人应之。

九星执事

贪狼蓬星，此方宜安抚边境、屯兵、固守、修筑城池、安营、下寨、开穴、葬埋事，须得奇门会合之方则吉。

巨门芮星，此方宜屯兵、固守、训练士卒、求医、问病、学道、从师、招贤、结友、治病、驱邪、安葬，须得奇门会合之方则吉。

禄存冲星，此方宜演武、出师、鸣金、摇旗呐喊、掩捕盗贼、探围、射猎、复仇、雪冤，须得奇门会合之方则吉。

文曲辅星，此方宜选将、出师、交锋、大战、上官、赴任、商贾、求财、出行、嫁娶、修造、安葬，能合奇门者尤吉。

廉贞禽星，此方宜选将、出师、呐喊摇旗、上官到任、祭祀、祈福、驱邪、遣祟、远行、商贾、嫁娶、修造、安坟，与奇门会合者尤吉。

武曲心星，此方选将、出师、扬威耀武、捣巢、破垒、展土开疆、疗病、合药、祈晴、祷雨、驱邪、遣祟、上官、赴任、应举、求名、远行、商贾、嫁娶、修造、安葬，得奇门会合者尤吉。

破军柱星，此方宜屯兵、固守、坚壁待敌、安养锐气、藏形隐迹、安顿粮储，即与奇门会合平吉。

左辅任星，此方选将、出师，万神咸助，敌兵自服，上官、谒贵、商贾、求财、嫁娶、登科、竖柱、上梁、安葬、动土，更与奇门会合尤吉。

右弼英星，此方谒贵、上官、上书、献策、登科、应举、远行、求财、婚娶、安葬、破土，须与奇门会合之方可以化凶为吉。

直符十神执事

直符，天乙之神，事急宜从此方而出，此急则从神之谓，故吉。

九天，威悍之神，再以扬兵、布阵、呐喊摇旗。孙子曰："善攻者，动于九天之上也。"

九地，坚固之神，可以屯兵、固守、保障城池。孙子曰："善守者，藏于九地之下也。"

元武，盗拓之神，可以隄防奸细、窥觇军情，若会奇门之方，不以为忌。

白虎，凶暴之神，可以防备贼兵、偷营劫寨，若会奇门之方，不以为忌。

太阴，阴祐之神，可以履符禁敌、闭戊藏兵，有急难宜从此方避之，可免其患。

六合，护卫之神，可以埋伏、隄防不测，人有急难，宜从此方而隐之，可免其患。

螣蛇，虚诈之神，此门多出怪异、恍惚不明之事，须得奇门会合之方，则不忌。

朱雀，文明之神，得奇门则有文书、印信之喜，失地则主口舌是非之凶。

勾陈，牵滞之神，此方不可趋向，事多淹滞，即与奇门会合，亦不吉。

郭子晨曰："大抵遁甲之法，高处施之用兵，平处施诸人事，凡嫁娶、求名、谋事、造葬、出行，一切日用，随所向方，要得休开生三吉门，则用事为吉，更有三奇临之，可用无疑，然年吉不如月吉，月吉不如日吉，日吉不如时吉，故选时之法尤急，惟选时之法多端以遁甲奇门为上，凡十二时中，奇星门仪各有取用，无施不可，只五不遇时，避五入墓，虽有门奇，不宜取用。"

吉格注释

天遁

丙奇生开合地丁为天遁，其方得月精所避，其祈福、求神，利征战，使敌自伏，上书、献策、求官、进职、修身、隐迹、剪恶除凶、市贾、出行、婚姻、入宅，往来此方大吉。《经》曰：“天遁生开合丙奇，六丁相会是佳期。月精所蔽逢祥曜，万事为福皆可宜。”

地遁

乙奇开门合地己为地遁，其方得日精所蔽，宜藏兵、立寨、安营、建置仓库、修造、修道、求仙、出阵、攻城，全师捷胜，出行、造葬、婚冠、求财。《经》曰：“开门地遁大吉昌，乙奇合己正相当。人间百事皆宜举，大将屯营杀气刚。”

人遁

丁奇休门合太阴为人遁，其方得星精所蔽，可以隐形保身，受道成功，说敌和仇，偷营、劫寨、密探、设伏、谒贵、上官、婚冠、交易，皆吉。《经》曰：“人遁休丁合太阴，星精所蔽月华新。行兵探贼知原委，万事谋为总称心。”

以下九遁，凡用事行兵，出入施为，无不吉利，惟忌奇墓刑迫。

神遁

丙奇生门临九天为神遁，其方宜祭祀、祈神、置建坛场庙宇、塑画神像、利攻伐虚、阴谋密计，以应神候。《经》曰：“格中神遁最难逢，大将行兵立建功。祭祀鬼神极灵应，人间百事福无穷。”

鬼遁

乙奇杜门临九地为鬼遁，其方可以探机、偷营、劫寨、设伏、攻虚、密伺动静，宜超亡荐孤、禳镇灾邪、疗治不祥。《经》曰："局中鬼遁不非轻，所用谋为立建功。大将若能知此诀，万人头上逞英雄。"

风遁

乙奇合开休生吉门，下临巽宫为风遁，其方宜祷风雨、敌垒战、立旌旗，以应风候，行兵利火攻、飞砂走石，以敌客军。《经》曰："局中风遁可生风，赤壁鏖兵用火攻。藏遁设伏机密事，交头接耳总相通。"

云遁

乙奇合开休生吉门，临地辛宫为云遁，其方利求雨泽、助禾稼、建营寨、修仙、练道、云游，大将逢之，宜遁藏、埋伏、掩袭，以应云候。《经》曰："云遁三门合地辛，日奇到此被云迍。祈祷雨泽极灵应，大将值此可伏兵。"

龙遁

乙奇合开休生三门，临坎为龙遁，其方可以演水军、把守河渡、教习水战、密运机谋、造置水器、祈求雨泽、填堤、塞河、修桥、穿井、畋猎、开渠、放水，以应龙候。《经》曰："龙能变化最为先，六乙休临坎水边。用此只宜操水战，满天雷震法中传。"

虎遁

乙奇合休门六辛临艮，又丙奇生门临地辛宫为虎遁，其方可以招安、设伏、据险守隘，建立营寨、捕捉、射猎、演武、火战、祭风、镇邪、驱除鬼魔，以应虎候。《经》曰："虎遁原来在艮中，将军用此显英雄。探围突阵宜扬武，万里威风不暂停。"

真诈

乙丙丁三奇合开休生门临太阴为真诈，宜施恩、隐遁、求仙、利用、出师、招抚反侧、设运机谋。

重诈

乙丙丁三奇合开休生门临九地为重诈，宜进人口、求财、拜官、投爵、利用、出师、设计、埋伏。

休诈

乙丙丁三奇合开休生门临六合为休诈，宜合药、治疫、祛邪、祈祷。

以上三诈宜嫁娶、远行、上官、赴任、商贾、求财，皆吉。门为上，奇次之，诈又次之。奇门皆合者，为上吉。

天假

景门合三奇临九天为天假，宜干贵、进谒、上策、献书、扬兵、颁号令、申盟约。

地假

杜门合丁己癸临九地为地假，宜潜伏、捕捉、修炼；临太阴宜遣人间谍、侦探等事；临六合宜逃亡、躲灾避难。

物假

伤门合丁己癸临六合为物假，宜埋葬、祈祷、取索、捕捉、交易、伏藏。

鬼假

死门合丁己癸临九地为鬼假，又为神假，利超荐、破土、修茔、伐邪、畋猎。

人假

惊门合六壬临九天为人假，利捕捉、逃亡、搜擒、匿寇。

夫假者，假其气以用事，须以事而符其气，则用之利益，否则感悖其气而用之，谋为则凶。五假忌迫墓，慎之。

青龙返首

天盘六甲加地盘丙奇为龙回首，此时宜举百事，有欣悦称心之象，出师、行营、水战，皆吉。

飞鸟跌穴

天盘六丙加地盘六甲为鸟跌穴，此时利为百事有显达易成之象，出师、战阵皆吉。

三奇得使

天盘乙奇加甲戌、甲午，丙奇加甲子、甲申，丁奇加甲辰、甲寅，凡阴阳二遁遇此格宜出师、演武、行营、战阵、出行、上官、修造、嫁娶、远行、商贾，遇吉门主客皆吉。

玉女守门

直使加地丁为守门，利营建、宴会、喜庆事、造葬、嫁娶、入宅、出仕、经商、行军，宜埋伏得胜。

天辅

甲己之日己巳时，乙庚甲申不须疑，丙辛专用甲午好，丁壬甲辰最为吉，戊癸甲寅定免罪，号为天辅大吉时。宜远行、移徙、求官、嫁娶，万事皆宜用也，行兵征战必获大胜，虽斧钺在前，天必赦之，其妙最异。

三奇升殿

乙奇到震、丙奇到离、丁奇到兑。此方宜出师、远行、征讨、嫁娶、竖柱、上梁、修造、埋葬、谒贵、上官、交易、求财、迁徙、百事皆吉，会吉门尤吉，升殿之宫门无迫，奇无墓，方可用。

奇游禄位

乙奇到震、丙奇到巽、丁奇到离为本禄之位，合三吉门宜上官、赴任、求财、祈福，谋为百事吉。

欢怡

三奇临六甲直符之宫为欢怡，凡百谋为皆利，抚恤将士，众情悦服。

相佐

本旬直符加地盘三奇之上为相佐，百事皆利，调兵、派弁、军士效力吉。

奇仪相合

乙庚、丙辛、丁壬为奇合，戊癸、甲己为仪合，得吉门百事谋为有和合之象，行兵宜励士气、申盟约、招抚纳降吉。

交泰

乙奇加丁、丁奇加丙遇吉门，主客皆吉，谋为大利。

天运昌气

六丁加六乙为昌气，遇吉门主客利，凡事谋为吉。

门宫和义

和宫，生门也，遇吉门，凡事吉。义门，生宫也，遇吉门，凡事吉。

凶格注释

青龙逃走

六乙加地辛为龙逃走，此时不宜举兵，主将士逃窜，临阵败亡，谋为百事皆凶，财利倾覆，身遭残毁。

白虎猖狂

六辛加地乙为虎猖狂，此时不宜行兵，主客皆伤，谋为财，主虚耗，以及小人是非之事，更忌行船、婚姻、修造，大凶。

螣蛇妖蟜

六癸加地丁为蛇妖蟜，此时百事不利，主动作虚惊、盗贼、水火，文书迟滞，兵家值此，防敌人妖术、火攻。

朱雀投江

六丁加地癸为雀投江，不宜上官、入市、嫁娶、移徙、远行，文书主泄漏，水灾、怪异，音信错失。

白入荧

六庚加地丙为白入荧，庚为金星，丙为荧惑，此时谨防贼来劫营，宜伏兵于丙宫，以挫其锋，以固守为吉。

荧入白

六丙加地庚为荧入白，此时行兵主贼退藏，尾追有不战而自败之象。

飞宫格

六甲直符加地庚为飞宫格，此时战主败亡，大将遭擒，利静不可躁进，不利为客，用兵先举者，必败，宜固守为吉。

伏宫格

六庚加地甲直符为伏宫格，此时行兵，宜进不宜退，战利主，客不利，出行路逢盗贼，以至车折马死，百事皆不宜。

伏干格

天庚加地盘本日之干为伏干格，此时战必遭擒，主客两伤，出行尤忌。

飞干格

日干加地盘庚为飞干格，战斗主客皆伤，出行主有飞灾横祸之事。

大格

天庚加地癸为大格，此时谋为百事不利，出行主车破马伤，阻隔不前之象，惟捕捉可以立获。

小格

天庚加地壬为小格，壬为天罗，百事谋为不利，行兵出行尤忌。

年月日时格

六庚加本年、本月、本日、本时均为格，此时行兵、远行，谋为百事不利，惟宜捕捉盗贼逃人。

刑格

六庚加地己为刑格，此时行兵大凶，战阵主丧亡，出行道路阻隔，诸事不利。

勃格

六丙加年月日时为勃格，此时行兵宜固守，不可轻动，利为主，不利为客，凡举百事，主紊乱，大凶。

天网

直符旬首加地癸为天网，此时利渔猎。《经》曰："天网四张，万物尽伤。"不宜举百事，惟宜逃亡，从天上六癸方而出。

伏吟

星符门还加本宫为伏吟，此时百事不遂，惟宜收敛财货，进兵必遭围困，虽有门，不可强用。

返吟

星符门加对冲之宫为返吟，此时只宜发粮散饷，最忌行兵、谋为，主反覆不宁之象。

六仪击刑

甲子临震、甲戌临坤、甲申临艮、甲午临离、甲辰临巽、甲寅临巽，此时忌用兵，主有击刑之象，安营值其方，尤忌出行、谋为，皆不利。

五不遇

时干克日干，甲日庚午时、乙日辛巳时、丙日壬辰时、丁日癸卯时、戊日甲寅时、己日乙丑时、庚日丙子时、辛日丁酉时、壬日戊申时、癸日己未时，此时出行，主损折不利，百事皆凶，用兵尤忌，虽有门奇，切不可用。

时干墓

时干入墓，戊戌、壬辰、丙戌、癸未、丁丑、己丑也，此时百事不宜，忌出师、出行。

奇墓

乙入未墓、丙入戌墓、丁入丑墓，为三奇墓，忌行军，凡事吉者不吉，凶者不凶，无力之象。

星门入墓

休蓬入辰、惊开心柱入丑、伤杜冲辅入未、景英入戌、生死任芮禽入辰。凡星门入墓，谋为阻滞不通，又云吉神入墓不吉，凶神入墓不凶。

门宫迫制

休临离、开临巽震、惊临震巽、生临坎、伤杜临坤艮、景临兑乾，死临坎。八门克宫为门迫，宫克八门为宫迫。吉门迫宫、宫迫吉门，则吉事不吉，凶事不凶，或凶门迫宫、宫迫凶门，则灾殃尤甚。

天三门

《圣灵经》曰："出行避难出天门，月将加时顺转轮，卯未酉宫为泊地，太冲三向此中分。"太冲卯、小吉未、从魁酉为天三门也。宜出行、征伐、避难，百事向之，吉。若被围困，消息不通，或打探细事，即以月将加用时寻天盘上三神所临之方，不被冲克者，即是天门私路，任其出入，人莫能知法。以月将加用时之上顺寻去用卯未酉，上即为天三门。

地四户

《圣灵经》曰："地中四户法元微，以建加时顺转移，除定危开随所泊，任君此地好驱驰。"除定危开为四户也。凡青龙黄道出行，有鬼神默祐。建即月将，正月建寅，即以月建加用时上顺行，看除危定开在于何支上，即为地四户。

地私门

地私门者，隐藏潜伏之谓也，取用出入，举事迪吉，但起贵神顺逆，与六壬稍异。其法，先看占时何支，如得辰巳午未申酉时，用旦贵；戌亥子丑寅卯，用暮贵，再以月将加用时之上看贵人临于地盘何支上，如值亥子丑寅卯辰宫，为阳贵，顺行；在巳午未申酉戌宫，为阴贵，逆行，求六合、太阴、太常所落地盘之宫，即是地私门。取贵神之法，仍依甲戊庚日阳贵起丑，阴贵起未，法合六壬贵登天门、螣蛇堕水、朱雀投江、六合得地、勾陈入狱、青龙乘生、天空被戮、白虎烧身、太常值母、元武折足、太阴宅家、天后从驾，是六神藏而四煞没，用事光辉，往无不利，故壬无遁而不灵，遁无壬而不验，益可知矣。

天马方

天马即太冲方，以月将加于占时，寻太冲在于何方，即天马方也。天马之下，有难可避，兵甲不能为害。

天罡方

天罡方，若前天马、天门、地户不能出入，即以月将加占时寻辰上所指之处冲出，自有出路，冲围突阵，向之不惧。又法，月将加时看天罡临孟为左，临仲为中，临季为右，行吉。闻疑兵，孟虚、仲退、季实。子午卯酉为仲，寅申巳亥为孟，辰戌丑未为季。

天气将

子（元枵）、丑（星纪）、寅（析木）、卯（大火）、辰（寿星）、巳（鹑尾）、午（鹑火）、未（鹑首）、申（实沈）、酉（大梁）、戌（降娄）、亥（娵訾）。

地气将

子（神后）、丑（大吉）、寅（功曹）、卯（太冲）、辰（天罡）、巳（太乙）、午（胜光）、未（小吉）、申（传送）、酉（从魁）、戌（河魁）、亥（登明），即月将也。

太阳过宫

正月寅（娵訾之次，用登明将）、二月卯（降娄之次，用河魁将）、三月辰（大梁之次，用从魁将）、四月巳（实沈之次，用传送将）、五月午（鹑首之次，用小吉将）、六月未（鹑火之次，用胜光将）、七月申（鹑尾之次，用太乙将）、八月酉（寿星之次，用天罡将）、九月戌（大火之次，用太冲将）、十月亥（析木之次，用功曹将）、十一月子（星纪之次，用大吉将）、十二月丑（元枵之次，用神后将）

其法以每月中气后某日时刻日躔某次之日于本月将加正时，视其吉凶各将临方用之。

亭亭白奸方

亭亭，天上之贵神，即天射星也，背而击其冲为胜。用法以月将加时，神后下为亭亭所居。背亭亭向白奸，百战百胜。白奸即天狗孛星也，故以天射星镇之。又用捷法，神后之下为亭亭，对冲之宫，即白奸也。

冬至阳遁一局甲子时奇图式

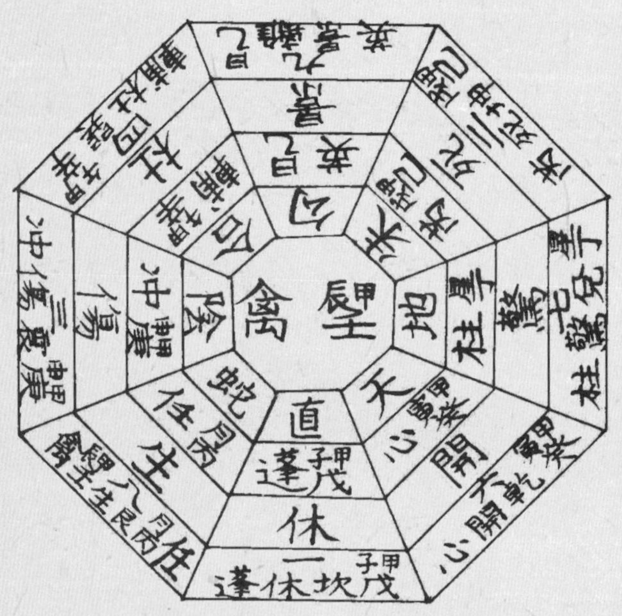

冬至阳遁一局乙丑时奇图式

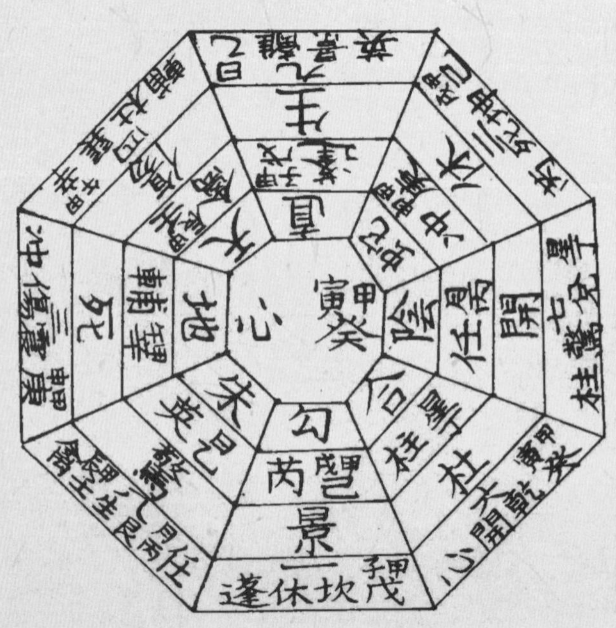

起时奇法，阳遁冬至上元一局以蓬星为直符，休门为直使，即将甲子戊仪起坎宫，以戊己庚辛壬癸丁丙乙为次，九星以蓬芮冲辅禽心柱任英为次，均顺飞一二三四五六七八九宫，此起一局地盘星符之法。其天盘则以甲子旬首直符加时干，如甲子时，以甲子直符蓬星加地盘甲子于一宫，则甲戌芮星在二宫，如乙丑时，甲子直符蓬星加地盘乙奇于九宫，则甲戌芮星在一宫；如丙寅时，甲子直符蓬星加地盘丙奇于八宫，则甲戌芮星在九宫，均按星符之次序顺飞天盘九宫，此起一局天盘星符之法也。一局以休门为直使，如甲子时，则以休门起坎宫，即为直使之门，则死门在坤宫。如乙丑时，休门起坤宫，死门则在震宫；丙寅时，休门起震宫，死门则在巽宫，一时一易，门以休死伤杜开惊生景为次，不入中五而逾于六，顺飞坎坤震巽乾兑艮离八宫，此起一局人盘直使之门也。其八诈以天乙直符加于各旬首直使之上，如甲子戊加坎宫，则天乙直符即加于甲子旬首直符之上，即所谓小直符加大直符。阳遁以直符、螣蛇、太阴、六合、勾陈、朱雀、九地、九天为次，按坎艮震巽离坤兑乾顺布八宫也。此甲子旬首直符，管至癸酉十时之法。如甲戌十时，即甲戌旬首直符用事，则甲戌芮星起于二宫矣。如七局以柱星为直符，惊门为直使，即以甲子戊仪起七宫四局，以辅星为直符，杜门为直使，即以甲子戊仪起四宫，仍按星符直使之次序，分天地人三盘，顺飞九宫，至中五寄宫之法，阳遁九局五宫之星符，均寄于艮宫。余局仿此。起元之法，以子午卯酉为上元，寅申巳亥为中元，辰戌丑未为下元。假如阳遁冬至值甲子、甲午、己卯、己酉日交节，即用上元一局；甲寅、甲申、己巳、己亥交节，即用中元七局，甲辰、甲戌、己丑、己未日交节，即用下元四局。九局以甲、己为符头，分上中下三元，统十二气。余元同此类推。其取时之法，依五子元遁，如甲己日，则起甲、子时，乙、庚日，则起丙子时。星门元局已定，则吉凶格局毕现。如阳遁冬至上元一局甲子日甲子时，艮方门合吉格，乙丑时兑方天遁、真诈，乾方地假，离方相佐吉格，按后九局时格选用，则知时之门奇吉凶之妙其应如响矣。

夏至阴遁九局甲子时奇图式

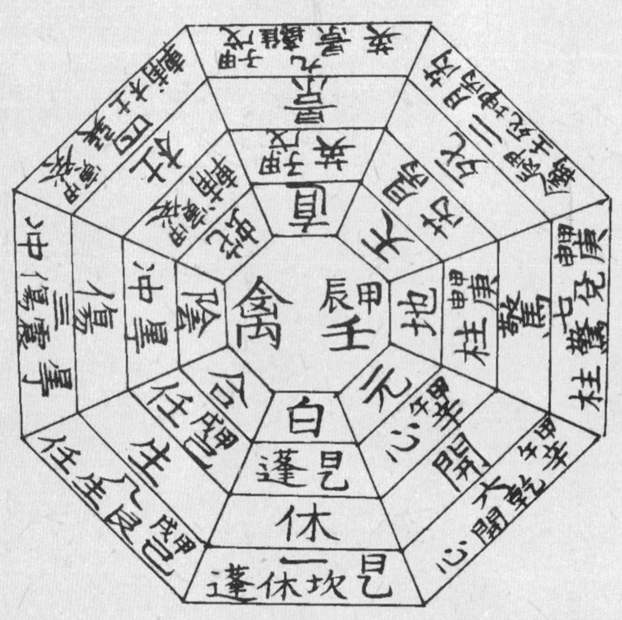

夏至阴遁九局乙丑时奇图式

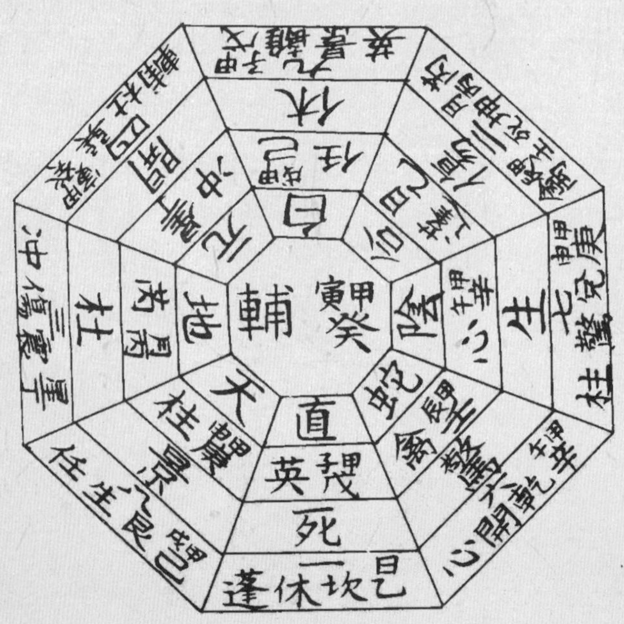

起时奇法，阴遁夏至上元九局，以英星为直符，景门为直使，即将甲子戊仪起离宫，以戊己庚辛壬癸丁丙乙为次，九星以英任柱心禽辅冲芮蓬为次，均逆飞九八七六五四三二一宫，此起九局地盘星符之法。其天盘则以甲子旬首直符加时干，如甲子时以甲子直符英星加地盘甲子于九宫，则甲戌任星在八宫，如乙丑时，甲子直符英星加地盘乙奇于一宫，则甲戌任星在九宫。如丙寅时，甲子直符英星加地盘丙奇于二宫，则甲戌任星在一宫，按星符之次序，逆飞天盘九宫，此起九局天盘星符之法也。九局以景门为直使，如甲子时，则以景门起离宫，即为直使之门，则生门在艮宫，如乙丑时，景门起艮宫，生门则在兑宫；如丙寅时，景门在兑宫，则生门在乾宫，一时一易，门以景生惊开杜伤死休为次，不入中五而逾于四，逆飞离艮兑乾巽震坤坎八宫，此起九局人盘直使之门也。其八诈以天乙直符加于各旬首直符之上，如甲子戊加离宫，则天乙直符即加于甲子旬首直符之上，即所谓小直符加大直符。阴遁以直符、螣蛇、太阴、六合、白虎、元武、九地、九天为次，按离巽震艮坎乾兑坤逆布八宫也。此甲子旬首直符，管至癸酉十时之法。如甲戌十时，系甲戌旬首直符用事，则甲戌任星起于八宫矣。其三局以冲星为直符，伤门为直使，即以甲子戊仪起三宫六局，以心星为直符，开门为直使，即以甲子戊仪起六宫，仍按星符直使之次序分天地人三盘，逆飞九宫，至中五宫寄宫之法，阴遁九局五宫之星符均寄于坤宫。余局仿此。起元之法，以子午卯酉为上元，寅申巳亥为中元，辰戌丑未为下元。假如阴遁夏至值甲子、甲午、己卯、己酉日交节，即用上元九局；甲寅、甲申、己巳、己亥日交节，即用中元三局；甲辰、甲戌、己丑、己未日交节，即用下元六局。以甲、己为符头，分上中下三元，统十二气。余元同此类推。其取时之法，依五子元遁，如甲己日则起甲子时，乙庚日则起丙子时。星门元局已定，则吉凶格局毕现。如阴遁夏至上元九局甲子日甲子时，坎方龙遁吉格，乙丑时巽方门合，离方仪合吉格，按后九局时格选用，则知时之门奇吉凶之妙其应如响矣。

冬至后阳遁八门九星图式

甲子日图式

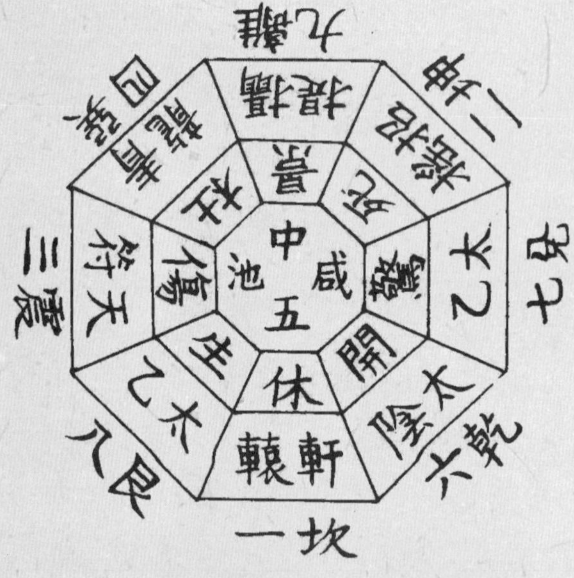

乙丑日图式

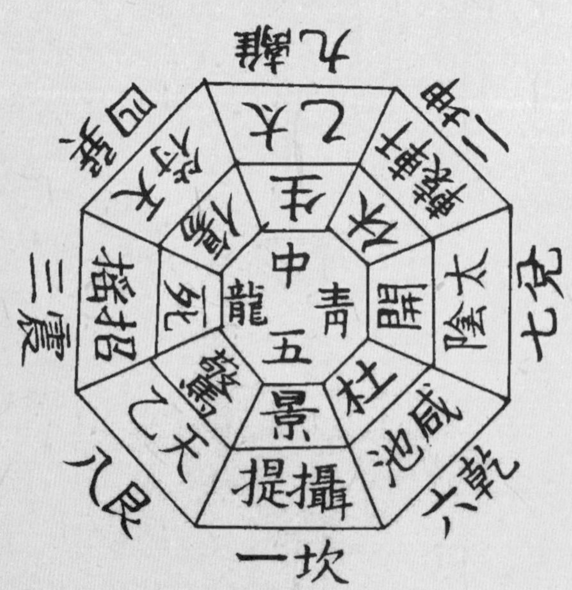

起八门九星法，依冬至后阳遁八门，用休死伤杜开惊生景为次。如一局以甲子置一宫、甲戌二宫、甲申三宫、甲午四宫、甲辰五宫、甲寅六宫。假如甲子日起一宫，休门用事，即以休门起一宫，乙丑日休门起二宫，管至癸亥十日止，顺行八宫，不入中五，一日一行宫，则甲戌日在二宫死门用事。即以死门起二宫，乙亥日死门起三宫，管至癸未十日止，其甲申、甲午、甲辰、甲寅各旬用事，均仿此布九星之法。阳遁九星以一太乙、二摄提、三轩辕、四招摇、五天符、六青龙、七咸池、八太阴、九天乙为次。如阳遁甲子日，以八宫起太乙，九宫摄提；乙丑日九宫起太乙，一宫摄提，顺行九宫。此阳遁飞布星门之法，余仿此。

夏至后阴遁八门九星图

甲子日图式

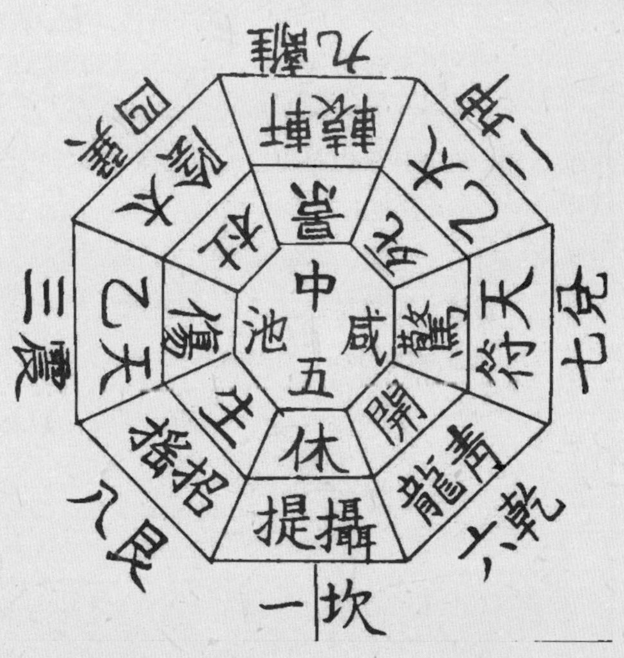

乙丑日图式

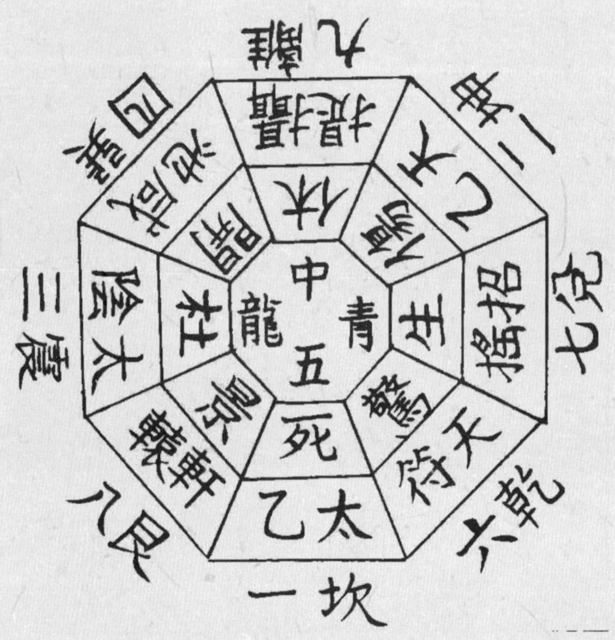

起八门九星法，依夏至后阴遁八门用景生惊开杜伤死休为次。如九局，以甲子置九宫、甲戌八宫、甲申七宫、甲午六宫、甲辰五宫、甲寅四宫。假如甲子日起九宫，景门用事，即以景门起九宫，乙丑日景门起八宫，管至癸亥十日止，顺行八宫，不入中五，一日一行宫，则甲戌日在八宫生门用事。即以生门起八宫，乙亥日生门起七宫，管至癸未十日止，其甲申、甲午、甲辰、甲寅各旬用事，均仿此布九星之法。阴遁九星，以一太乙、二摄提、三轩辕、四招摇、五天符、六青龙、七咸池、八太阴、九天乙为次。如阴遁甲子日，以二宫起太乙，一宫摄提；乙丑日一宫起太乙，九宫摄提，逆行九宫。此阴遁飞布星门之法，余仿此。

地四户图

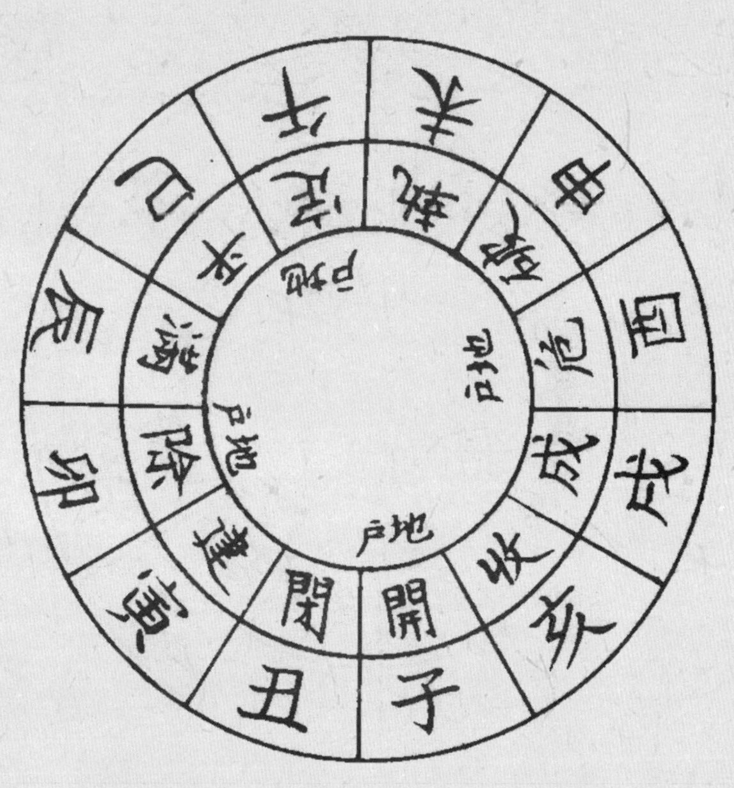

地四户起例，以除危定开为地四户法，以建加本时而定地户也。如正月建寅，即从寅上起建，顺数至卯上是除，午上是定，酉上是危，子上是开，则子卯午酉即地四户也，如建加子上，则丑辰未戌得除危定开是地四户也，如正月地气将是寅，用时午，以寅将加午，以建加寅，则地盘未上得除，即地四户也。余仿此。

天三门图

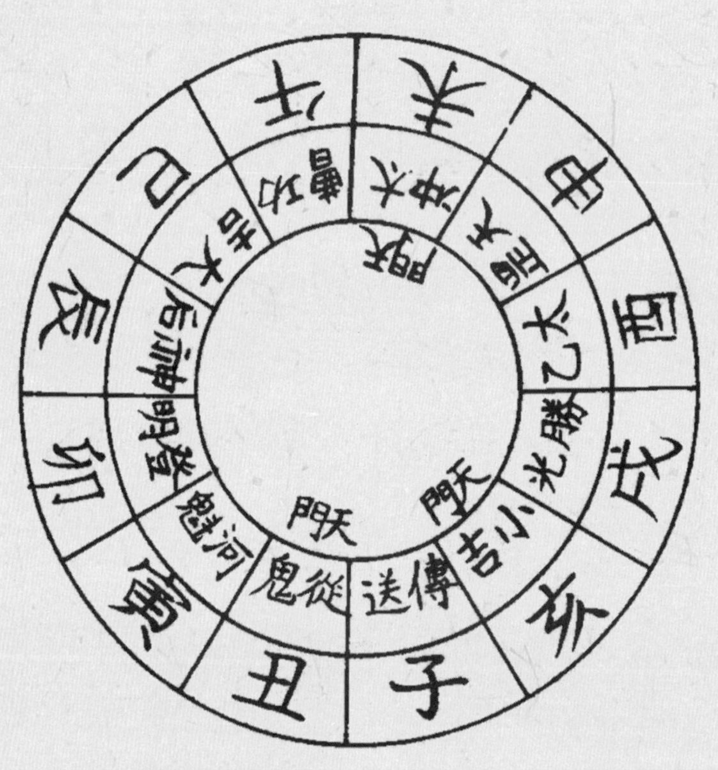

天三门起例法，以月将加所用之正时顺寻太冲、小吉、从魁所临之方，即是天三门也。如正月雨水后日躔娵訾之次，月将是亥，用时是卯，以亥加卯则太冲在未、从魁在丑、小吉在亥，其所加临之处或伏奇掩袭，或游骑探虏，或遣使间谍，更合吉门所同通达也。

天罡方图

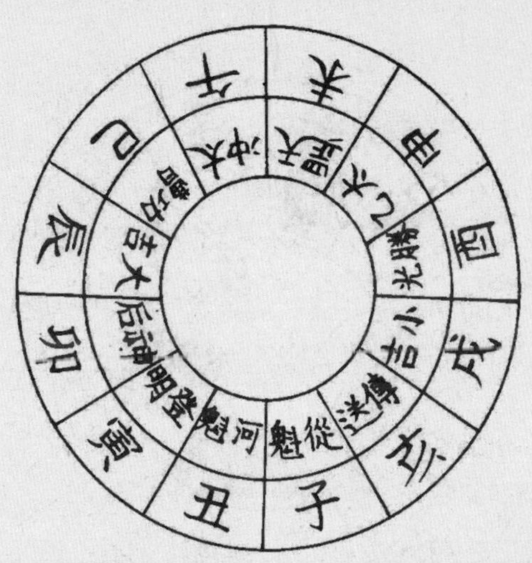

天罡方起诀，凡临阵突围取天门、地户之方不能出入，即以月将加于用时之上寻天盘天罡辰所指地盘之处冲出，敌人遇之，无不披靡，若路逢三，又未知何路可通，以月将加时，天罡加寅申巳亥为孟，子午卯酉为仲，辰戌丑未为季，如加孟，左道通；加仲，中道通；加季，右道通也。

天马方图

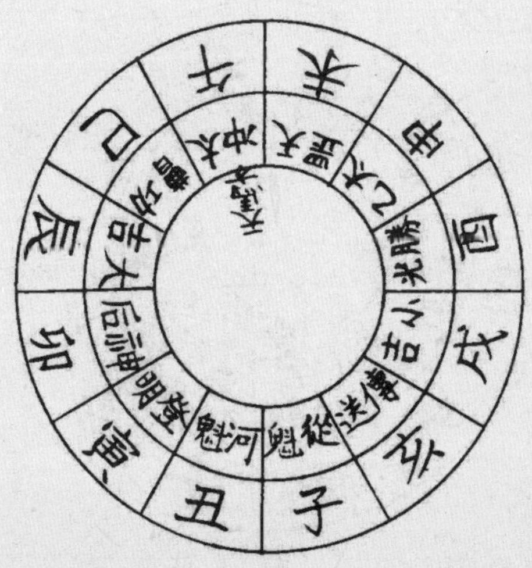

太冲天马最为贵，卒然有难宜逃避，但当乘取天马行，剑戟如山不足畏，此天马神方也。以月将加于用时之上，求太冲所临之方，即天马方。盖太冲以卯为本家，即房宿也，其所加临之处，不宜空陷，不囚、不墓，利于奔腾万里，更合吉门，纵剑戟如林不足畏焉。

阳贵顺行地私门图

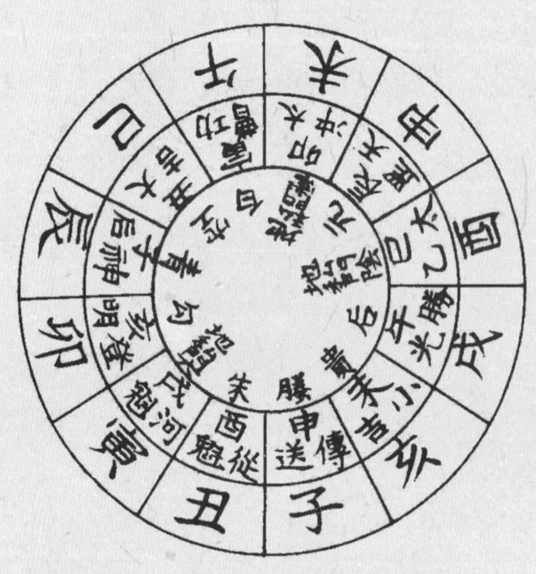

阴贵逆行地私门图

地私门取用出入，利为百事，其法，看占时何支，如得辰巳午未申酉时，用旦贵；得戌亥子丑寅卯时，用暮贵，再以月将加时视贵人临于地盘何支上，如值亥子丑寅卯

辰宫为阳贵顺行，如在巳午未申酉戌宫为阴贵逆行，求六合、太常、太阴所落地盘之宫，其用贵人之法，仍依甲戊庚日阳贵起丑，阴贵起未，假如正月用亥将，甲戊庚日得卯时，即以亥将加卯，卯用暮贵顺数贵人在未，而未贵又临地盘亥宫，亥为阳宫起贵神顺行，则太常在未，六合在寅，太阴在酉，又如甲戊庚日得午时，午用旦贵，即以月将加午顺行旦贵在丑，丑临申宫，申为阴支，起贵神逆行，则太常在子，六合在巳，太阴在戌，即地私门也。

三奇临宫吉凶图

八门宫迫图

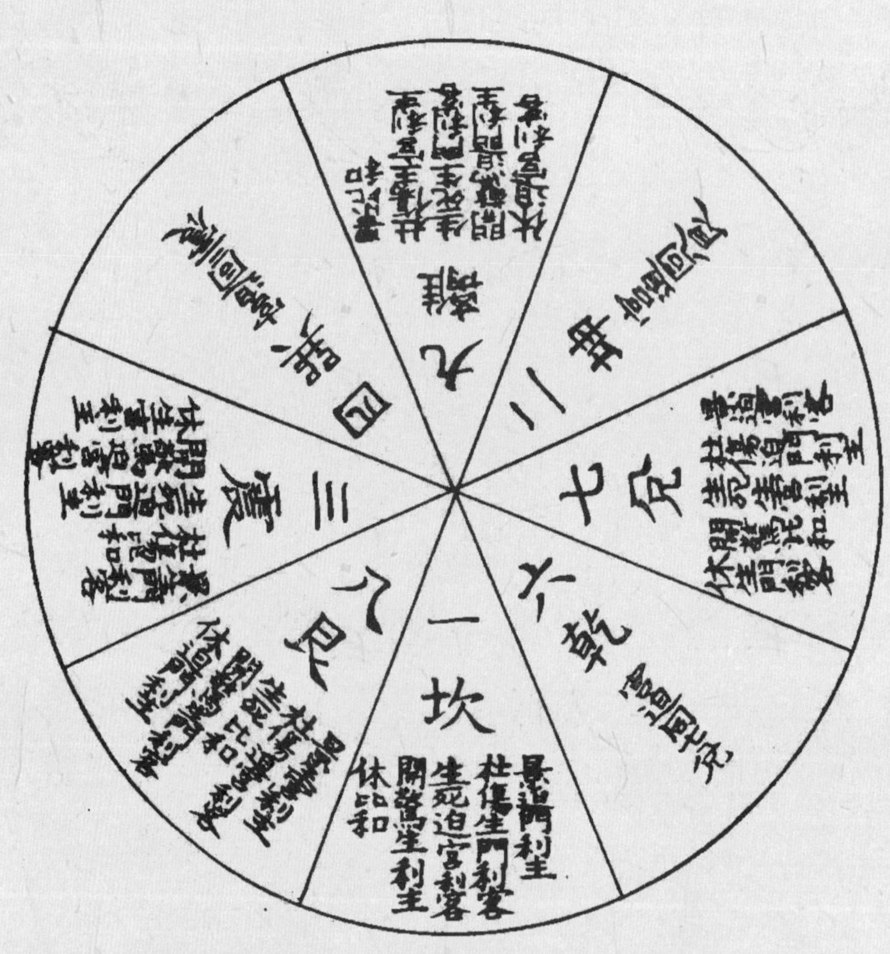

六仪击刑图

星门返吟伏吟图

一坎
休門返伏
景門
英星返
蓬星伏
八艮
生門伏
景門
英星
任星伏返
三震
傷門
驚門
柱星
冲星伏返返伏
四巽
杜門
開門
心星
輔星
九離
景門
休門
蓬星
英星
二坤
死門
生門
任星
芮星
七兑
驚門
傷門
冲星
柱星伏返返伏
六乾
開門
杜門
輔星
心星伏返返伏

九星利主客图

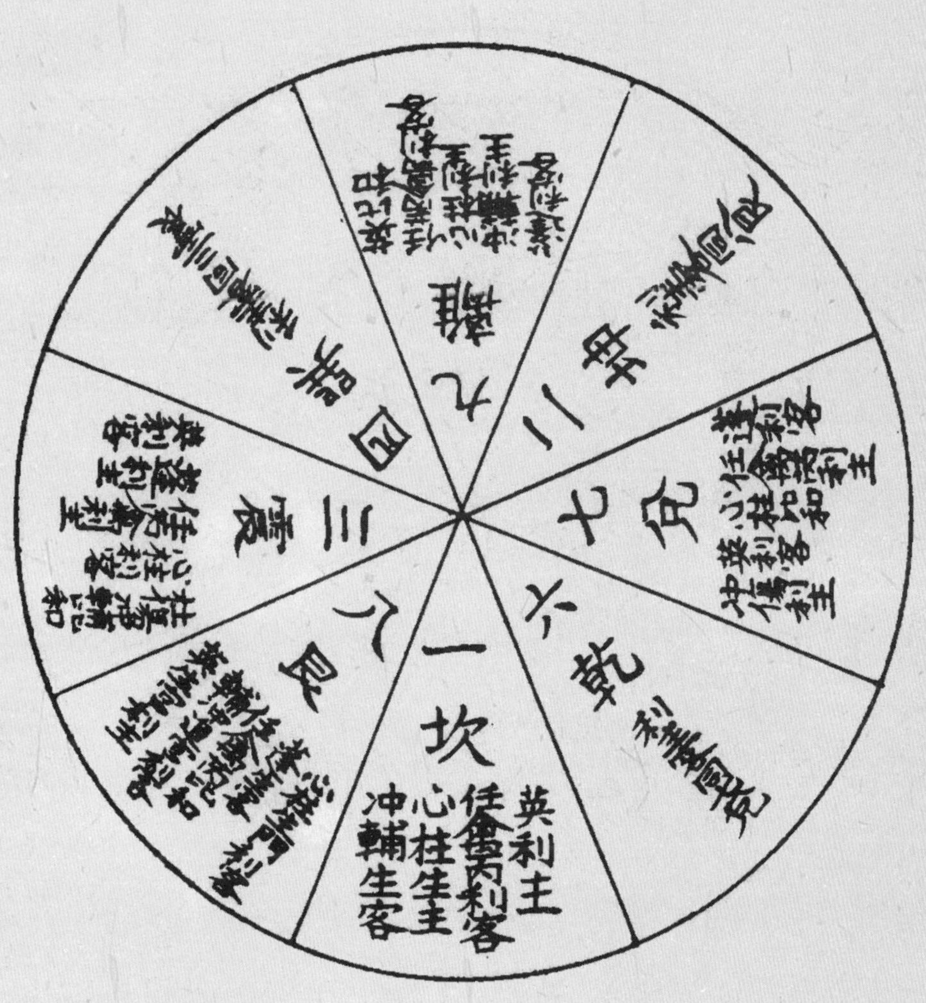

奇仪星门入墓图

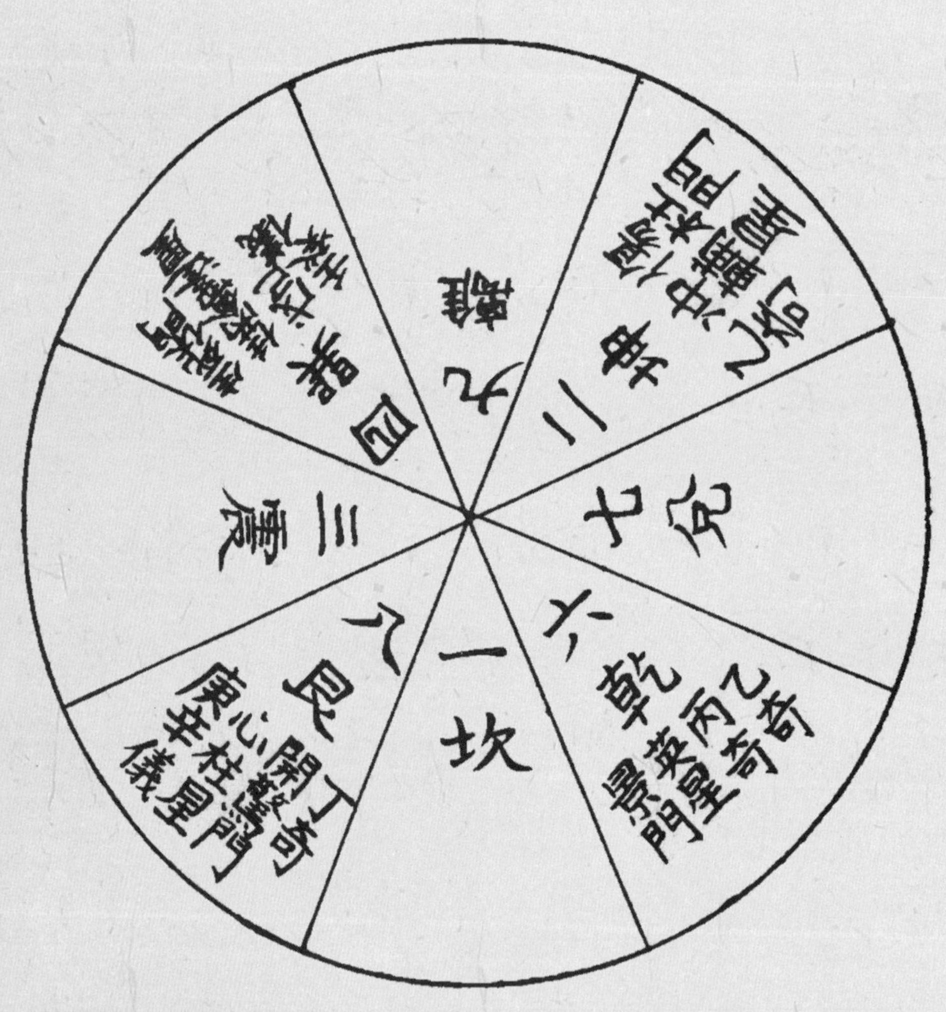

干支顺行长生图

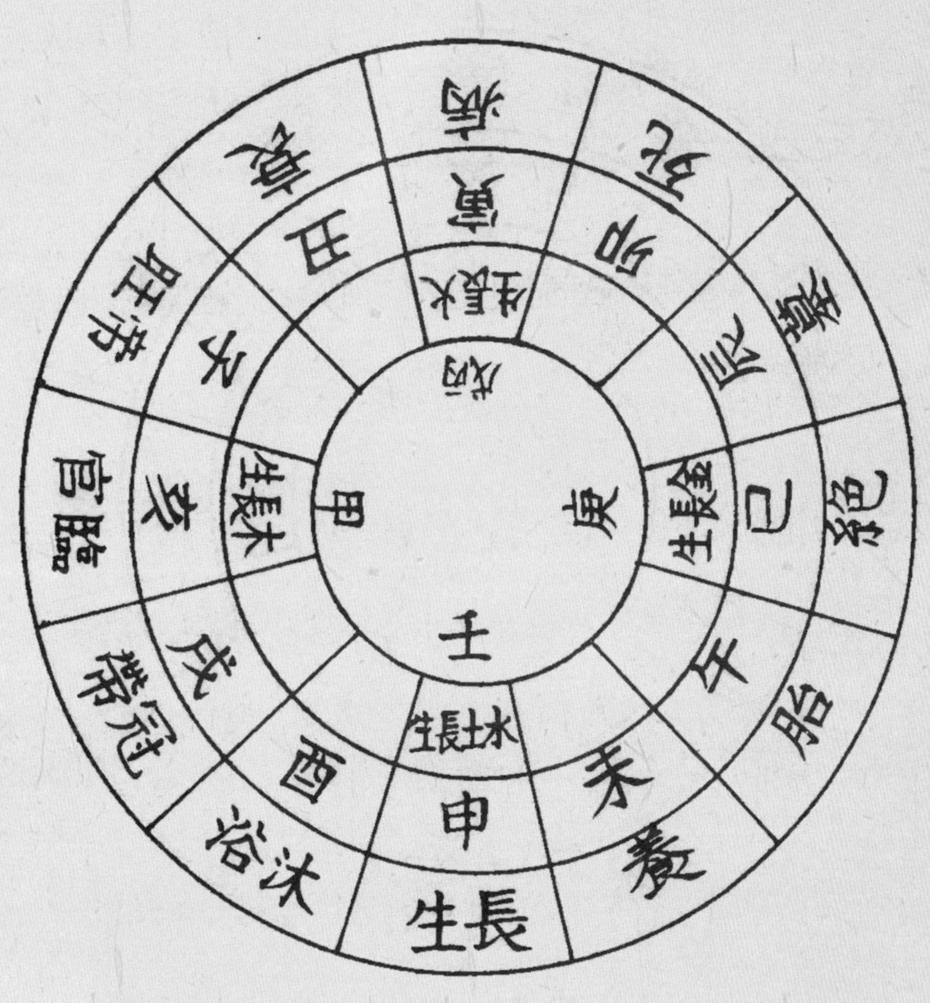

阴干逆行长生图

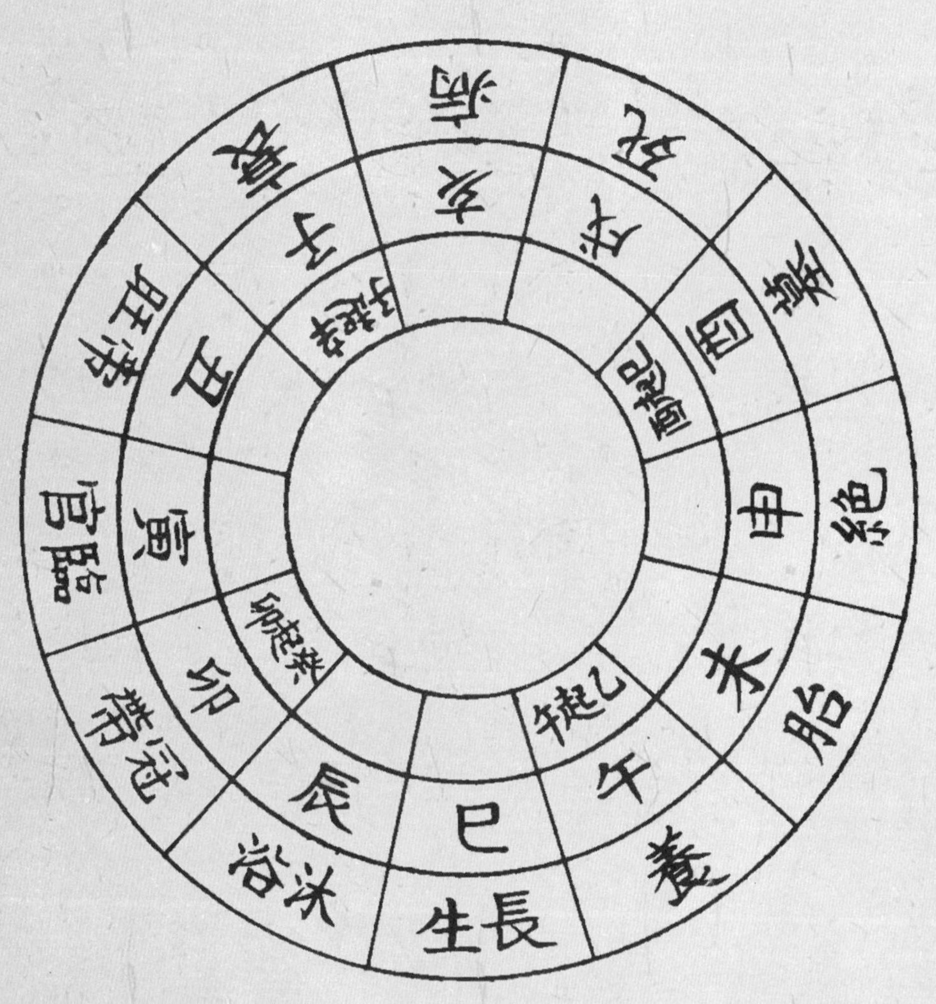

五行旺相图

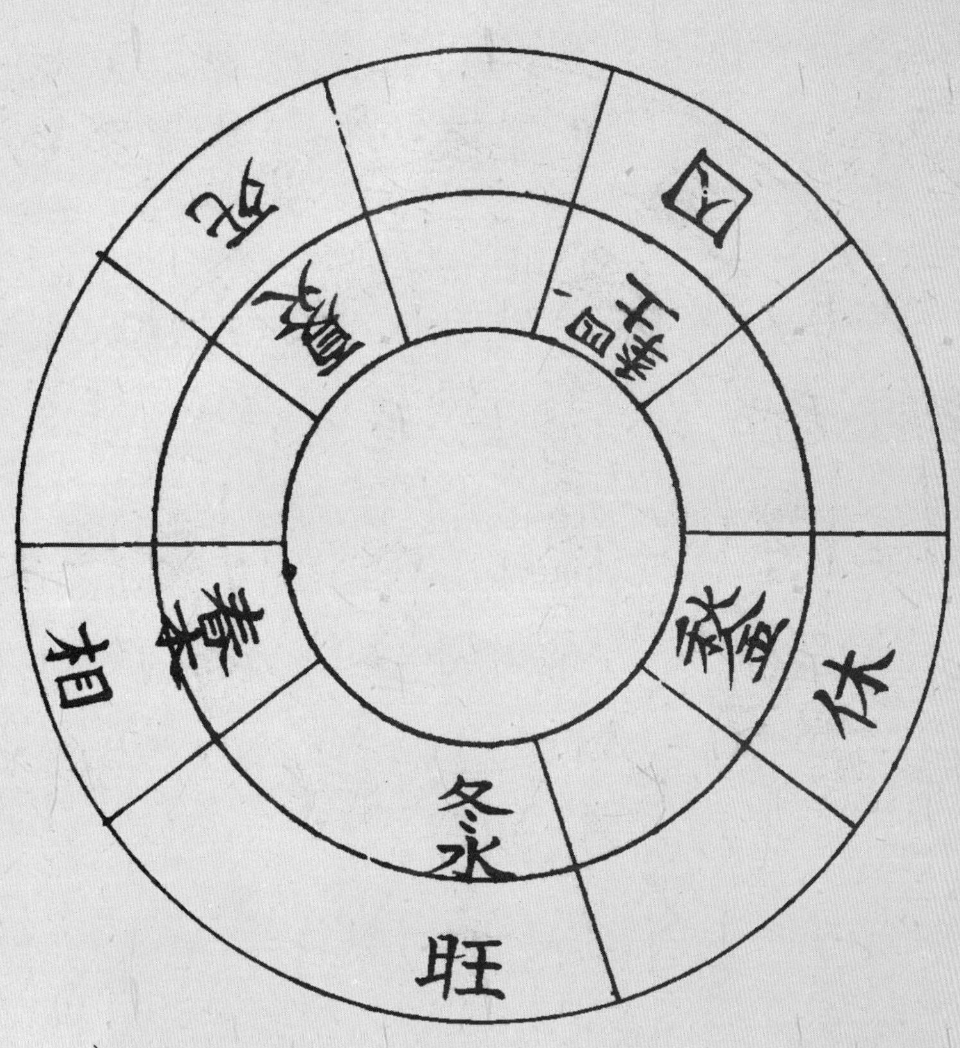

亭亭白奸方位图

神后之下為亭亭
對冲之宮即白奸
午
未
申
酉
戌
亥
子
丑
寅
卯
辰
巳
勝光
小吉
傳送
從魁
河魁
登明
神后
大吉
功曹
太冲
天罡
太乙

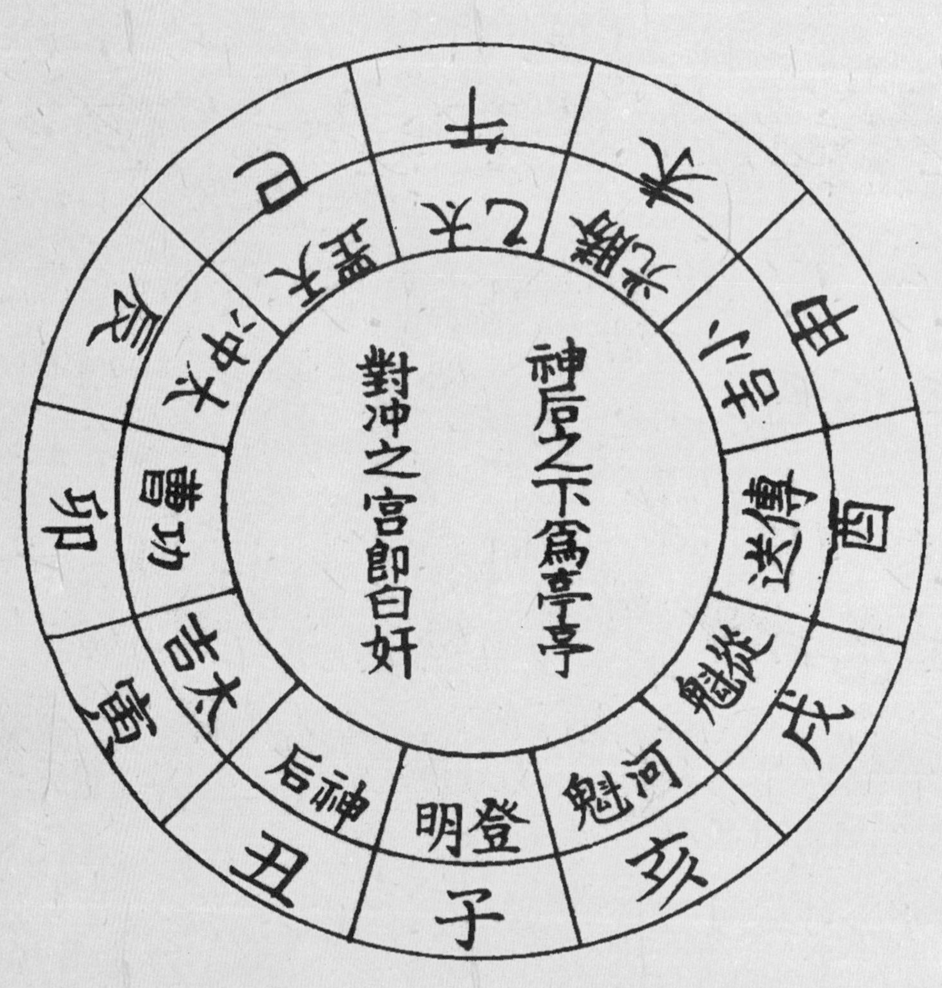

奇门法窍卷七

时奇起例口诀

先观二至，以分顺逆。

冬至后为阳遁，顺布六仪，逆布三奇；夏至后为阴遁，逆布六仪，顺布三奇。

次分节气，以定三元。

三元者，上中下三元也，五日一候，三候一气，一月二气，一年二十四气，此法以甲、己两将为符头，如值子午卯酉为上元，寅申巳亥为中元，辰戌丑未为下元，五日一换符头，故半月一气而局周也。假令冬至用事，按起例云冬至一七四，一为上元，七为中元，四为下元，看本日符头是上元一局，则从坎宫起甲子，余仿此。

取符使全凭旬首，

旬首者，六甲符头也，看占时符首所落之宫即为直符，所得之门即为直使，假如在坎宫，休门为直使，天蓬为直符，余类推。

定直符却随时干。

视占时之干落于地盘何宫，即以本旬符首移加此宫，分顺逆布之，则奇仪所临之方见矣，假如时干落于坎宫，天蓬星即为直符，余再类推。

直使数时支，

视占时之支落于地盘何宫，即从本旬首几宫，分阴阳顺逆数至时支位上得几宫，即将直使之门加于其上，假令阳遁一局，甲子时休门在一宫，乙丑时休门在二宫矣，余仿此。

直符加符首。

直符者，诈门直符也。符首者，甫时本每首也。视旬首直符加于占时何宫，即将诈门直符加于符首之上，分阳顺阴逆布之，则诈神所临之宫见矣。

遁甲三元歌

甲己临仲上元天，临孟之时作中元，临季下元局日定，此名遁甲混三元，子午卯酉为四仲，寅申巳亥为四孟，辰戌丑未为四季，五日一候为一元。

一卦统三图

坎宫统{冬至一七四
小寒二八五
大寒三九六

艮宫统{立春八五二
雨水九六三
惊蛰一七四

震宫统{春分三九六
清明四一七
谷雨五二八

巽宫统{立夏四一七
小满五二八
芒种六三九

此阳遁顺行局法。

离宫统{夏至九三六
小暑八二五
大暑七一四

坤宫统{立秋二五八
处暑一四七
白露九三六

兑宫统｛秋分七一四
寒露六九三
霜降五八二

乾宫统｛立冬六九三
小雪五八二
大雪四七一

此阴遁逆行局法。

此起节序要诀，大抵以八卦九宫分管二十四气，先认明八节所属之卦，如冬至坎，则坎宫一卦统三节，以三节所在之宫，各定上中下三元，假如冬至坎一宫，则为上元，七宫为中元，四宫为下元，其余挨次推之，指掌可辨矣。

阳遁顺行节序歌

冬至惊蛰一七四，小寒二八五为次，大寒春分三九六，立春八五二为局，雨水九六三无失，清明立夏四一七，谷雨小满五二八，芒种六三九为法。

阴遁逆行节序歌

夏至白露九三六，小暑八二五阴局，大暑秋分七一四，立秋二五八宫次，处暑一四七为是，霜降小雪五八二，寒露立冬六九三，大雪四七一宫缄。

附六甲旬五不遇时[①]

甲子旬，甲、己日，庚午、乙丑时。

甲戌旬，乙、庚日，辛巳、丙子时。

甲申旬，丙日，壬辰时。

甲午旬，辛日，丁酉时。

甲辰旬，丁、壬日，癸卯、戊申时。

甲寅旬，戊、癸日，甲寅、己未时。

---

① 阴阳两遁同。

阳遁一局三元四气六十时吉凶格

冬至上　立夏中　清明中　惊蛰上

甲子旬甲子天蓬直符，休门直使。

甲己日

甲子时艮	乙丑时兑	丙寅时艮	丁卯时离	戊辰时离	己巳时坎	庚午时坤	辛未时震	壬申时巽	癸酉时坤
合门	真天 诈遁 乾 假地 离 佐相	相回 佐首 中 合奇	合奇 巽 合门 艮 假地	合门	欢龙 怡遁 天休 辅诈	休地 诈遁 兑 奇守 合门	奇升 合殿	遁云 真遁 诈风	假神 震 假物 乾 合仪
星 门 符 伏	乾 坎 反门 坤 格刑 乾 江投	艮 勃飞 坎 宫伏 乾 墓奇	坤 兑 反门	星 符 伏 兑 坤 反门	兑 蹻妖 艮 墓奇	震 刑门 飞反 宫击 中 格小 艮 反门 坤 墓奇	乾 格大	巽 逃门 走反 中 网地 震 白荧 入 离 反门	门 伏 艮 荧白 入 离 狂猖 乾 网天

甲戌旬甲戌天芮直符，死门直使。

乙庚日

甲戌时离
假天 艮 合门
星 门 符 伏

乙亥时兑
交真 泰诈 离 佐相
乾 奇门 墓反 坎 反门

丙子时艮
相回 佐首
艮 勃飞

丁丑时震
合门
兑 墓时 艮 荧白 入 离 狂猖

戊寅时
乾 江投 坤 刑伏 格宫

己卯时兑
门守
星 符 伏 坤 刑击

庚辰时坎
遁鬼 坤 合仪
震 飞门 宫反 艮 奇门 墓反 兑 蹻妖

辛巳时
中 格小 坤 墓奇

壬午时
巽 离 反门 乾 格大 中 网地

癸未时坤
假神 坎 合仪
门 伏 乾 时天 墓网 震 白荧 入 巽 走逃

甲申旬甲申天冲直符，伤门直使。

丙辛日

甲申时艮　神遁天辅　星门符伏震伏宫

乙酉时震　神假离相佐奇合　乾坎门反

丙戌时　艮击刑飞勃墓白入荧时离猖狂

丁亥时坤　天假震跌穴得使欢怡　震荧入白巽逃走

戊子时兑　守门　坤兑门反乾奇墓

己丑时乾　人遁真诈坎仪合　乾投江坤刑格时墓

庚寅时兑　升殿门合　星符伏震门反飞宫艮门反

辛卯时艮　重诈交泰　兑妖蹻艮奇墓

壬辰时离　休诈昌气游禄兑奇合　巽离门反中小格地网坤奇墓艮时墓

癸巳时坎　门合　门伏乾大格天网

甲午旬甲午天辅直符，杜门直使。

丁壬日

甲午时艮	乙未时乾	丙申时乾	丁酉时坤	戊戌时巽	己亥时乾	庚子时坎	辛丑时坤	壬寅时离	癸卯时兑
天重 辅诈	合仪	假地 坤 合门	假天 坎 诈真 兑 门守 震 奇升 合殿	欢休 怡诈 离 合奇	诈真	假地 兑 合门	假地 艮 诈重	升休 殿诈	假入 坎 合门
星 门 符 伏	艮 荧白 入 离 猖击 狂刑	乾 坎 反门 震 白荧 入 巽 走逃 艮 勃飞	乾 格大	坤 兑 反门 坎 墓时	乾 墓奇	震 飞门 宫反 乾 江投 坤 格刑 艮 反门	星 符 伏	巽 伏门 宫反 兑 蹻妖 离 反门 艮 墓奇 中 网地	门 伏 中 格小 坤 墓奇 乾 网天

甲辰旬甲辰天任直符生门直使，中五寄艮。

戊癸日

癸丑时坎	壬子时兑	辛亥时乾	庚戌时	己酉时巽	戊申时	丁未时坎	丙午时兑	乙巳时震	甲辰时艮
门龙 合遁 艮 诈真 震 假物	门升 合殿	合门 坎 合仪		假神 中 欢跌 怡穴		诈重	门守	诈重	门天 合辅
门 伏 兑 蹻妖 艮 墓奇 乾 网天	星 符 伏 艮 震 反门 中 网地	巽 刑击 乾 江投 坤 格刑	坤 兑 反门 震 宫飞 乾 墓奇		乾 坎 反门 艮 荧白 入 离 狂猖	中 小伏 格宫 坤 墓奇	巽 离 反门 艮 勃飞 乾 格大	震 白荧 入 巽 走逃	星 门 符 伏

甲寅旬甲寅天心直符，开门直使。

甲寅时坤
假神
艮
天真
辅诈

乙卯时离
佐相
兑
门守
坤
合门

丙辰时坎
遁神
艮
相回
佐首

丁巳时离
升重
殿诈
坤
合仪
艮
假地

戊午时震
诈真
坎
合仪

己未时巽
游虎
禄遁
奇重
合诈

庚申时乾
怡龙
门遁
合欢

辛酉时兑
交休
泰诈

壬戌时兑
遁天

癸亥时坤
假神
艮
诈真

星
门
符
伏

乾
格门
伏反
宫大
坎
反门

艮
勃飞
中
格小
坤
墓奇

兑
妖门
蹻反
艮
墓奇
坤
反门

震
白荧
入
巽
走逃

艮
入门
荧反
白
离
狂猖
震
反门

震
宫飞

巽
击门
刑反
乾
墓奇
离
反门

巽
离
反门
乾
江投
坤
格刑
中
网地

星
门
符
伏
乾
网天

阴遁七局三元四气六十时吉凶格

冬至中　立夏下　清明下　惊蛰中

甲子旬甲子天柱直符，惊门直使。

甲己日

甲子时乾	乙丑时兑	丙寅时震	丁卯时坤	戊辰时坤	己巳时离	庚午时乾	辛未时艮	壬申时离	癸酉时坎
合门	合仪	合门 中 相回 佐首	诈真 震 假天 巽 佐相	假人 艮 假物 乾 合门	假物 兑 辅门 欢合 怡天	昌休 炁诈 巽 守人 门假 艮 合门	合门	门升 合殿 兑 合仪	奇重 合诈
星 符 门 伏	乾 坎 反门 震 江投 艮 格刑	中 勃飞 兑 宫伏	坤 兑 反门	星 符 伏	艮 震 反门 巽 蹻妖 乾 墓奇	离 宫飞 坤 格小	震 格大	离 入门 白反 荧 坎 走逃 艮 墓奇 坤 网地 巽 反门	入 伏门 震 天击 网刑 中 荧白 入 乾 狂猖 坤 墓奇

甲戌旬甲戌天任直符，生门直使。

甲戌时乾	乙亥时坤	乙庚日 丙子时震	丁丑时坤	戊寅时震	己卯时巽	庚辰时兑	辛巳时乾	壬午时离	癸未时坎
诈重 巽 假地	奇重 合诈	升门 殿合 中 相回 佐首 坎 合门	诈真 离 合门 艮 假地 巽 佐相	合门	守真 门诈	诈真	气昌 艮 使门 欢合 怡得	合奇 兑 升门 殿合	遁云 重遁 诈龙 艮 合门 中 合奇
星 门 符 伏	乾 坎 反门	中 勃飞	坤 奇门 墓反 中 荧白 入 乾 狂猖 巽 墓时 兑 反门	震 江投 艮 刑伏 格宫	星 符 伏 艮 震 反门	巽 蹻妖 离 宫飞 乾 墓奇	坤 格小	坤 地击 网刑 巽 离 反门 震 格太	门 伏 离 白荧 入 坎 走逃 艮 墓奇 震 天时 网墓

甲申旬甲申天英直符，景门直使。

丙辛日

时	注（上）	注（下）
甲申时乾	天休 辅诈	星 门 符 伏 离 宫伏
乙酉时坤	诈重	乾 坎 反门
丙戌时坎	遁神 奇遁 合虎 中 相回 佐首 震 合仪	中 飞白 勃入 荧 乾 狂猖 坤 墓奇 艮 墓时
丁亥时离	使门 升合 殿跌 欢穴 怡得	坤 兑 反门 离 白荧 入 坎 走逃 艮 墓奇
戊子时震	合门 巽 门守	
己丑时震	合门	震 江投 艮 墓刑 击格 刑时
庚寅时巽	合门	星 符 伏 艮 震 反门 离 宫飞
辛卯时乾	遁神 中 泰交	巽 蹻妖 乾 墓奇
壬辰时兑	合门 巽 合奇	巽 离 反门 坤 墓小 地格 网时
癸巳时艮	遁神	门 伏 震 天大 网格

甲午旬甲午天蓬直符，休门直使。

丁壬日

甲午时乾
天门
辅合
巽
假地

星
符
门
伏

乙未时坤
诈重
离
游门
禄合

乾
猖门
狂反
中
荧白
入
坤
墓奇
坎
反门

丙申时坎
得云
使遁
欢龙
怡遁
中
奇回
合首
艮
合门

离
白荧
入
坎
走逃
中
勃飞
艮
墓奇

丁酉时兑
假物
巽
相守
佐门
离
合奇

坤
兑
反门
震
格大

戊戌时坤
遁神

兑
墓时

己亥时震
合门

庚子时巽
遁天
游遁
禄神
兑
合仪

震
投门
江反
离
飞击
宫刑
艮
门刑
反格

辛丑时乾
合门

星
符
伏

壬寅时兑
合门

巽
妖门
蹻反
坎
宫伏
乾
墓奇
坤
网地
离
反门

癸卯时乾
昌门
炁合
艮
合门

门
伏
坤
格小
震
网天

甲辰旬甲辰天芮直符，死门直使。

戊癸日

甲辰时巽	乙巳时兑	丙午时中	丁未时艮	戊申时离	己酉时震	庚戌时巽	辛亥时震	壬子时巽	癸丑时乾
天地	合仪	相回	重地	游重	升门	交风	诈真	诈重	合门
辅假	离	佐首	诈遁	禄诈	殿合	泰遁			
乾	合门	艮	巽	坤	乾	坤			
诈真		合门	门守	欢门	合奇	得奇			
				怡合	坎	使合			
				艮	合门				
				假地	离				
					假地				

甲辰时巽	乙巳时兑	丙午时中	丁未时艮	戊申时离	己酉时震	庚戌时巽	辛亥时震	壬子时巽	癸丑时乾
星	坎	中	巽	坤		艮	震	巽	门
门	逃门	勃飞	刑击	奇门		震	江投	离	伏
符	走反	震	坤	墓反		反门	艮	反门	巽
伏	离	格大	小伏	中		离	格刑	星	蹻妖
	白荧		格宫	荧白		宫飞		符	乾
	入			入				伏	墓奇
	艮			乾				坤	震
	墓奇			狂猖				网地	网天
	乾			兑					
	反门			反门					

甲寅旬甲寅天冲直符，伤门直使。

甲寅时乾
天门 辅合
星 门 符 伏

乙卯时兑
合门 离 升奇 殿合 巽 门守
乾 坎 反门 震 伏大 宫格

丙辰时乾
假地 兑 合门
中 勃飞 坤 格小

丁巳时艮
合仪
巽 妖击 蹻刑 乾 墓奇

戊午时离
升重 殿诈 艮 假地
坤 兑 反门 离 白荧 入 坎 走逃 艮 墓奇

己未时坎
合奇 震 合仪 离 假地
中 荧白 入 乾 狂猖 坤 墓奇

庚申时坤
合门
艮 震 反门 离 宫飞

辛酉时震
穴真 欢诈 怡跌

壬戌时巽
重天 诈道 风游 遁禄 兑 合仪
巽 离 反门 艮 地刑 网格 震 江投

癸亥时乾
合门
星 门 符 伏 震 网天

阳遁四局三元四气六十时吉凶格

冬至下　立夏上　清明上　惊蛰下

甲子旬甲子天辅直符，杜门直使。

甲己日

甲子时坎	乙丑地坎	丙寅时离	丁卯时兑	戊辰时震	己巳时震	庚午时巽	辛未时乾	壬申时兑	癸酉时乾
合门	诈重	升神 殿遁 坤 相回 佐首	假地 艮 合门 坎 佐相 震 合奇	假天 坤 诈真	天门 辅合	怡门 得合 使跌 游穴 禄欢 坎 门守	合奇	门云 合遁 巽 合仪	诈休 艮 合门
星 门 符 伏	门 休 震 刑击 离 江投 中 格刑 坤 墓奇	乾 坎 反门 坤 勃飞 巽 宫伏 艮 墓奇		星 符 伏 坤 兑 反门	坎 蹻妖	艮 小门 格反 乾 宫飞 震 反门	离 格大	巽 离 反门 乾 白荧 入 兑 走逃 乾 墓奇 艮 网地	门 伏 坤 荧白 入 震 狂猖 离 网天

甲戌旬甲戌天任直符生门直使，中五寄艮。

乙庚日

甲戌时坎
合门

星
门
符
伏

乙亥时艮
合奇
震
佐相

艮
墓奇

丙子时离
遁龙
兑
门升
合殿

巽
离
反门
坤
飞击
勃刑

丁丑时乾
合门
坎
佐相
艮
合门

门
伏
坤
荧白
入
震
狂猖
坎
墓时

戊寅时坤
诈真
离
游门
禄合

乾
坎
反门
离
江投
中
刑伏
格宫
坤
墓奇

己卯时坎
守门
门合
震
门升
合殿

星
符
伏

庚辰时巽
遁风
坤
交重
泰诈

坤
兑
反门
坎
蹻妖
乾
宫飞

辛巳时震
门昌
合炁
坎
合奇

艮
格小

壬午时巽
诈真

艮
震
反门
离
格大
艮
网地

癸未时乾
诈休
中
怡欢

门
伏
乾
奇荧
墓入
白
兑
走逃
离
天时
网墓

甲申旬甲申天心真符，开门直使。

丙辛日

甲申时坎	乙酉时离	丙戌时艮	丁亥时坤	戊子时坎	己丑时坤	庚寅时震	辛卯时巽	壬辰时巽	癸己时乾
天门 辅合	真龙 诈遁 兑 门升 合殿	合门	合奇 巽 合仪	泰龙 守遁 门交	合门 离 假物 巽 合仪	升休 殿诈	门风 合遁	诈风 游遁 禄真	合休 欢诈 怡奇
星 门 符 伏	乾 坎 反门	坤 勃白 时入 墓荧 飞 震 狂猖	坤 兑 反门 乾 奇荧 墓入 白 兑 走逃	艮 墓奇	艮 震 反门 中 时刑 墓格 坤 墓奇 离 江投	星 符 伏 乾 宫飞	巽 离 反门 坎 蹻妖	巽 离 伏门 艮 时击 墓刑 地小 网格	门 伏 离 天大 网格

甲午旬甲午天柱直符，惊门直使。

丁壬日

甲午时坎

天人
辅遁

星
门
符
伏

乙未时兑

怡跌
奇穴
合欢
离
合仪

乾
坎
反门
坤
荧白
入
震
狂猖

丙申时巽

假神

乾
奇灾
墓入
白
兑
走逃
坤
勃飞

丁酉时巽

诈休
坎
门守

坤
兑
反门
离
格大

戊戌时震

合奇

巽
墓时

己亥时

艮
奇门
墓反
震
反门

庚子时

离
江投
乾
宫飞
中
格刑
坤
墓奇

辛丑时离

假神
震
殿升

星
符
伏

壬寅时巽

真风
诈遁

巽
离
反门
坎
蹻妖
兑
宫伏
艮
网地

癸卯时坎

合奇

门
伏
离
天击
网刑
艮
格小

甲辰旬甲辰天任直符，生门直使。

戊癸日

甲辰时坎
天门
辅合
星
门
符
伏

乙巳时兑
门云
合遁
坤
合奇
乾
白门
奇反
墓荧
入
兑
走逃
坎
反门

丙午时巽
假神
坎
门守
坤
勃飞
离
格大

丁未时巽
诈休
坤
兑
反门
艮
小伏
格宫

戊申时乾
合门
巽
刑击
坤
荧白
入
震
狂猖

己酉时兑
升门
殿合
艮
震
反门

庚戌时
乾
宫飞
艮
墓奇

辛亥时离
假神
离
江投
中
格刑
坤
墓奇

壬子时
星
符
伏
巽
离
反门
艮
网地

癸丑时
门
伏
坎
蹻妖
离
网天

甲寅旬甲寅天英直符，景门直使。

甲寅时坎　门合天辅　星符门伏

乙卯时坎　守门　乾坎门反离伏宫大格

丙辰时坎　奇合震昌炁　坤飞勃艮小格

丁巳时巽　风遁休诈坤交泰门合　坤兑门反坎妖蹻

戊午时乾　门合　巽击刑乾荧入白奇墓兑逃走

己未时乾　重诈　坤白入荧震猖狂

庚申时兑　升殿门合　艮震门反乾飞宫

辛酉时艮　休诈奇合　艮奇墓

壬戌时离　休诈得使欢怡游禄　巽离门反离投江中刑格坤奇墓艮地网

癸亥时坎　门合　星符门伏离天网

阳遁二局三元四气六十时吉凶格

小寒上　小满中　谷雨中　立春下

甲子旬甲子天芮直符，死门直使。

甲己日

癸酉时中	壬申时巽	辛未时震	庚午时坤	己巳时离	戊辰时离	丁卯时坎	丙寅时乾	乙丑时兑	甲子时坎
遁虎 乾 合门	游风 禄遁 离 合奇 震 假地	合门	使跌 欢穴 怡得 艮 重守 诈门	假地 坎 诈重 震 天仪 辅合	门升 合殿	合奇 艮 怡欢	假物 艮 门交 合泰	升重 殿诈 坤 合仪 离 合门	休龙 诈遁 离 假天 艮 门
入 门 伏 兑 网天 离 荧白 入 坎 狂猖	巽 离 反门 乾 网地 巽 白荧 入 中 走逃	兑 格大	艮 震 反门 巽 宫飞 乾 格小	震 刑击 艮 蹻妖 坤 墓奇	坤 兑 反门 星 符 伏 艮 墓奇	乾 墓奇	离 勃飞 坤 宫伏	乾 坎 反门 兑 江投 震 格刑	星 符 伏门 艮 墓奇

甲戌旬甲戌天冲直符，伤门直使。

乙庚日

时	注一	注二
甲戌时坎	重龙 诈遁 艮 合门	星 符 门 伏 艮 墓奇
乙亥时兑	诈重	乾 坎 反门
丙子时兑	龙真 遁诈 离 相迴 佐首	乾 墓奇 离 勃飞
丁丑时艮	佐相 中 合奇	艮 墓时 离 荧白 入 坎 狂猖
戊寅时坤	合仪 离 合门	坤 兑 反门 坤 刑击 兑 江投 震 刑伏 格宫
己卯时坎	龙重 遁诈 艮 门守	星 符 伏 艮 墓奇
庚辰时艮	假神 坤 诈真	艮 震 反门 坤 墓奇 艮 蹻妖 巽 宫飞
辛巳时震	使地 欢遁 怡升 门殿 合得	乾 格小
壬午时巽	奇风 合遁	巽 离 反门 乾 网地 兑 格大
癸未时中	遁云	八 门 伏 兑 天时 网墓 巽 白荧 入 中 走逃

甲申旬甲申天辅直符，杜门直使。

丙辛日

甲申时坎

天龙
辅遁
艮
诈重

星
符
门
伏
艮
墓奇
巽
宫伏

乙酉时坎

奇相
合佐
乾
合门
巽
假地

八
门
伏
乾
墓奇

丙戌时震

假神
离
相回
佐首
兑
合仪

乾
坎
反门
离
荧时
飞墓
勃白
入
坎
狂猖

丁亥时中

遁云
艮
佐相
震
合门

艮
刑击
巽
白荧
入
中
走逃

戊子时艮

门守

坤
兑
反门

己丑时

震
刑时
格墓
兑
江投

庚寅时艮

假神

艮
震
反门
星
符
伏
艮
墓奇
巽
宫飞

辛卯时震

合仪

坤
墓奇
艮
蹻妖

壬辰时

巽
离
反门
乾
格时
地墓
网小

癸巳时

八
门
伏
兑
大天
格网

甲午旬甲午天任直符生门直使，中五寄艮。

丁壬日

甲午时坎
天龙
辅遁
艮
合门

星
符
门
伏
艮
墓奇

乙未时中
欢跌
怡穴
乾
合门

离
荧白
入
坎
狂猖

丙申时震
假地
离
佐回
奇首
合相
巽
合门

巽
离
反门
离
刑击
巽
白荧
入
中
走逃
离
勃飞

丁酉时艮
守相
门佐

兑
格大

戊戌时兑
门龙
合遁

乾
坎
反门
乾
墓奇
坤
墓时

己亥时艮
门交
合泰

庚子时兑
假物
坤
合仪
离
合门

坤
兑
反门
兑
江投
巽
宫飞
震
格刑

辛丑时坎
门龙
合遁

星
符
伏

壬寅时坤
诈重

艮
震
反门
坤
墓奇
乾
网地
艮
蹻妖
中
宫伏

癸卯时坎
诈人
昌遁
炁真
艮
合奇

八
门
伏
兑
网天
乾
格小

甲辰旬甲辰天心直符，开门直使。

戊癸日

甲辰时坎
天龙
辅遁
震
假物
艮
诈真

乙巳时坤
合仪
离
合奇

丙午时乾
假物
震
诈重
艮
门守

丁未时坤
合门

戊申时乾
击真
怡诈

己酉时兑
门龙
合遁

庚戌时乾
奇得
合使
门欢
合怡
艮
诈重

辛亥时离
诈休
兑
门升
合殿

壬子时离
门升
合殿
震
假地

癸丑时坎
诈真

星
符
门
伏
艮
墓奇

乾
坎
反门
巽
白荧
入
中
走逃

离
勃飞
兑
格大

坤
兑
反门
乾
小伏
格宫

坎
狂猖
离
荧白
入

艮
震
反门
乾
墓奇

巽
飞击
宫刑

巽
离
反门
兑
江投
震
格刑

巽
离
反门
星
符
伏
艮
墓奇
乾
网地

八
门
伏
坤
墓奇
兑
网大
艮
蹻妖

甲寅旬甲寅天柱直符，惊门直使。

甲寅时坎
诈龙
天遁
辅真
艮
诈体

星
符
门
伏
艮
墓奇

乙卯时艮
门守
坤
合门

乾
坎
反门
兑
大伏
格宫

丙辰时震
殿重
门诈
合升
坎
奇昌
合炁

离
勃飞
乾
格小

丁巳时离
泰休
游诈
禄交
坤
合门

坤
兑
反门
坤
墓奇
艮
蹻妖

戊午时震
合门

巽
白荧
入
中
走逃

己未时兑
合良
巽
合门

艮
震
反门
离
荧白
入
坎
狂猖

庚申时乾
合门

巽
飞击
宫刑
乾
墓奇

辛酉时乾
奇重
合诈
艮
门交
合泰

壬戌时兑
欢得
怡使
门升
合殿
离
合门

巽
离
反门
乾
网地
兑
江投
震
格刑

癸亥时坎
龙真
遁诈
艮
诈休

星
符
门
伏
艮
墓奇
兑
网天

阳遁八局三元四气六十时吉凶格

小寒中　小满下　谷雨下　立春上

甲子旬甲子天任直符，生门直使。

甲己日

甲子时巽
假地
乾
诈重

乙丑时兑
佐相

丙寅时震
奇休
合诈

丁卯时巽
遁风
真遁
诈龙
乾
假神
坤
合门

戊辰时乾
诈重
离
假地

己巳时兑
天真
辅诈

庚午时兑
殿重
昌诈
炁升

辛未时艮
门欢
合怡

壬申时离
诈人
游遁
禄真

癸酉时坎
合门

星
符
门
伏
乾
墓奇

乾
坎
反门
巽
江投
离
格刑

乾
勃飞
艮
宫伏

坤
兑
反门

星
符
伏
乾
墓奇

艮
震
反门
中
蹻妖

坎
宫飞
震
格小

艮
墓奇
巽
格大

巽
离
反门
坤
逃奇
走墓
震
击地
刑网
坎
白荧
入

八
门
伏
巽
网天
乾
荧白
入
兑
狂猖

甲戌旬甲戌天英直符，景门直使。

乙庚日

甲戌时乾
诈休
星
符
门
伏
乾
墓奇

乙亥时兑
佐相
乾
坎
反门

丙子时震
诈休
乾
勃飞

丁丑时坤
门奇
合合
巽
合仪
坤
兑
反门
艮
墓时
乾
荧白
入
兑
狂猖

戊寅时乾
诈重
巽
江投
离
刑伏
格宫

己卯时乾
詐体
星
符
伏
乾
墓奇

庚辰时乾
假天
兑
诈重
艮
震
反门
中
蹻妖
坎
宫飞

辛巳时艮
合门
坤
刑击
震
格小

壬午时艮
假天
离
升真
殿诈
欢跌
怡穴
中
门守
巽
离
反门
艮
墓奇
震
网地
巽
格大

癸未时乾
合奇
坎
合门
离
禄游
八
门
伏
坤
逃奇
走墓
巽
天时
网墓
坎
白荧
入

甲申旬甲申天蓬直符，休门直使。

丙辛日

甲申时乾	乙酉时兑	丙戌时震	丁亥时坤	戊子时坎	己丑时巽	庚寅时乾	辛卯时坎	壬辰时艮	癸巳时坎
天门 辅合 巽 假地	奇相 合佐 坤 合门	升休 殿诈 坎 合门	门云 合遁 离 游休 禄诈	假入 巽 游真 禄诈	假天 乾 诈休	假天 兑 诈重	假物 乾 交真 泰诈 中 门守 艮 合门	假天 坤 假物 离 诈真 兑 炁升 门殿 合昌	怡龙 奇遁 合欢 艮 诈重
星 门 符 伏 乾 墓奇 坎 宫伏	乾 坎 反门	乾 白时 入墓 荧飞 勃 兑 狂猖	坤 兑 反门 坤 逃奇 走墓 坎 白荧 入	艮 刑击	离 刑时 格墓 巽 江投	艮 震 反门 星 符 伏 乾 墓奇 坎 宫飞	中 蹻妖	巽 离 反门 震 网时 小墓 格地	八 门 伏 艮 墓奇 巽 大天 格网

甲午旬甲午天芮直符，死门直使。

丁壬日

甲午时巽	乙未时坤	丙申时坎	丁酉时坎	戊戌时巽	己亥时震	庚子时乾	辛丑时乾	壬寅时艮	癸卯时艮
假地	怡跌	合门	合龙	遁风	奇重	假天	诈真	假天	诈重
乾	奇穴	艮	奇遁	真遁	合诈	巽		坎	中
天真	合欢	合仪	合门	诈龙	巽	诈休		假神	合奇
辅诈	兑		中	乾	假天	艮		离	
	佐相		佐相	假神		门守		合仪	
			艮	坤				兑	
			合门	门欢				合门	
				合怡					

甲午时巽	乙未时坤	丙申时坎	丁酉时坎	戊戌时巽	己亥时震	庚子时乾	辛丑时乾	壬寅时艮	癸卯时艮
星	乾	坤	艮	坤	离	艮	星	巽	八
符	坎	逃奇	墓奇	兑	刑击	震	符	离	门
门	反门	走墓	巽	反门		反门	伏	反门	伏
伏	乾	坎	格大	艮		巽	乾	震	巽
乾	荧白	白荧		墓时		江投	墓奇	网地	网天
墓奇	入	入				坎		中	震
	兑	乾				宫飞		蹻妖	格小
	狂猖	勃飞				离		坤	
						格刑		宫伏	

甲辰旬甲辰天冲直符，伤门直使。

戊癸日

甲辰时乾

天门
辅合

星
符
门
伏
乾
墓奇

乙巳时坤

门云
合遁
离
游重
禄诈
兑
佐相

乾
坎
反门
坤
逃奇
走墓
坎
白荧
入

丙午时离

门升
合殿

艮
墓奇
乾
勃飞
巽
格大

丁未时中

奇相
合佐
艮
合门

震
小伏
格宫

戊申时坤

合虎
门遁
合奇
巽
合仪

坤
兑
反门
乾
荧白
入
兑
狂猖

己酉时震

穴重
欢诈
怡跌
艮
门守
巽
假天

庚戌时巽

游休
禄诈

艮
震
反门
坎
宫飞

辛亥时乾

诈真

巽
江投
离
格刑

壬子时兑

合门

巽
离
反门
星
符
伏
乾
墓奇
震
网地

癸丑时艮

诈重
乾
门交
合泰

八
门
伏
巽
击天
刑网
中
蹻妖

甲寅旬甲寅天辅直符，杜门直使。

甲寅时乾
合门
艮
辅天

星
门
符
伏
乾
墓奇

乙卯时坎
合龙
真遁
合奇
艮
诈休

八
门
伏
艮
墓奇
巽
大坎
格宫

丙辰时兑
气升
门殿
合昌
离
合门

乾
坎
反门
乾
勃飞
震
格小

丁巳时中
佐相
艮
合门

中
蹻妖

戊午时坤
门云
合遁
艮
门守
离
游休
禄诈

坤
兑
反门
坤
逃奇
走墓
坎
白荧
入

己未时震
重升
诈殿
坎
合门

乾
荧白
入
兑
狂猖

庚申时巽
龙风
遁遁
欢休
怡诈
兑
合奇
坤
合门

艮
震
反门
坎
宫飞

辛酉时震
合奇
中
泰交

壬戌时中
假天
巽
怡得
门使
合欢

巽
离
反门
震
网地
巽
江投
离
格刑

癸亥时乾
合门

星
符
门
伏
乾
墓奇
巽
击天
刑网

阳遁五局三元四气六十时吉凶格

小寒下　小满上　谷雨上　立春中

甲子旬甲子天任直符生门直使，中五寄艮。

甲己日

甲子时	乙丑时震	丙寅时离	丁卯时坎	戊辰时乾	己巳时震	庚午时坤	辛未时乾	壬申时兑	癸酉时艮
	门升 合殿 中 合仪	奇真 合诈 游入 禄遁	休龙 诈遁 离 假天 艮 合门	假地 坤 合门	泰休 天诈 辅交 中 怡欢	奇守 合门 巽 昌门 炁合 艮 假地	诈重 离 假地	诈真	门虎 合遁 坎 合仪
星 符 门 伏	坎 江投 乾 格刑	巽 离 反门 坤 墓奇 震 飞击 勃刑 中 宫伏	八 门 伏 艮 墓奇	乾 坎 反门 星 符 伏	坤 蹻妖	坤 兑 反门 兑 宫飞 离 格小	乾 墓奇 坎 格大	艮 震 反门 兑 白荧 入 艮 走逃 离 网地	八 门 伏 震 荧白 入 巽 狂猖 坎 网天

甲戌旬甲戌天心直符，开门直使。

乙庚日

甲戌时坤
假神
星
门
符
伏

乙亥时坤
交真
泰诈
离
游奇
禄合
乾
坎
反门
坤
墓奇

丙子时坎
重龙
诈通
震
相回
佐首
艮
合门
艮
墓奇
震
勃飞

丁丑时坤
佐相
离
合门
坤
兑
反门
坤
击时
刑墓

戊寅时震
殿升
坎
合门
离
假地
坎
江投
乾
刑伏
格宫

己卯时巽
门风
合游
坤
守重
门诈
艮
震
反门
星
符
伏

庚辰时乾
合仪
震
交门
泰合
坤
蹻妖
兑
飞

辛巳时巽
昌真
炁诈
巽
离
反门
离
格小

壬午时兑
奇真
合诈
巽
离
反门
乾
墓奇
坎
格太
离
网地

癸未时艮
门云
合遁
乾
门欢
合怡
八
门
伏
坎
墓时
兑
白荧
入
艮
走逃
坎
网天

甲申旬甲申天柱直符，惊门直使。

丙辛日

癸巳时乾	壬辰地震	辛卯时乾	庚寅时震	己丑时坤	戊子时坤	丁亥时坤	丙戌时震	乙酉时离	甲申时乾
合门	假地	合仪	合门	重天	门守	佐相	相回	门升	辅天
巽	巽	震		诈遁	坎		佐首	合殿	
假地	门昌	交门			合门		坎		
	合炁	泰合			离		合仪		
		中			假地		艮		
		合门					合奇		
八	巽	艮	星	艮	坤	坤	震	乾	星
门	离	刑击	门	震	墓奇	兑	白时	坎	符
伏	反门	坤	伏	反门		反门	入墓	反门	门
乾	离	蹻妖	兑	乾		兑	荧飞	艮	伏
墓奇	格时		宫飞	刑时		白荧	勃	墓奇	兑
坎	地墓			格墓		入	巽		宫伏
天大	网小			坎		艮	狂猖		
网格				江投		走逃			

甲午旬甲午天任直符，生门直使。

丁壬日

甲午时震
天辅
星符门伏

乙未时兑
休诈升殿离门合
乾坎门反震白入荧巽猖狂

丙申时震
回首相佐艮得使门合云遁中仪合
兑荧入白艮逃走震飞勃

丁酉时坤
相佐守门
坤兑门反乾奇墓坎大格

戊戌时坎
龙遁门合
艮奇墓时墓

己亥时坤
重诈交泰
艮震门反坤奇墓

庚子时坤
天遁门合坎地假
坎投江兑飞宫乾刑格

辛丑时震
门合
星符伏

壬寅时巽
风遁门合震地假
巽离门反离击刑地网坤妖蹻艮伏宫

癸卯时乾
地遁门合巽地假
八门伏离小格坎天网

甲辰旬甲辰天英直符，景门直使。

戊癸日

甲辰时乾
辅天

星
符
门
伏

乙巳时兑
诈休

乾
坎
反门
巽
刑击
兑
白荧
入
艮
走逃

丙午时震
相回
佐首
坤
门守

乾
墓奇
震
勃飞
坎
格大

丁未时坤
奇相
合佐
巽
昌重
气诈

坤
兑
反门
离
小伏
格宫

戊申时坎
合仪

震
荧白
入
巽
狂猖

己酉时坎
遁龙

艮
墓奇

庚戌时坤
门交
合泰

艮
震
反门
坤
墓奇
兑
宫飞

辛亥时震
门升
合殿

坎
江投
乾
格刑

壬子时巽
门风
合遁

巽
离
反门
星
符
伏
离
网地

癸丑时乾
合仪

八
门
伏
坤
蹻妖
坎
网天

甲寅旬甲寅天蓬直符，休门直使。

甲寅时巽
风休
遁诈
兑
辅天
星
门
符
伏

乙卯时兑
奇休
合诈
坤
门守
乾
坎
反门
乾
墓奇
巽
刑击
坎
大伏
格宫

丙辰时震
相回
佐首
震
勃飞
离
格小

丁巳时坤
佐相
巽
游重
禄诈
坤
兑
反门
坤
蹹妖

戊午时乾
假神
兑
白荧
入
艮
走逃

己未时坎
合仪
震
荧白
入
巽
狂猖

庚申时巽
合奇
艮
震
反门
艮
墓奇
兑
宫飞

辛酉时
坤
墓奇

壬戌时震
遁鬼
巽
离
反门
坎
江投
乾
格刑
离
网地

癸亥时
八
门
伏
坎
网天

阳遁三局三元四气六十时吉凶格

大寒上　芒种中　春分上　雨水下

甲子旬甲子天冲直符，伤门直使。

甲己日

甲子时坎
诈重
星 门 符 伏 坤 墓奇

乙丑时离
遁天 升遁 殿神 坤 佐相
乾 坎 反门 艮 投奇 江墓 巽 格刑

丙寅时兑
殿重 奇诈 合升 离 门交 合泰
乾 坎 反门 坎 勃飞 震 宫伏

丁卯时艮
遁龙 乾 假物

戊辰时离
诈真 坤 诈休
坤 兑 反门 星 符 伏 坤 墓奇 震 刑击

己巳时坎
天交 辅泰 震 怡升 门殿 合欢
离 蹻妖

庚午时巽
真风 诈遁 坤 门昌 合气 离 门守
艮 震 反门 中 宫飞 兑 格小

辛未时坤
假地 震 欢休 怡诈 中 合奇
艮 格大

壬申时巽
合门
巽 离 反门 中 白荧 入 乾 走逃 兑 网地

癸酉时巽
假地 乾 奇重 合诈 艮 合仪
门 伏 乾 墓奇 坎 荧白 入 坤 狂猖 艮 网天

甲戌旬甲戌天辅直符，杜门直使。

乙庚日

甲戌时坎
合门

星
门
符
伏
坤
墓奇

乙亥时离
假天
艮
合门

门
伏
坤
刑击

丙子时兑
诈重
坤
合奇

乾
坎
反门
坎
勃飞

丁丑时艮
合仪

乾
墓奇
离
墓时
坎
荧白
入
坤
狂猖

戊寅时离
升真
殿诈

坤
兑
反门
艮
投奇
江墓
巽
飞伏
格宫

己卯时坎
合门
离
门守

星
符
伏
坤
墓奇

庚辰时离
假物
坤
合门
巽
合仪

艮
震
反门
离
蹻妖
中
宫飞

辛巳时坤
假地
震
诈休

兑
格小

壬午时巽
怡风
游遁
禄跌
门穴
合欢

巽
离
反门
艮
格大
兑
网地

癸未时乾
重云
诈遁
巽
假地
坎
合奇

门
伏
艮
天时
网墓
中
白荧
入
乾
走逃

甲申旬甲申天任直符生门直使，中五寄艮。

丙辛日

甲申时巽
假地 坎 门天 合辅
星 门 符 伏 坤 墓奇 中 伏击 宫刑

乙酉时坎
假物 艮 门龙 合遁 乾 诈真

丙戌时兑
诈重
巽 离 反门 乾 墓奇 坎 荧时 飞墓 勃日 入 坤 狂猖

丁亥时乾
休云 诈遁 中 使跌 欢穴 怡得 坎 合奇
门 伏 中 白荧 入 乾 走逃

戊子时离
诈守 交门 泰真 兑 奇升 合殿
乾 坎 反门

己丑时坎
门龙 合遁 艮 诈重 震 合仪 兑 假地
艮 投奇 江墓 巽 刑时 格墓

庚寅时离
游休 禄诈 坤 合门
坤 兑 反门 星 符 伏 坤 墓奇 中 宫飞

辛卯时震
升休 殿诈 坎 门交 合太
离 蹻妖

壬辰时巽
遁风 坎 假地 坤 昌门 气合
艮 震 反门 兑 格时 地墓 网小

癸巳时中
欢奇 怡合
门 伏 艮 天大 网格

甲午旬甲午天心直符，开门直使。

丁壬日

甲午时兑
天人
辅假
坎
合门

乙未时兑
合门
坤
佐相

丙申时坎
佐回
奇首
合相
震
合仪

丁酉时巽
游门
禄合
离
守相
门佐

戊戌时乾
欢门
怡合

己亥时兑
殿休
奇诈
合升

庚子时艮
合门
震
合仪

辛丑时离
游门
禄合

壬寅时巽
合仪

癸卯时

星
符
门
伏
坤
墓奇

乾
坎
反门
乾
墓奇
坎
荧白
入
坤
狂猖

中
白荧
入
乾
走逃
坎
勃飞

坤
兑
反门
离
刑击
艮
格大

震
墓时

艮
震
反门

艮
投奇
江墓
中
宫飞
巽
格刑

巽
离
反门
星
符
伏
坤
墓奇

巽
离
反门
离
蹻妖
乾
宫伏
兑
网地

门
伏
兑
格小
艮
网天

甲辰旬甲辰天柱直符，惊门直使。

戊癸日

甲辰时坎
天真
辅诈
星
门
符
伏
坤
墓奇

乙巳时坤
佐相
乾
坎
反门
中
白荧
入
坤
走逃

丙午时震
真入
诈遁
兑
假地
坎
相回
佐首
离
门守
中
合奇
坎
勃飞
艮
格大

丁未时巽
遁风
坤
昌门
气合
离
奇相
合佐
坤
兑
反门
兑
小伏
格宫

戊申时离
假地
乾
合奇
乾
墓奇
坎
荧白
入
坤
狂猖

己酉时兑
穴休
欢诈
怡跌
坤
合奇
艮
震
反门
巽
刑击

庚戌时艮
合门
中
宫飞

辛亥时艮
遁人
震
合仪
艮
投奇
江墓
巽
格刑

壬子时离
游重
禄诈
巽
离
反门
星
符
伏
坤
墓奇
兑
网地

癸丑时坎
交门
泰合
门
伏
离
蹻妖
艮
网天

甲寅旬甲寅天任直符，生门直使。

甲寅时巽
假地
坎
天门
辅合
星
符
门
伏
坤
墓奇

乙卯时坤
佐相
离
乾
坎
反门
艮
大伏
格宫

丙辰时震
门真
合诈
坎
相回
佐首
坎
勃飞
兑
格小

丁巳时坤
合门
离
佐相
巽
合仪
坤
兑
反门
离
蹻妖

戊午时乾
门震
合遁
坎
合奇
震
合仪
中
白荧
入
乾
走逃

己未时震
假入
兑
诈休
乾
墓奇
巽
刑击
坎
荧白
入
坤
狂猖

庚申时坤
合奇
兑
合门
艮
震
反门
中
宫飞

辛酉时兑
假天
坤
假地
艮
穴真
欢诈
怡跌

壬戌时离
升重
殿诈
巽
离
反门
艮
投奇
江墓
巽
格刑
兑
网地

癸亥时巽
假地
坎
合门
星
门
符
伏
坤
墓奇
艮
网天

阳遁九局三元四气六十时吉凶格

大寒中　芒种下　春分中　雨水上

甲子旬甲子天英直符，景门直使。

甲己日

甲子时乾　诈休　艮　合门　　星　符　门　伏

乙丑时离　合仪　兑　合门　　乾　坎　反门　乾　墓奇　中　江投　坎　格刑

丙寅时　　兑　勃飞　离　宫伏

丁卯时巽　门游　合禄　　坤　兑　反门

戊辰时乾　诈休　　星　符　伏

己巳时兑　假神　坎　天仪　辅合　　乾　蹻妖

庚午时乾　门守　　艮　震　反门　艮　墓奇　坤　宫飞　巽　格小

辛未时　　震　刑击　坤　墓奇　中　格大

壬申时兑　合奇　离　合仪　　巽　离　反门　巽　网地　坤　白荧　入　震　走逃

癸酉时　　八　门　伏　中　网天　兑　荧白　入　艮　狂猖

甲戌旬甲戌天蓬直符，休门直使。

乙庚日

甲戌时乾 合门 艮 合门

乙亥时乾 遁鬼

丙子时中 遁龙 艮 合奇 震 合门

丁丑时巽 门风 合遁 坤 诈重

戊寅时离 合仪

己卯时乾 门守 合门

庚辰时兑 交升 泰殿

辛巳时乾 白奇 艮 气昌

壬午时离 门游 合禄

癸未时坎 门欢 合怡

星 符 门 伏

乾 坎 反门

兑 勃飞

坤 兑 反门 乾 墓时 兑 荧白 入 艮 狂猖

乾 墓奇 中 江投 坎 刑伏 格宫

星 符 伏

艮 震 反门 坤 飞击 宫刑 乾 蹻妖

艮 墓奇 巽 格小

巽 离 反门 坤 墓奇 巽 网地 中 格大

八 门 伏 艮 墓时 中 网天 坤 白荧 入 震 走逃

甲申旬甲申天芮直符，死门直使。

丙辛日

时	上注	下注
甲申时乾	天真 辅诈 艮 合门	星 符 门 伏 坤 宫伏
乙酉时		乾 坎 反门 艮 刑击
丙戌时坤	假天 中 合仪 震 合奇	兑 荧时 飞墓 勃白 入 艮 狂猖
丁亥时震	诈云 升遁 殿休 坎 合门	坤 白荧 入 震 走逃
戊子时乾	门守 巽 合奇	坤 兑 反门
己丑时乾	合门	乾 墓奇 坎 刑时 格墓 中 江投
庚寅时兑	合门 坎 假地	艮 震 反门 星 符 伏 坤 宫飞
辛卯时艮	合门 坤 假地	乾 蹻妖
壬辰时离	合门	巽 离 反门 艮 墓奇 巽 网时 小墓 格地
癸巳时巽	假地 坎 合门	八 门 伏 坤 墓奇 中 大天 格网

甲午旬甲午天冲直符，伤门直使。

丁壬日

- 甲午时乾：合门 艮 天门 辅合 ｜ 星 门 符 伏
- 乙未时乾：假地 坤 合门 ｜ 乾 坎 反门 兑 荧白 入 艮 狂猖
- 丙申时兑：相回 佐首 坤 合门 离 合仪 ｜ 坤 白荧 入 震 走逃 兑 勃飞
- 丁酉时乾：门守 坎 合门 ｜ 坤 墓奇 中 格大
- 戊戌时巽：门游 合禄 ｜ 坤 兑 反门 离 时击 墓刑
- 己亥时乾：门交 合泰
- 庚子时兑：合门 ｜ 艮 震 反门 乾 墓奇 中 江投 坤 宫飞 坎 格刑
- 辛丑时乾：合门 艮 合门 ｜ 星 符 伏
- 壬寅时兑：升休 殿诈 离 合门 ｜ 巽 离 反门 巽 网地 震 宫伏 乾 蹻妖
- 癸卯时坎：门龙 合遁 乾 合奇 艮 门昌 合气 ｜ 八 门 伏 艮 墓奇 中 网天 巽 格小

甲辰旬甲辰天辅直符，杜门直使。

甲辰时艮
天重
辅诈
乾
合门

星
符
门
伏

乙巳时艮
佐相
坎
合门

八
门
伏
坤
白荧
入
震
走逃

丙午时离
游重
禄诈
兑
相回
佐首
坤
合奇
乾
门守

乾
坎
反门
坤
墓奇
兑
勃飞
中
格大

丁未时坎
门龙
合遁
艮
昌真
气诈

艮
墓奇
巽
小伏
格宫

戊申时巽
欢龙
怡遁
坤
合门

坤
兑
反门
兑
荧白
入
艮
狂猖

己酉时兑
假地
震
诈真

庚戌时巽
奇重
合诈
欢得
怡使

艮
震
反门
坤
宫飞

辛亥时乾
门天
合遁

乾
墓奇
中
江投
坎
格刑

戊癸日

壬子时兑
诈休

巽
离
反门
星
符
伏
巽
地击
网刑

癸丑时坎
合仪
艮
合门

八
门
伏
中
网天
乾
蹻妖

甲寅旬甲寅天任直符生门直使，中五寄艮。

甲寅时乾
天重
辅诈
艮
合门
星
门
符
伏

乙卯时艮
佐相
乾
门守
坤
墓奇
中
大伏
格宫

丙辰时兑
相回
佐首
离
升重
殿诈
艮
墓奇
兑
勃飞
巽
格小
巽
离
反门

丁巳时坤
假神
艮
诈真
乾
佐相
坎
合仪
乾
蹻跌

戊午时坤
合门
兑
合奇
离
合仪
乾
坎
反门
坤
白荧
入
震
走逃

己未时震
奇真
合诈
兑
荧白
入
艮
狂猖

庚申时巽
游重
禄诈
坤
兑
反门
坤
宫飞

辛酉时乾
合门

壬戌时兑
诈休
震
假人
艮
震
反门
巽
地击
网刑
乾
墓奇
中
江投
坎
格刑

星
符
门
伏
中
网天

阳遁六局三元四气六十时吉凶格

大寒下　芒种上　春分下　雨水中

甲子旬甲子天心直符，开门直使。

甲己日

甲子时坤	乙丑时乾	丙寅时震	丁卯时坤	戊辰时震	己巳时兑	庚午时乾	辛未时兑	壬申时离	癸酉时坎
假神 震 假物	假地 坤 合门	交升 泰殿 坎 门奇 合合	休龙 诈遁 离 游真 禄诈	诈休	天仪 辅合 巽 门交 合泰	得重 使诈 欢跌 怡穴 震 奇守 合门 中 气昌	诈真	门云 合遁 兑 升重 殿诈 巽 合奇	休龙 诈遁 离 假天 艮 合门
星 门 符 伏	乾 坎 反门 坤 江投 兑 格刑	巽 勃飞 乾 宫伏	坤 兑 反门 震 刑击 坤 墓奇	星 符 伏	艮 震 反门 震 蹻妖	艮 宫飞 坎 格小 乾 墓奇	巽 离 反门 坤 格大	巽 离 反门 离 走逃 艮 白荧 入 坎 网地	八 门 伏 巽 荧白 入 中 狂猖 坤 网天 艮 墓奇

甲戌旬甲戌天柱直符，惊门直使。

乙庚日

时	上注	下注
甲戌时		星 门 符 伏
乙亥时坎	假天 坤 合门	乾 坎 反门
丙子时坎	合门	巽 勃飞 坤 墓奇
丁丑时离	诈奇 升合 殿真 坤 合仪	坤 兑 反门 巽 荧白 入 震 墓时 艮 墓奇 中 狂猖
戊寅时震	休天 诈遁 乾 合仪	坤 江投 兑 刑伏 格宫
己卯时震	门守 巽 门游 合禄	艮 震 反门 星 符 伏
庚辰时乾	诈重	震 蹻妖 艮 宫飞
辛巳时乾	诈休 震 合奇 中 气昌	坎 格小 乾 墓奇
壬午时兑	穴重 欢诈 怡跌	巽 离 反门 坤 格大 坎 网地
癸未时离	假天 乾 合仪 艮 合门	八 门 伏 坤 网击 时刑 墓天 艮 白荧 入 离 走逃

甲申旬甲申天任直符，生门直使。

丙辛日

甲申时乾
辅天

乙酉时坤
门龙
合遁
离
游休
禄诈
坎
假天

星
门
符
伏
艮
伏击
宫刑

丙戌时坎
遁龙
艮
诈重
兑
假地

乾
坎
反门
坤
墓奇

丁亥时离
真云
诈遁
巽
合奇

巽
勃白
时入
墓荧
飞
中
狂猖
艮
墓奇

戊子时震
升休
殿诈
交守
泰门
坎
合奇

坤
兑
反门
艮
白荧
入
离
走逃

己丑时巽
门风
合遁
坎
假地
坤
合门

艮
震
反门
坤
江投
兑
时刑
墓格

庚寅时巽
游真
禄诈

星
符
伏
艮
飞击
宫刑

辛卯时乾
诈休

震
蹻妖

壬辰时兑
诈重

巽
离
反门
坎
网小
时格
墓地
乾
墓奇

癸巳时乾
诈真
艮
门奇
合合

八
门
伏
坤
天大
网格

甲午旬甲午天英直符，景门直使。

丁壬日

甲午时乾

辅天

星
门
符
伏

乙未时离

跌虎
穴遁
欢休
怡诈
升奇
殿合
坤
合仪
坎
假天

乾
坎
反门
巽
荧白
入
中
狂猖
艮
墓奇

丙申时艮

诈重
兑
假地

艮
白荧
入
离
走逃
巽
勃飞

丁酉时震

门守

坤
兑
反门
坤
格大

戊戌时坎

合门

乾
墓时
坤
墓奇

己亥时离

假地
坎
诈真
震
交升
泰殿

庚子时巽

真风
诈遁
坤
合门

艮
震
反门
坤
江投
艮
宫飞
兑
格刑

辛丑时震

诈重

星
符
伏
离
刑击

壬寅时震

假地
巽
交休
泰诈
兑
合仪

巽
离
反门
震
蹻妖
离
宫伏
坎
网地

癸卯时巽

假地
乾
诈真
中
气昌

八
门
伏
坎
格小
坤
网天

甲辰旬甲辰天蓬直符，休门直使。

癸丑时巽	戊癸日 壬子时震	辛亥时震	庚戌时离	己酉时离	戊申时离	丁未时	丙午时艮	乙巳时离	甲辰时乾
假地 乾 诈真	假地 巽 游休 禄诈	重天 诈遁 乾 合仪	假神 坤 合门	假地 艮 假神 坎 穴真 欢诈 怡跌	奇升 合殿 坤 合仪		奇重 合诈 震 门守	休云 诈遁 乾 假地 兑 门升 合殿	辅天
八 门 伏 震 蹻妖 坤 网天	巽 离 反门 星 符 伏 坎 网地	坤 江投 兑 格刑	艮 震 反门 艮 宫飞	坤 墓奇	巽 荧白 入 中 狂猖 艮 墓奇	坤 兑 反门 坎 小伏 格宫 乾 墓奇	巽 飞击 勃刑 坤 格大	乾 坎 反门 艮 白荧 入 离 走逃	星 符 门 伏

甲寅旬甲寅天芮直符，死门直使。

甲寅时乾
辅天
星
门
符
伏

乙卯时乾
假地
震
门守
兑
合门
乾
坎
反门
坤
大伏
格宫

丙辰时震
合奇
中
气昌
巽
飞击
勃刑
坎
格小
乾
墓奇

丁巳时震
佐相
震
蹻妖

戊午时离
门云
合遁
巽
合奇
坤
兑
反门
艮
白荧
入
离
走逃

己未时坎
真龙
诈遁
艮
假神
巽
荧白
入
中
狂猖
辰
墓奇

庚申时离
假神
坤
门欢
合怡
艮
震
反门
艮
宫飞
坤
墓奇

辛酉时震
殿重
交诈
泰升

壬戌时巽
休风
诈遁
巽
离
反门
坤
江投
兑
格刑
坎
网地

癸亥时
星
符
门
伏
坤
网天

奇门法窍卷八

阴遁九局三元四气六十时吉凶格

夏至上　立冬中　寒露中　白露上

甲子旬甲子天英直符，景门直使。

甲己日

甲子时坎
门龙
合遁

星
门
符
伏

乙丑时巽
合门
离
合仪

巽
投门
江反
艮
格刑
坤
墓奇
离
反门

丙寅时震
殿休
交诈
泰升

离
宫伏
坤
勃飞

丁卯时巽
合风
龙遁
遁门

艮
反门
震
击门
刑反

戊辰时坤
合门

星
符
伏
艮
震
反门

己巳时坎
天门
辅合

震
蹻妖

庚午时离
使跌
真穴
诈升
欢殿
怡得
震
门守

兑
飞门
宫反
坤
反门
中
格小

辛未时艮
诈重

巽
格大

壬申时兑
合门
坤
合奇
离
合仪
乾
遁鬼

乾
逃门
走反
坎
反门
兑
白荧
入
中
网地

癸酉时乾
合奇

八
门
伏
坤
荧白
入
乾
墓奇
坎
狂猖
巽
网天

甲戌旬甲戌天任直符，生门直使。

乙庚日

甲戌时巽
假地
坎
遁龙

星
符
门
伏

乙亥时巽
门风
合遁
震
遁鬼

巽
离
反门

丙子时乾
诈重

坤
飞击
勃刑

丁丑时震
佐相
艮
合门
乾
休云
诈遁
离
假神

兑
白荧
入
乾
走逃
巽
格大
震
墓时
艮
墓奇

戊寅时巽
合门
坤
合门

艮
格门
伏反
宫刑
震
反门
巽
江投
坤
墓奇

己卯时坎
龙门
遁合
震
门守
合门

星
符
伏

庚辰时坤
泰交
离
诈真

兑
飞门
宫反
坤
反门
震
蹻妖

辛巳时艮
得地
使遁
重欢
诈怡
坎
气昌
震
合奇

中
格小

壬午时离
禄遊
兑
合奇

乾
坎
反门
巽
格大
中
网地

癸未时艮
诈真
乾
遁云

八
门
伏
乾
走逃
兑
白荧
入
巽
天时
网墓

甲申旬甲申天柱直符，惊门直使。

丙辛日

甲申时坎

遁重 天诈 辅龙

星 门 符 伏 兑 宫飞

乙酉时巽

遁风 门遁 合龙 坤 假物

巽 离 反门

丙戌时兑

怡门 升合 殿欢 巽 合仪

巽 离 反门 坤 勃白 时入 墓荧 飞 坎 狂猖 乾 墓奇

丁亥时艮

合门 乾 休云 诈遁 离 假神 震 佐相

兑 白荧 入 乾 走逃

戊子时巽

合门 震 门守

艮 震 反门

己丑时震

天神 遁遁

艮 刑刑 时格 墓击 巽 江投 坤 墓奇

庚寅时坤

合门

星 符 伏 坤 反门 兑 伏门 宫反

辛卯时坎

遁神 艮 合仪

震 蹻妖

壬辰时离

升门 殿合 乾 假地

中 地小 网格 乾 坎 反门 坤 墓时

癸巳时艮

诈真 离 假天

八 门 伏 巽 天大 网格

甲午旬甲午天心直符，开门直使。

丁壬日

甲午时坎
天龙
辅遁
星
门
符
伏

乙未时乾
穴奇
欢合
怡跌
坎
佐相
八
门
伏
坤
荧白
入

丙申时兑
遁神
离
合仪
巽
离
反门
兑
白荧
入
坎
狂猖

丁酉时震
守相
门佐
艮
合门
离
假神
巽
格大
乾
走逃
艮
墓奇
坤
勃飞

戊戌时巽
龙风
遁遁
艮
震
反门
离
时击
墓刑

己亥时震
泰门
升合
殿交

庚子时坤
合门
巽
诈休
离
合仪
坤
兑
反门
艮
格刑
巽
江投
兑
宫飞
坤
墓奇

辛丑时坎
龙门
遁合
震
合门
星
符
伏

壬寅时坤
门交
合泰
乾
伏门
宫反
中
网地
震
蹻妖
坎
反门

癸卯时离
假天
坤
假神
坎
诈休
艮
门真
合诈
八
门
伏
中
格小
巽
网天

甲辰旬甲辰天芮直符，死门直使中五寄坤。

甲辰时坎	乙巳时艮	丙午时坤	丁未时艮	戊申时兑	己酉时乾	庚戌时巽	辛亥时震	戊癸日 壬子时坤	癸丑时坤
遁龙 巽 假地 震 天物 辅假	合门 坎 佐相	相回 佐首 离 遊门 禄合 兑 合奇	合门 坎 诈真	诈重 巽 合仪 震 假地	诈真	诈休 坎 假地 巽 禄遊	合门 离 假地	合门	假神 坎 诈休 艮 合仪 离 假天
星 门 符 伏	兑 白荧 入 乾 走逃 艮 墓奇	乾 坎 反门 巽 格大 坤 勃飞	中 伏小 宫格	巽 离 反门 坤 荧白 入 坎 狂猖 乾 墓奇		艮 震 反门 兑 宫飞	艮 格刑 巽 江投 坤 墓奇	坤 兑 反门 星 符 伏 中 网地	八 门 伏 震 蹻妖 巽 击天 刑网

甲寅旬甲寅天辅直符，杜门直使。

甲寅时坎

诈龙
天遁
辅休

星
门
符
伏

乙卯时兑

奇真
合诈
离
禄遊
艮
假天
震
门守

巽
格门
伏反
宫大
离
反门

丙辰时艮

合门
震
合奇

中
格小
坤
勃飞

丁巳时坤

交门
泰合

艮
震
反门
震
蹻妖

戊午时乾

遁云
艮
假物

兑
白荧
入
乾
走逃
艮
墓奇

己未时巽

合仪
兑
假物

坤
门白
反入
荧
坎
狂猖
乾
墓奇
兑
反门

庚申时坎

合奇

兑
宫飞

辛酉时

乾
坎
反门

壬戌时坤

合门
离
合仪

乾
坎
反门
中
网地
巽
江投
艮
格刑
坤
墓奇

癸亥时坎

休龙
诈遁

星
门
符
伏
巽
天击
网州

阴遁三局三元四气六十时吉凶格

夏至中　立冬下　寒露下　白露中

甲子旬甲子天冲直符，伤门直使。

甲己日 甲子时乾	乙丑时兑	丙寅时乾	丁卯时兑	戊辰时乾	己巳时乾	庚午时震	辛未时震	壬申时坤	癸酉时坎
诈休	门升 合殿 巽 佐相	交重 泰诈 艮 合奇 兑 假天	龙门 遁合 离 假物 巽 合奇	诈休 巽 假天	假神 巽 天真 辅诈 中 泰交 坤 合仪	得重 使诈 欢跌 怡穴 乾 门守	欢真 怡诈 坎 奇龙 合遁 坤 假天	合门 离 遁云	诈重 艮 合门
星 门 符 伏	巽 离 反门 兑 江投 坤 格刑 乾 墓奇	中 勃飞 震 宫伏 艮 墓奇	艮 震 反门	星 符 伏 震 刑击	坤 兑 反门 乾 蹻妖	坎 宫飞 艮 格小 坤 墓奇	兑 格大	乾 坎 反门 坎 白荧 入 离 走逃 艮 网地	门 伏 中 荧白 入 巽 狂猖 兑 网天

甲戌旬甲戌天芮直符，死门直使。

乙庚日

甲戌时乾：诈重
星 / 门 / 符 / 伏 / 坤 / 刑击

乙亥时兑：合门 / 巽 / 佐相
巽 / 离 / 反门 / 艮 / 墓奇

丙子时兑：假天 / 艮 / 合门
中 / 勃飞

丁丑时兑：合仪
艮 / 震 / 坤 / 中 / 荧白 / 入 / 巽 / 狂猖 / 乾 / 墓时

戊寅时乾：诈休 / 震 / 合仪
兑 / 江投 / 伏 / 伏刑 / 宫格 / 乾 / 墓奇

己卯时乾：守神 / 门假 / 巽 / 风真 / 遁诈
星 / 伏 / 坤 / 坤 / 击门 / 刑反 / 兑 / 反门

庚辰时巽：门遊 / 合禄 / 中 / 泰交 / 坤 / 合仪
乾 / 蹻妖 / 坎 / 宫飞

辛巳时震：诈真 / 坤 / 得天 / 使假
艮 / 格小 / 坤 / 墓奇

壬午时坤：欢跌 / 怡穴
乾 / 坎 / 反门 / 兑 / 格大 / 艮 / 网地

癸未时坎：诈重
门 / 伏 / 兑 / 天时 / 网墓 / 坎 / 白荧 / 入 / 离 / 走逃

甲申旬甲申天蓬直符，休门直使。

丙辛日

癸巳时巽	壬辰时坤	辛卯时震	庚寅时巽	己丑时乾	戊子时离	丁亥时坤	丙戌时艮	乙酉时巽	甲申时乾
假地	合门	升真	遁风	诈重	假地	诈真	合门	相奇	天奇
坎		殿诈		震	乾			佐合	辅合
龙重				合仪	泰休			兑	
遁诈					守诈			门龙	
欢奇					门交			合遁	
怡合								离	
								门遊	
								合禄	

门	乾	乾	星	兑	艮	艮	中	巽	星
伏	坎	蹻妖	符	江投	墓奇	震	飞白	离	门
兑	反门		伏	坤		反门	勃入	反门	符
天大	坤		坎	时刑		坎	荧		伏
网格	墓奇		宫飞	墓格		白荧	巽		坎
	艮		坤	乾		入	狂猖		宫伏
	时击		兑	墓奇		离	中		
	墓刑		反门			走逃	墓时		
	地小								
	网格								

甲午旬甲午天英直符，景门直使。

丁壬日

甲午时乾

天门
辅合

星
门
符
伏

乙未时巽

佐相
兑
合仪
离
奇跌
合穴
欢升
怡殿

巽
离
反门
中
荧白
入
巽
狂猖

丙申时震

合仪

坎
白荧
入
离
走逃
中
勃飞

丁酉时坤

诈真
艮
假神
乾
门守

艮
震
反门
兑
格大

戊戌时兑

龙门
遁合
坎
假地
巽
合奇

艮
震
反门
震
墓时

己亥时乾

交重
泰诈

艮
墓奇

庚子时

坤
刑门
格反
兑
投门
江反
坎
宫飞
乾
墓奇

辛丑时兑

假地

星
符
伏
离
刑击

壬寅时乾

假地
坤
合仪

乾
坎
反门
乾
蹻妖
离
宫伏
艮
假地

癸卯时巽

假地
乾
合奇

门
伏
艮
格小
坤
墓奇
兑
网天

甲辰旬甲辰天任直符，生门直使。

戊癸日

甲辰时乾　真诈天网　巽　鬼遁
星门符伏

乙巳时离　云遁　巽　相佐
巽　门反击刑　离　门反逃走　坎　荧入白

丙午时震　休诈　乾　守门
中　飞勃　兑　大格

丁未时震　门合　乾　相佐奇合
艮　伏宫小格　坤　奇墓

戊申时坎　地假　兑　仪合
艮　震　门反　中　白入荧　巽　猖狂

己酉时巽　仪合

庚戌时
坤　兑　门反　坎　飞宫　艮　奇墓

辛亥时兑　地假　震　仪合
兑　投江　坤　刑格　乾　奇墓

壬子时乾　地假
星符伏　乾　坎　门反　艮　地网

癸丑时
门伏　乾　妖蹻　兑　天网

甲寅旬甲寅天柱直符，惊门直使。

甲寅时乾
天门
辅合

星
门
符
伏

乙卯时巽
佐相
乾
门守

巽
离
反门
巽
刑击
兑
大伏
格宫

丙辰时巽
昌真
气诈

中
勃飞
艮
格小

丁巳时乾
佐相
震
殿升

乾
蹻妖

戊午时坤
合门

艮
震
反门
坎
白荧
入
离
走逃

己未时坎
合门

中
荧白
入
巽
狂猖

庚申时离
门遊
合禄
巽
合奇

坤
兑
反门
坎
宫飞

辛酉时艮
奇休
合诈

艮
墓奇

壬戌时兑
诈休

乾
奇门
墓反
兑
江投
坤
格刑
艮
网地
坎
反门

癸亥时乾
合门

星
门
符
伏
兑
网天

阴遁六局三元四气六十时吉凶格

夏至下　立冬上　寒露上　白露下

甲子旬甲子天心直符，开门直使。

甲子时艮	乙丑时坎	丙寅时离	丁卯时震	戊辰时离	己巳时乾	庚午时艮	辛未时乾	甲己日 壬申时乾	癸酉时坎
诈重	诈重 艮 合门 乾 合仪	交门 泰合	诈真	假物 兑 合门	诈欢 天怡 辅重	假地 离 奇守 合门	假物	假地	合仪
星 门 符 伏	坎 江投 中 格刑	巽 离 反门 艮 勃飞 乾 宫伏		星 符 伏 艮 震 反门	离 蹻妖 艮 墓奇	坤 兑 反门 巽 宫飞 坤 格小 乾 墓奇	震 刑击 坎 格大	乾 坎 反门 巽 白荧 入 震 走逃 坤 网地	八 门 伏 艮 荧白 入 兑 狂猖 坤 墓奇 坎 网天

甲戌旬甲戌天芮直符，死门直使中五寄坤。

乙庚日

甲戌时艮	乙亥时坎	丙子时兑	丁丑时坎	戊寅时离	己卯时兑	庚辰时兑	辛巳时乾	壬午时乾	癸未时乾
合门	诈重	合奇 坤 合门	合仪	升休 殿诈	假天 艮 合门	合门	诈休	假神 巽 遁真 奇诈 合风	合仪 艮 合奇
星 门 符 伏		乾 坎 反门 艮 勃飞	八 门 伏 艮 荧白 入 兑 狂猖 坤 墓奇 离 墓时	巽 离 反门 坎 江投 中 刑伏 格宫	星 符 伏	艮 奇门 墓反 离 蹻妖 巽 宫飞 震 反门	坤 格小 乾 墓奇	坤 兑 反门 坤 地击 网刑 坎 格大	八 门 伏 坎 天时 网墓 巽 白荧 入 震 走逃

甲申旬甲申天辅直符，杜门直使。

丙辛日

癸巳时乾	壬辰时兑	辛卯时兑	庚寅时艮	己丑时离	戊子时坎	丁亥时巽	丙戌时震	乙酉时兑	甲申时艮
合门	殿门	合门	诈真	合升	合门	得门	合奇	相奇	诈真
	昌合	中		天殿	离	使合	艮	佐合	离
	气升	合仪		遁门	门守	欢跌	相回		天天
	离			乾		怡穴	佐首		辅假
	合奇			假神					

八	乾	乾	星	坤		艮	艮	巽	星
门	坎	坎	符	兑		震	白击	离	门
伏	反门	反门	伏	反门		反门	入刑	反门	符
坎	坤	离		坎		巽	荧时		伏
天大	墓小	蹢妖		江投		白荧	墓		巽
网格	地格	艮		中		入	兑		宫伏
	网时	墓奇		时飞		震	狂猖		
	乾			墓格		走逃	坤		
	墓奇						墓奇		

甲午旬甲午天冲直符，伤门直使。

丁壬日

甲午时艮　天门 辅合　星 门 符 伏

乙未时兑　佐相 巽 诈休　巽 离 反门 艮 荧白 入 兑 狂猖 坤 墓奇

丙申时艮　合回 相首 佐奇 震 遁欢 得怡 使云 乾 合仪　巽 白荧 入 震 走逃

丁酉时巽　奇风 合遁 离 门守　艮 震 反门 离 刑击 坎 格大

戊戌时坎　龙门 遁合 震 门欢 合怡　乾 墓时

己亥时坤　合奇 离 门交 合泰　坤 兑 反门

庚子时坎　诈休 艮 诈真　坎 江投 巽 宫飞 中 格刑

辛丑时艮　合门　星 符 伏

壬寅时乾　遁鬼 兑 合门 中 合仪　乾 坎 反门 离 蹻妖 震 宫伏 艮 墓奇 坤 网地

癸卯时乾　合门　八 门 伏 坤 格小 乾 墓奇 坎 网天

甲辰旬甲辰天芮直符，死门直使。

戊癸日

时	上	下
甲辰时艮	天门 辅合	星 门 符 伏
乙巳时巽	风休 遁诈 兑 佐相 坎 假神	巽 门荧 反入 白 震 走逃 离 反门
丙午时乾	诈真 艮 相回 佐首 离 门守	坎 格大
丁未时兑	殿重 昌诈 气升 艮 假物	艮 震 反门 坤 小伏 格宫 乾 墓奇
戊申时震	虎奇 遁合 震 假地 坎 合仪	艮 荧白 入 兑 狂猖 坤 墓奇
己酉时坤	欢跌 怡穴	坤 兑 反门
庚戌时坤	重奇 诈合 得欢 使怡 离 门交 合泰	巽 飞击 宫刑
辛亥时坎	诈真 艮 合门 乾 候物	坎 江投 中 格刑
壬子时兑	合门 离 禄游	星 符 伏 乾 坎 反门 坤 网地
癸丑时乾	艮 合门	八 门 伏 离 蹻妖 艮 墓奇 坎 网天

甲寅旬甲寅天蓬直符，休门直使。

甲寅时艮
天神
辅遁

星
门
符
伏

乙卯时巽
遁休
奇诈
合风
兑
佐相
离
门守

巽
离
反门
坎
伏大
宫格

丙辰时艮
相回
佐首
乾
诈真

坤
格小
乾
墓奇

丁巳时兑
炸重

艮
奇门
墓反
离
蹻妖
震
反门

戊午时震
合升
云殿
遁门
乾
合仪

巽
白荧
入
震
走逃

己未时震
诈奇
虎合
遁休
坎
合仪

艮
荧白
入
兑
狂猖
坤
墓奇

庚申时坤
诈重
艮
假地

坤
兑
反门
巽
飞击
宫刑

辛酉时坎
穴真
欢诈
怡趺

壬戌时离
殿天
门遁
合升
乾
假地

乾
反门
坎
门投
反江
中
格刑
坤
网地

癸亥时艮
遁神

星
门
符
伏
坎
网天

阴遁八局三元四气六十时吉凶格

小暑上　小雪中　霜降中　立秋下

甲子旬甲子天任直符，生门直使。

甲己日

甲子时坎	乙丑时震	丙寅时震	丁卯时震	戊辰时坤	己巳时坎	庚午时离	辛未时艮	壬申时兑	癸酉时乾
合门	假地 离 佐相	诈重	遁休 升诈 殿龙	合门	泰重 天诈 辅交	遊休 禄诈 坤 守奇 门合	欢门 怡合	门升 合殿	诈休
星 符 门 伏	巽 离 反门 震 江投 兑 格刑	坎 勃飞 艮 宫伏		艮 震 反门 星 符 伏	坤 蹻妖	坤 兑 反门 乾 宫飞 巽 格小	震 格大 艮 墓奇	乾 坎 反门 乾 奇荧 墓入 白 中 走逃 巽 网地	震 天击 网刑 离 狂猖 坎 荧白 入 八 门 伏

甲戌旬甲戌天柱直符，惊门直使。

乙庚日

时	上	下
甲戌时坎	诈重	星 门 符 伏
乙亥时巽	合奇 离 佐相	巽 离 反门 坤 墓奇
丙子时震	遁鬼 巽 门遊 合禄 离 合奇	巽 离 反门 坎 勃飞
丁丑时乾	炸重 震 合仪	坤 时击 墓刑 坎 荧白 入 离 狂猖
戊寅时坤	遁天	艮 震 反门 震 江投 兑 格刑
己卯时坎	诈重	星 符 伏 乾 宫伏
庚辰时艮	遁鬼 离 升休 殿诈	坤 蹻妖 乾 宫飞
辛巳时艮	合门	巽 格小
壬午时兑	欢跌 怡穴	乾 坎 反门 震 格大 艮 墓奇 巽 网地
癸未时乾	诈休 坎 合奇 艮 合仪	乾 奇荧 墓入 白 中 走逃 震 天时 网墓 八 门 伏

甲申旬甲申天心直符，开门直使。

丙辛日

甲申时坎
天门
辅合

乙酉时

丙戌时巽
遁风
坤
假物

丁亥时乾
穴重
得诈
使跌

戊子时巽
重奇
诈合
坤
守交
门泰

己丑时坎
重龙
诈遁

庚寅时离
诈休
坤
诈真

辛卯时坎
交门
泰合
艮
合门

壬辰时离
禄遊
坤
合奇
兑
合门

癸巳时乾
合休
欢诈
怡奇
艮
合门

星
门
符
伏
乾
宫伏

巽
离
反门
坎
勃白
时入
墓荧
飞
离
狂猖

乾
奇荧
墓入
白
中
走逃

艮
震
反门
坤
墓奇

震
江投
兑
时刑
墓格

星
符
伏
坤
兑
反门
乾
宫飞

坤
蹻妖

乾
坎
反门
巽
格时
地墓
网小

震
天大
网格
艮
墓奇
八
门
伏

甲午旬甲午天芮直符死门直使，中五寄坤。

甲午时坎	乙未时震	丙申时震	丁酉时乾	戊戌时巽	己亥时震	丁壬日 庚子时艮	辛丑时坎	壬寅时离	癸卯时艮
天门 辅合 震 假物	合仪 兑 假地	假神 兑 升真 殿诈	奇重 合诈 艮 合门 坤 门守 巽 假地	遁重 遊诈 禄风 离 合奇	合门	假神 坤 诈真	合门	门升 合殿	合门
星 门 符 伏	离 猖击 狂刑 坎 荧白 入	乾 坎 反门 乾 入奇 白墓 荧 坎 勃飞 中 走逃	震 格大 艮 墓奇 八 门 伏	艮 墓时 巽 离 反门	坤 墓奇	震 江投 乾 宫飞 兑 格刑 艮 震 反门	星 符 伏	坤 兑 反门 坤 蹻妖 中 宫伏 巽 网地	巽 格小 震 网天 八 门 伏

甲辰旬甲辰天辅直符，杜门直使。

甲辰时坎	乙巳时震	丙午时乾	丁未时兑	戊申时乾	己酉时巽	庚戌时震	辛亥时坤	戊癸日 壬子时离	癸丑时坎
天休 辅诈 离 假天 坤 假神	假地 离 佐相 兑 升重 殿诈	合奇 坤 门守	合门 坤 奇相 合佐	诈真 震 合仪	穴休 欢诈 怡跌 离 合奇	合门	合门	合门 坤 诈重	泰人 真遁 诈交 艮 合门
星 门 符 伏	巽 离 反门 乾 奇荧 墓入 白 中 走逃	坎 勃飞 震 格大 艮 墓奇	艮 震 反门 巽 小伏 格宫	坎 荧白 入 离 狂猖	坤 兑 反门	乾 宫飞 坤 墓奇	乾 坎 反门 震 江投 兑 格刑	星 符 伏 巽 击地 刑网	坤 蹻妖 震 网天 八 门 伏

甲寅旬甲寅天辅直符，伤门直使。

甲寅时坎
天真 辅诈

星 符 伏

乙卯时兑
诈重 坤 门守 离 佐相

巽 离 反门 震 伏大

丙辰时艮
合门

坎 勃飞 巽 小地 格网 宫格 艮 墓奇

丁巳时坤
佐相 兑 合仪

艮 震 反门 坤 蹻妖

戊午时乾
诈真 坎 合奇

乾 奇荧 墓入 白 中 走逃

己未时巽
诈休 坤 合奇

坤 兑 反门 坎 荧白 入 离 狂猖

庚申时震
升龙 殿遁 欢门 怡合

乾 宫飞

辛酉时震
穴休 欢诈 怡跌

壬戌时坤
诈重

乾 坎 反门 巽 地击 网刑 震 江投 兑 格刑

癸亥时坎
诈真

星 符 门 伏 震 网天

阴遁二局三元四气六十时吉凶格

小暑中　小雪下　霜降下　立秋上

甲子旬甲子天芮直符，死门直使。

甲己日

癸酉时乾	壬申时离	辛未时坎	庚午时艮	己巳时巽	戊辰时震	丁卯时中	丙寅时乾	乙丑时巽	甲子时兑
合仪	升真	合门	假地	合门	升休	佐相	合门	遁风	假人
退烧	殿诈	兑	坤	坤	殿诈	兑			
合重	坤	假地	欢神	怡休		合门			
虎诈	合仪		怡遁	天诈					
遁奇			得跌	辅欢					
			使穴						

癸酉时乾	壬申时离	辛未时坎	庚午时艮	己巳时巽	戊辰时震	丁卯时中	丙寅时乾	乙丑时巽	甲子时兑
门	乾	乾	坤	中	星	艮	巽	巽	星
伏	坎	格大	兑	蹻妖	符	震	勃飞	离	门
巽	反门		反门	坤	伏	反门	坤	反门	符
荧白	离		离	墓奇		艮	宫伏	震	伏
入	白荧		宫飞			墓奇	乾	刑击	
震	入		兑				墓奇	乾	
狂猖	艮		格小					江投	
乾	走逃							坎	
网天	兑							格刑	
	网地								

甲戌旬甲戌天蓬直符，休门直使。

乙庚日

甲戌时	乙亥时兑	丙子时乾	丁丑时坤	戊寅时乾	己卯时震	庚辰时巽	辛巳时坎	壬午时离	癸未时坎
	奇升 合殿	门龙 合遁 艮 诈真 震 合奇	佐相 兑 合门	诈重	升重 殿诈	门交 合泰	怡龙 得遁 使欢 震 气昌 巽 假神	奇真 合诈 坤 合门	怡欢 艮 云重 遁诈
星 门 符 伏	巽 离 反门 乾 墓奇	巽 勃飞 艮 墓奇	艮 震 反门 巽 荧白 入 震 狂猖 中 墓时	坤 飞击 乾 江投 坎 刑伏 格宫	星 符 伏	坤 兑 反门 中 蹻妖 离 宫飞 坤 墓奇	兑 格小	乾 坎 反门 乾 格大 况 网地	门 伏 离 白荧 入 艮 走逃 乾 天时 网墓

甲申旬甲申天英直符，景门直使。

丙辛日

癸巳时坎	壬辰时巽	辛卯时震	庚寅时巽	己丑时乾	戊子时坤	丁亥时巽	丙戌时乾	乙酉时兑	甲申时坎
合门	假物	合门	遊门	合门	泰交	合奇	合仪	合门	辅大
	坤	巽	禄合		兑	中	坎		
	门奇	假神			升奇	佐相	假物		
	合合				殿合	坤	艮		
						合仪	奇真		
							合诈		
门	乾	艮	星	乾	乾	艮	巽	巽	星
伏	坎	刑击	符	江投	墓奇	震	勃白	离	符
乾	反门	中	伏	坎		反门	时入	反门	门
天大	兑	蹻妖	坤	时刑		离	墓荧	艮	伏
网格	墓小	坤	兑	墓格		白荧	飞	墓奇	
	地格	墓奇	反门			入	震		
	网时		离			艮	狂猖		
			宫飞			走逃			

甲午旬甲午天任直符，生门直使。

丁壬日

甲午时坎
辅天
星
符
门
伏

乙未时离
遊重
禄诈
兑
合门
巽
离
反门
巽
荧白
入
震
狂猖

丙申时坎
假物
艮
得真
使诈
虎云
遁遁
坤
假地
离
白荧
入
艮
走逃
巽
勃飞

丁酉时
乾
格大

戊戌时兑
合门
艮
震
反门
艮
墓奇
坤
墓时

己亥时乾
合门
乾
墓奇

庚子时巽
门风
合遁
坤
兑
反门
离
飞击
宫刑
乾
江投
坎
格刑

辛丑时震
门升
合殿
星
符
伏

壬寅时巽
假物
坤
合门
乾
坎
反门
中
蹻妖
艮
宫伏
坤
墓奇
兑
网地

癸卯时坎
门龙
合遁
门
伏
兑
格小
乾
网天

甲辰旬甲辰天柱直符，惊门直使。

戊癸日

时	上	下
甲辰时坎	辅天	星 符 门 伏
乙巳时巽	合奇 离 升重 殿诈	巽 离 反门 离 白荧 入 艮 走逃
丙午时巽	相回 佐首 离 门奇	巽 离 反门 巽 刑击 乾 格大
丁未时震	昌休 所诈	兑 小伏 格宫
戊申时兑	门欢 合怡	艮 震 反门 巽 荧白 入 震 狂猖
己酉时乾	龙门 遁合 震 合奇	艮 墓奇
庚戌时艮	假地 中 泰交	坤 兑 反门 离 宫飞 乾 墓奇
辛亥时兑	假地	坎 格刑 乾 江投
壬子时		星 符 伏 乾 坎 反门 兑 网地
癸丑时坎	合仪	门 伏 中 蹻妖 坤 墓奇 乾 网天

甲寅旬甲寅天心直符，开门直使。

甲寅时乾	辅天	星 门 符 伏
乙卯时坎	诈真	门 伏 乾 大伏 格宫
丙辰时巽	相回 佐首	巽 离 反门 巽 刑击 兑 格小
丁巳时震	诈休	中 蹻妖 坤 墓奇
戊午时坤	合仪 巽 合奇	艮 震 反门 离 荧白 入 艮 走逃
己未时乾	合仪	巽 荧白 入 震 狂猖
庚申时艮	假地	坤 兑 反门 离 宫飞 艮 墓奇
辛酉时兑	假地	乾 墓奇
壬戌时坤	合仪	乾 坎 反门 乾 江投 坎 格刑 兑 网地
癸亥时		星 门 符 伏 乾 网天

阴遁五局三元四气六十时吉凶格

小暑下　小雪上　霜降上　立秋中

甲子旬甲子天芮直符死门直使，中五寄坤。

甲己日

甲子时乾　诈重　艮　合门　巽　假地　｜　星　门　符　伏　艮　墓奇

乙丑时艮　诈重　｜　离　江投　巽　格刑

丙寅时兑　相回　佐首　离　门真　合诈　｜　乾　坎　反门　中　宫伏

丁卯时乾　合奇　坎　合门　艮　佐相

戊辰时兑　遁神　｜　星　符　伏　乾　坎　反门　艮　墓奇

己巳时乾　合门　兑　辅天　｜　艮　蹻妖　乾　墓奇

庚午时艮　门守　巽　门风　合遁　中　怡跌　得穴　使欢　｜　艮　震　反门　震　飞击　宫刑　坎　格小

辛未时震　诈升　奇殿　合休　｜　离　格大

壬申时巽　合门　坤　诈云　仪遁　合休　｜　坤　兑　反门　震　白荧　入　坤　奇逃　墓走　坎　网地

癸酉时坎　遁龙　｜　八　门　伏　兑　荧白　入　乾　狂猖　离　网天

甲戌旬甲戌天辅直符，杜门直使。

乙庚日

甲戌时乾　门合　艮　真诈
星　门　符　伏　艮　奇墓

乙亥时离　休升　诈殿
巽　离　门反

丙子时乾　奇合
兑　飞勃

丁丑时坤　奇合
艮　震　门反　兑　白荧　入　乾　猖狂　艮　时墓

戊寅时
离　投江　巽　伏刑　宫格

己卯时艮　地守　假门
坤　兑　门反　艮　奇墓　星　符　伏

庚辰时
艮　妖蹻　震　飞宫　乾　奇墓

辛巳时乾　地假
坤　击刑　坎　小格

壬午时
乾　坎　门反　离　大格　坎　地网

癸未时
八　门　伏　震　荧白　入　坤　逃走　离　时天　墓网

甲申旬甲申天冲直符，伤门直使。

丙辛日

甲申时乾

门休
合诈
艮
天门
辅合

星
门
符
伏
震
宫飞
艮
墓奇

乙酉时离

诈休

巽
离
反门

丙戌时震

合门

兑
勃白
时入
墓荧
飞
乾
狂猖

丁亥时巽

诈重
中
合仪
坤
遁云
兑
合奇

艮
震
反门
艮
刑击
震
白荧
入
坤
奇逃
墓走

戊子时坎

合奇
艮
门守

己丑时离

门遊
合禄

坤
兑
反门
离
江投
巽
时刑
墓格

庚寅时艮

合门

星
符
伏
艮
墓奇

辛卯时

艮
蹻妖
乾
墓奇

壬辰时艮

假地

乾
坎
反门
坎
墓小
地网
网时

癸巳时

八
门
伏
离
天大
网格

甲午旬甲午天芮直符，死门直使。

丁壬日

甲午时乾	乙未时离	丙申时	丁酉时巽	戊戌时乾	己亥时离	庚子时离	辛丑时艮	壬寅时震	癸卯时乾
重诈艮天辅巽地假	仪合		重遊诈禄	奇合坎门合	升门殿合	重遊诈禄	门合	神假兑真殿诈交升泰	门合艮奇合
星门符伏艮奇墓	巽离反门兑白荧入乾猖狂	震荧白入坤逃奇走墓兑飞勃	艮震反门离大格	中时墓	坤兑反门	离投江震飞宫巽刑格	星符伏艮奇墓	乾坎反门艮妖蹻坤伏宫乾奇墓坎地网	八门伏离击天刑网坎小格

甲辰旬甲辰天蓬直符，休门直使。

戊癸日

时	上	下
甲辰时乾	天门 辅合 艮 合门	星 门 符 伏 艮 墓奇
乙巳时巽	合门 兑 合奇	巽 离 反门 震 白荧 入 坤 奇逃 墓走
丙午时辰	门守 震 奇升 合殿	兑 勃飞 离 格大
丁未时巽	重风 诈遁	艮 震 反门 坎 小伏 格宫
戊申时坎	门龙 合遁 震 诈休	兑 荧白 入 乾 狂猖
己酉时坎	穴休 欢诈 怡跌 乾 合奇	
庚戌时离	升重 殿诈	坤 兑 反门
辛亥时艮	天门 遁合	离 江投 巽 格刑
壬子时兑	诈真	星 符 伏 乾 坎 反门 艮 墓奇 坎 网地
癸丑时乾	合门	八 门 伏 艮 蹻妖 乾 墓奇 离 网天

甲寅旬甲寅天英直符，景门直使。

甲寅时乾
合门
艮
休天
诈辅
星
门
符
伏
艮
墓奇

乙卯时艮
门守
巽
遊风
禄遁
巽
离
反门
离
大伏
格宫

丙辰时乾
合门
艮
合奇
兑
勃飞
坎
格小

丁巳时兑
殿休
交诈
泰升
艮
震
反门
艮
蹻妖
乾
墓奇

戊午时巽
诈真
中
合仪
坤
遁云
兑
合奇
震
白荧
入
坤
奇逃
墓走

己未时坎
龙休
遁诈
震
合门
巽
刑击
兑
荧白
入
乾
狂猖

庚申时离
欢重
怡诈
坤
合门
坤
兑
反门
震
宫飞

辛酉时坎
合奇
艮
交门
泰合

壬戌时离
得遊
使禄
门欢
合怡
兑
诈真
乾
坎
反门
离
江投
巽
格刑
坎
网地

癸亥时乾
合门
艮
诈休
星
门
符
伏
艮
墓奇
离
网天

阴遁七局三元四气六十时吉凶格

大暑上　大雪中　处暑下　秋分上

甲子旬甲子天柱直符，惊门直使。

甲己日

时	上	下
甲子时坎	诈重 艮 合门	星 门 符 伏
乙丑时离	合门 兑 合仪	巽 离 反门 坤 江投 乾 格刑
丙寅时震	假地 离 相回 佐首	巽 离 反门 兑 宫伏
丁卯时震	诈重 艮 合奇	坤 墓奇
戊辰时坎	假地	星 符 伏 艮 震 反门
己巳时离	假地 乾 仪天 合辅	坎 蹻妖
庚午时坎	门守	坤 兑 反门 中 宫飞 震 格小 艮 墓奇
辛未时离	假人	坤 格大 乾 墓奇
壬申时离	合奇 兑 合仪 乾 假地	乾 坎 反门 震 地击 网刑 中 白荧 入 巽 走逃
癸酉时兑	假人	门 伏 离 荧白 入 艮 狂猖 坤 网天

甲戌旬甲戌天心直符，开门直使。

甲戌时艮 诈重 坎 合门

乙亥时艮 佐相 坎 合龙 交遁 泰门 巽 假地

乙庚日

丙子时离 相回 佐首 巽 合门

丁丑时震 升重 殿诈

戊寅时坤 合门 兑 合仪

己卯时坎 守门 门合

庚辰时离 禄交 门泰 合遊

辛巳时艮 昌真 气诈 坎 合奇

壬午时兑 升门 殿合

癸未时乾 欢重 怡诈

星 门 符 伏

巽 离 反门 坤 墓奇

离 荧白 入 艮 狂猖 乾 墓时

艮 震 反门 坤 江投 乾 刑伏 格宫

星 符 伏

坤 兑 反门 坎 蹻妖 中 宫飞

震 格小 艮 墓奇

乾 坎 反门 坤 格大 乾 墓奇 震 网地

门 伏 坤 网击 时刑 墓天 中 白荧 入 巽 走逃

甲申旬甲申天芮直符死门直使，中五寄坤。

丙辛日

甲申时艮
合门
坎
合门
星
符
门
伏
中
宫伏

乙酉时艮
合奇
震
合门
巽
假神
艮
刑去
坤
墓奇

丙戌时离
相回
佐首
乾
坎
反门
离
时白
墓入
荧
艮
狂猖

丁亥时坎
佐相
乾
合门
中
白荧
入
巽
走逃

戊子时坎
遁鬼
坤
合门
艮
震
反门

己丑时坎
合门
坤
江投
乾
时刑
墓格

庚寅时离
升门
殿合
星
符
伏
乾
坎
反门
中
宫飞

辛卯时乾
合仪
坎
假物
艮
诈真
坎
蹻妖

壬辰时
坤
兑
反门
震
墓小
地格
网时
艮
墓奇

癸巳时乾
诈重
震
假物
门
伏
坤
天大
网格
乾
墓奇

甲午旬甲午天辅直符，杜门直使。

丁壬日

甲午时坎	乙未时巽	丙申时乾	丁酉时兑	戊戌时震	己亥时艮	庚子时坎	辛丑时离	壬寅时离	癸卯时乾
天休 辅诈 艮 诈真 离 假天 坤 假神	遊重 禄诈 欢跌 怡穴	合门	升真 殿诈 中 门休 合诈	合门 离 假地	假地 坤 诈真	天门 遁合	升神 殿遁	泰重 遊诈 禄交 兑 合门	地重 遁诈 坎 合奇 艮 合门 巽 假地
星 门 符 伏	巽 离 反门 离 荧白 入 艮 狂猖	离 飞击 勃刑 中 白荧 入 巽 走逃	艮 震 反门 坤 格大 乾 墓奇	坤 墓奇 兑 墓时	坤 兑 反门	坤 江投 中 宫飞 乾 格刑	星 符 伏 乾 坎 反门	乾 坎 反门 坎 蹻妖 巽 宫伏 震 网地	门 伏 震 格小 艮 墓奇 坤 网天

甲辰旬甲辰天冲直符，伤门直使。

甲辰时坎
诈人
天遁
辅真
艮
合门

星
符
门
伏

乙巳时巽
诈风
云遁
遁重
离
合奇
兑
合仪

巽
离
反门
中
白荧
入
巽
走逃

丙午时乾
合门

离
勃飞
坤
格大
乾
墓奇

丁未时兑
诈真

艮
震
反门
震
小伏
格宫
艮
墓奇

戊申时震
合升
欢殿
怡门

离
荧白
入
艮
狂猖

己酉时巽
合门
坤
龙真
遁诈

坤
兑
反门
坤
墓奇

庚戌时坎
门龙
合遁
震
奇休
合诈

中
宫飞

辛亥时坎
天休
遁诈

坤
江投
乾
格刑
巽
刑击

戊癸日

壬子时乾
假地
离
升重
殿诈

星
符
伏
乾
坎
反门
震
网地

癸丑时乾
合仪
艮
合门

门
伏
坎
蹻妖
坤
网天

甲寅旬甲寅天芮直符，死门直使。

时	上注	下注
甲寅时坎	天门 辅合 艮 合门	星 门 符 伏
乙卯时坎	门守 兑 升休 殿诈	巽 离 反门 坤 大伏 格宫 乾 墓奇
丙辰时乾	合门 艮 诈休	离 勃飞 震 格小 艮 墓奇
丁巳时兑	诈真	艮 震 反门 坎 蹻妖
戊午时乾	合门	中 白荧 入 巽 走逃
己未时巽	奇游 合禄 坤 合仪	坤 兑 反门 离 荧白 入 艮 狂猖
庚申时巽	诈真 坤 合门 巽 遁入	中 宫飞 坤 墓奇
辛酉时坎	遁休 交诈 泰龙 震 合奇	巽 刑击
壬戌时离	诈重 兑 合仪	乾 坎 反门 坤 江投 乾 格刑 震 网地
癸亥时坎	合门 艮 合门	星 门 符 伏 坤 网天

阴遁一局三元四气六十时吉凶格

大暑中　大雪下　处暑上　秋分中

甲子旬甲子天蓬直符，休门直使。

甲己日

甲子时

星
门
符
伏
坤
墓奇

乙丑时巽

禄真
天诈
遁游

巽
离
反门
中
江投
离
格刑

丙寅时震

相回
佐首
乾
奇休
合诈

震
刑击
坎
宫伏

丁卯时巽

佐相
兑
门升
合殿
坤
合奇

艮
震
反门
乾
墓奇

戊辰时震

诈重

星
符
伏
坤
墓奇

己巳时坎

欢龙
怡遁
震
天真
辅诈
艮
假物

巽
蹻妖

庚午时离

遁地
坤
昌门
气合
兑
假物
巽
门守

坤
兑
反门
艮
宫飞
乾
格小

辛未时坎

欢重
怡诈
艮
合奇

中
格大

壬申时离

游休
禄诈
兑
震门
遁合

乾
坎
反门
乾
网地
艮
白荧
入
兑
走逃

癸酉时乾

门重
合诈
艮
合门
巽
假地

八
门
伏
中
网天
艮
墓奇
震
荧白
入
坤
狂猖

甲戌旬甲戌天英直符，景门直使。

乙庚日

甲戌时

星
门
符
伏
坤
墓奇

乙亥时巽

遁真
交诈
泰风

巽
离
反门
坤
刑击

丙子时乾

诈休
震
相回
佐首

乾
墓奇
震
勃飞

丁丑时兑

合奇
巽
佐相

艮
震
反门
巽
墓时
艮
墓奇
震
荧白
入
坤
狂猖

戊寅时巽

遁奇
游合
禄天

中
江投
离
刑伏
格宫

己卯时震

诈真
巽
门守

星
符
伏
坤
墓奇

庚辰时坤

合门
震
假天
离
合仪

坤
兑
反门
巽
蹐妖
艮
宫飞

辛巳时坎

诈重

乾
格小

壬午时坎

假天
离
穴升
欢殿
怡门
休合
诈跌

乾
坎
反门
乾
网地
中
格大

癸未时艮

合门
坎
合仪

入
门
伏
中
时天
墓网
艮
白荧
入
兑
走逃

甲申旬甲申天任直符，生门直使。

丙辛日

甲申时巽

假地
乾
辅天

星
门
符
伏
坤
墓奇
艮
伏击
宫刑

乙酉时兑

门升
合殿
震
假地

巽
离
反门
乾
墓奇

丙戌时乾

诈休
离
假神
震
相回
佐首
艮
怡欢

震
入时
荧墓
白
艮
墓奇
坤
狂猖

丁亥时乾

假物
艮
欢真
怡诈
得跌
使穴

艮
白荧
入
兑
走逃

戊子时巽

守风
门遁
交门
泰合

艮
震
反门

己丑时震

升真
殿诈
坎
合仪

离
刑时
格墓
中
江投

庚寅时巽

诈重
坤
合门
震
假天

星
符
伏
坤
兑
反门
坤
墓奇
艮
飞击
宫刑

辛卯时震

门交
合泰
坎
龙重
遁诈

巽
蹻妖

壬辰时坤

诈人
昌遁
气真
坎
假天
离
诈休

乾
时地
墓网
乾
坎
反门
乾
格小

癸巳时坎

合门
艮
奇欢
合怡

入
门
伏
中
大天
格网

甲午旬甲午天柱直符，惊门直使。

丁壬日

甲午时巽
天地
辅假

乙未时兑
穴神
欢遁
怡奇
虎合
遁跌

寅申时离
重游
诈禄
兑
门得
合使

丁酉时坤
假地
坎
假物
艮
奇真
合诈
巽
门守

戊戌时兑
升真
殿诈
欢入
怡遁
坤
合奇

己亥时兑
假神
乾
合奇

庚子时震
假天
巽
游重
禄诈

辛丑时震
合奇

壬寅时坤
诈真
坎
假天
离
合仪

癸卯时坎
合门
震
假物

（甲午时巽）
星
门
符
伏
坤
墓奇

（乙未时兑）
巽
离
反门
艮
墓奇
震
荧白
入
坤
狂猖

（寅申时离）
艮
白荧
入
兑
走逃
震
勃飞

（丁酉时坤）
中
格大

（戊戌时兑）
艮
震
门反
坎
墓时
乾
墓奇

（己亥时兑）
离
刑击

（庚子时震）
坤
兑
反门
中
江投
艮
宫飞
离
格刑

（辛丑时震）
星
符
伏
坤
墓奇

（壬寅时坤）
乾
坎
反门
乾
网地
巽
蹻妖
兑
宫伏

（癸卯时坎）
入
门
伏
中
网天
乾
格小

甲辰旬甲辰天心直符，开门直使。

戊癸日

甲辰时乾	乙巳时坎	丙午时离	丁未时坤	戊申时兑	己酉时兑	庚戌时兑	辛亥时震	壬子时坤	癸丑时坎
辅天	合仪	升重	假地	奇真	假神	假物	门升	诈真	遁龙
		殿诈		合诈	艮	巽	合殿		巽
		巽			假物	诈风	坎		假地
		门守			乾	交遁	合仪		震
					怡跌	泰重			假物
					门穴				
					合欢				

甲辰	乙巳	丙午	丁未	戊申	己酉	庚戌	辛亥	壬子	癸丑
星	艮	巽	巽	艮	乾	坤	中	星	入
门	白荧	离	刑击	震	墓奇	兑	江投	符	门
符	入	反门	乾	反门		反门	离	伏	伏
伏	兑	震	小伏	艮		艮	格刑	乾	中
坤	走逃	勃飞	格宫	墓奇		宫飞		坎	网天
墓奇		中		震				反门	巽
		格大		荧白				乾	蹻妖
				入				网地	
				坤				坤	
				狂猖				墓奇	

甲寅旬甲寅天芮直符死门直使，中五寄坤。

时	上	下
甲寅时乾	辅天	星 门 符 伏 坤 墓奇
乙卯时坎	合门 艮 合奇 巽 门守	中 伏大 宫格
丙辰时离	诈重	乾 坎 反门 震 勃飞 乾 格小
丁巳时坎	休龙 诈遁	巽 妖击 蹻刑
戊午时兑	云真 遁诈 离 门游 合禄 艮 假天	巽 离 反门 艮 白荧 入 兑 走逃
己未时乾	合门 艮 诈休	艮 墓奇 震 荧白 入 坤 狂猖
庚申时兑	诈休 中 怡欢 坤 合奇	艮 震 反门 乾 墓奇 艮 宫飞
辛酉时乾	合奇	
壬戌时巽	门游 合禄	坤 兑 反门 乾 网地 中 江投 离 格刑
癸亥时巽	假地	星 符 门 伏 中 网天

阴遁四局三元四气六十时吉凶格

大暑下　大雪上　处暑中　秋分下

甲子旬甲子天辅直符，杜门直使。

甲己日

甲子时乾	乙丑时巽	丙寅时乾	丁卯时坎	戊辰时乾	己巳时巽	庚午时震	辛未时坤	壬申时坤	癸酉时坎
合门	合仪 兑 天神 遁遁	相回 佐首 艮 诈重	假地 中 合奇 兑 佐相	合门	怡风 天遁 辅欢	升休 殿诈 兑 门	奇休 合诈	合门	合奇 艮 合仪
星 门 符 伏 乾 墓奇	艮 奇投 墓江 震 格刑 巽 离 反门	巽 宫伏	艮 震 反门	星 符 伏 乾 墓奇	坤 兑 反门 震 刑击 兑 蹻妖	坤 宫飞 离 格小	乾 坎 反门 艮 格大 坤 墓奇	乾 坎 反门 坤 白荧 入 坎 走逃 离 网地	门 伏 乾 荧白 入 中 狂猖 艮 网天

甲戌旬甲戌天冲直符，伤门直使。

乙庚日

甲戌时乾
诈休

乙亥时离
奇游
合禄
兑
合门

丙子时艮
诈重
坤
假地
乾
相回
佐首

丁丑时兑
佐相

戊寅时乾
合门

己卯时兑
门守

庚辰时震
合仪

辛巳时震
升重
殿诈
欢得
怡使

壬午时坤
合奇

癸未时乾
合奇
坎
龙云
遁遁
巽
假地

星
门
符
伏
乾
墓奇

巽
离
反门

艮
震
反门
乾
荧白
入
中
狂猖
兑
墓时

艮
江投
震
刑伏
格宫
艮
墓奇

星
符
伏
坤
兑
反门
乾
墓奇

坤
飞击
宫刑
兑
蹻妖

离
格小

乾
坎
反门
艮
格大
坤
墓奇
离
网地

门
伏
坤
白荧
入
坎
走逃
艮
天时
网墓

甲申旬甲申天芮直符，死门直使。

丙辛日

癸巳时巽	壬震时坤	辛卯时震	庚寅时	己丑时巽	戊子时兑	丁亥时坎	丙戌时乾	乙酉时离	甲申时乾
假地	气昌 兑 合奇	合仪 兑 假地		合仪	门守	遁鬼 坤 穴门 得合 使跌 兑 佐相	相回 佐首 艮 合仪 坤 假地	门升 合殿	诈重 震 假物
门 伏 艮 网击 大刑 格天 坤 墓奇	乾 坎 反门 离 墓小 地格 网时	兑 蹻妖	星 符 伏 坤 宫飞 乾 墓奇	坤 兑 反门 艮 奇投 墓江 震 时刑 墓格		艮 震 反门 坤 白荧 入 坎 走逃	乾 荧白 入 中 狂猖 乾 墓时	巽 离 反门	星 门 符 伏 乾 墓奇 坤 宫伏

甲午旬甲午天蓬直符，休门直使。

丁壬日

甲午时乾　合门　星 门 符 伏 乾 墓奇

乙未时震　假地 离 合门　巽 离 反门 乾 荧白 入 中 狂猖

丙申时乾　佐回 奇首 合相 震 合门　坤 白荧 入 坎 走逃

丁酉时巽　诈休 坤 合奇 兑 守相 门佐　艮 震 反门 艮 格大 坤 墓奇

戊戌时坎　诈休　巽 墓时

己亥时离　假地

庚子时　坤 兑 反门 艮 江投 震 格刑

辛丑时兑　假地　星 符 伏 坤 宫飞 乾 墓奇

壬寅时　乾 坎 反门 离 地击 网刑 兑 蹻妖 坎 宫伏

癸卯时　门 伏 离 格小 艮 网天

甲辰旬甲辰天英直符，景门直使。

戊癸日

甲辰时乾
合奇
星
门
符
伏
乾

乙巳时震
假地
巽
合仪
巽
离
反门
坤
白荧
入
坎
走逃

丙午时乾
相回
佐首
震
合门
兑
门守
艮
格大
坤
墓奇

丁未时巽
游休
禄诈
坤
气昌
兑
合奇
艮
震
反门
离
小伏
格宫

戊申时坤
诈重
艮
震
反门
巽
刑击
乾
荧白
入
中
狂猖

己酉时坎
诈真

庚戌时离
得游
使禄
欢奇
怡合
坤
兑
反门

辛亥时
艮
奇投
墓江
震
格刑

壬子时兑
升重
殿诈
星
符
伏
乾
坎
反门
乾
墓奇
离
网地

癸丑时乾
交真
泰诈
巽
遁鬼
门
伏
兑
蹻妖
艮
网天

甲寅旬甲寅天任直符，生门直使。

时	上格	下格
甲寅时乾	诈真	星 门 符 伏 乾 墓奇
乙卯时巽	诈真 兑 门守	巽 离 反门 艮 大伏 格宫 坤 墓奇
丙辰时震	地门 遁合 乾 相回 佐首	离 格小
丁巳时乾	交门 泰合 震 合仪	兑 蹻妖
戊午时巽	合仪 坤 诈重	艮 震 反门 巽 刑击 坤 白荧 入 坎 走逃
己未时坎	奇真 合诈 离 遁鬼	乾 荧白 入 中 狂猖
庚申时乾	假神 离 门升 合殿 坤 合奇	坤 兑 反门
辛酉时艮	穴门 欢合 怡跌	
壬戌时兑	天重 遁诈	乾 坎 反门 艮 奇投 墓江 震 格刑 离 网地
癸亥时乾	诈真	星 门 符 伏 乾 墓奇 艮 网天

北京学易斋书目

书　　名	作　者	定　价	版别
影印涵芬楼本正统道藏 [宣纸线装;全 512 函 1120 册]	[明]张宇初编	480000.00	九州
影印涵芬楼本正统道藏 [道林纸线装;全 512 函 1120 册]	[明]张宇初编	280000.00	九州
易藏[宣纸线装;全 50 函 200 册]	编委会主编	98000.00	九州
重刊术藏[精装全 100 册]	编委会主编	68000.00	九州
续修术藏[精装全 100 册]	编委会主编	68000.00	九州
易藏[精装全 60 册]	编委会主编	48000.00	九州
道藏[精装全 60 册]	编委会主编	48000.00	九州
御制本草品汇精要[彩版 8 函 32 册]	(明)刘文泰等著	18000.00	海南
御纂医宗金鉴[20 函 80 册]	(清)吴谦等著	28000.00	海南
影宋刻备急千金要方[4 函 16 册]	(唐)孙思邈著	2380.00	海南
影元刻千金翼方[2 函 12 册]	(唐)孙思邈著	2380.00	海南
芥子园画传[彩版 3 函 13 册]	(清) 李渔纂辑	3800.00	华龄
十竹斋书画谱[彩版 2 函 12 册]	(明) 胡正言编印	2800.00	华龄
影印明天启初刻武备志[精装全 16 册]	(明) 茅元仪撰	13800.00	华龄
药王千金方合刊[精装全 16 册]	(唐)孙思邈著	13800.00	华龄
焦循文集[精装全 18 册,库存 1 套]	[清]焦循撰	9800.00	九州
邵子全书[精装全 16 册]	[宋]邵雍撰	12800.00	九州
子部珍本 1:校正全本地学答问	1 函 3 册	680.00	华龄
子部珍本 2:赖仙原本催官经	1 函 1 册	280.00	华龄
子部珍本 3:赖仙催官篇注	1 函 1 册	280.00	华龄
子部珍本 4:尹注赖仙催官篇	1 函 1 册	280.00	华龄
子部珍本 5:赖仙心印	1 函 1 册	280.00	华龄
子部珍本 6:新刻赖太素天星催官解	1 函 2 册	480.00	华龄
子部珍本 7:天机秘传青囊内传	1 函 1 册	280.00	华龄
子部珍本 8:阳宅斗首连篇秘授	1 函 1 册	280.00	华龄
子部珍本 9:精刻编集阳宅真传秘诀	1 函 2 册	480.00	华龄
子部珍本 10:秘传全本六壬玉连环	1 函 2 册	480.00	华龄
子部珍本 11:秘传仙授奇门	1 函 2 册	480.00	华龄
子部珍本 12:祝由科诸符秘卷秘旨合刊	1 函 2 册	480.00	华龄
子部珍本 13:校正古本入地眼图说	1 函 2 册	480.00	华龄
子部珍本 14:校正全本钻地眼图说	1 函 2 册	480.00	华龄
子部珍本 15:赖公七十二葬法	1 函 2 册	480.00	华龄
子部珍本 16:杨筠松秘传开门放水阴阳捷径	1 函 2 册	480.00	华龄
子部珍本 17:校正古本地理五诀	1 函 2 册	480.00	华龄
子部珍本 18:重校古本地理雪心赋	1 函 2 册	480.00	华龄

书　名	作　者	定　价	版别
子部珍本 19:吴景鸾先天后天理气心印补注	1 函 1 册	280.00	华龄
子部珍本 20:宋国师吴景鸾秘传夹竹梅花院纂	1 函 2 册	480.00	华龄
子部珍本 21:影印原本任铁樵注滴天髓阐微	1 函 4 册	1080.00	华龄
子部珍本 22:地理真宝一粒粟	1 函 1 册	280.00	华龄
子部珍本 23:聚珍全本天机一贯	1 函 3 册	680.00	华龄
子部珍本 24:阴宅造福秘诀	1 函 1 册	280.00	华龄
子部珍本 25:增补诹吉宝镜图	1 函 2 册	480.00	华龄
子部珍本 26:诹吉便览宝镜图	1 函 1 册	280.00	华龄
子部珍本 27:诹吉便览八卦图	1 函 1 册	280.00	华龄
子部珍本 28:甲遁真授秘集	1 函 4 册	880.00	华龄
子部珍本 29:太上祝由科	1 函 2 册	680.00	华龄
子部珍本 30:邵康节先生心易梅花数	1 函 1 册	280.00	华龄
子部善本 1:新刊地理玄珠(需预订)	2 函 10 册	3000.00	华龄
子部善本 2:参赞玄机地理仙婆集(需预订)	2 函 8 册	2400.00	华龄
子部善本 3:章仲山地理九种(需预订)	1 函 5 册	1500.00	华龄
子部善本 4:八门九星阴阳二遁全本奇门断	2 函 18 册	5400.00	华龄
子部善本 5:六壬统宗大全(需预订)	2 函 6 册	1800.00	华龄
子部善本 6:太乙统宗宝鉴(需预订)	2 函 8 册	2400.00	华龄
子部善本 7:重刊星海词林(需预订)	14 函 56 册	16800.00	华龄
子部善本 8:万历初刻三命通会(需预订)	2 函 12 册	3600.00	华龄
子部善本 9:增广沈氏玄空学(需预订)	2 函 8 册	2400.00	华龄
子部善本 10:江公择日秘稿(需预订)	2 函 6 册	1800.00	华龄
子部善本 11:刘氏家藏阐微通书(需预订)	3 函 12 册	3600.00	华龄
子部善本 12:影印增补高岛易断(需预订)	2 函 8 册	2400.00	华龄
子部善本 13:清刻足本铁板神数(需预订)	3 函 13 册	3900.00	华龄
子部善本 14:增订天官五星集腋(需预订)	2 函 10 册	3000.00	华龄
子部善本 15:太乙奇门六壬兵备统宗(需预订)	9 函 36 册	10800.00	华龄
子部善本 16:御定景祐奇门大全(需预订)	8 函 32 册	9600.00	华龄
子部善本 17:地理四秘全书十二种(需预订)	4 函 16 册	4800.00	华龄
子部善本 18:全本地理统一全书(需预订)	3 函 15 册	4500.00	华龄
子部善本 19:廖公画策扒砂经(需预订)	1 函 4 册	1200.00	华龄
子部善本 20:明刊玉髓真经(需预订)	7 函 21 册	6300.00	华龄
子部善本 21:蒋大鸿家藏地学捷旨(需预订)	1 函 4 册	1200.00	华龄
子部善本 22:阳宅安居金镜(需预订)	1 函 4 册	1200.00	华龄
子部善本 23:新刊地理紫囊书(需预订)	2 函 6 册	1800.00	华龄
子部善本 24:地理大成五种(需预订)	8 函 24 册	7200.00	华龄
子部善本 25:初刻鳌头通书大全(需预订)	2 函 10 册	3000.00	华龄
子部善本 26:初刻象吉备要通书大全(需预订)	3 函 12 册	3600.00	华龄
子部善本 27:武英殿板钦定协纪辨方书	8 函 24 册	7200.00	华龄
子部善本 28:初刻陈子性藏书(需预订)	2 函 6 册	1800.00	华龄

书　　名	作　者	定　价	版别
重刻故宫藏百二汉镜斋秘书四种(一):火珠林	1函1册	300.00	华龄
重刻故宫藏百二汉镜斋秘书四种(二):灵棋经	1函1册	300.00	华龄
重刻故宫藏百二汉镜斋秘书四种(三):滴天髓	1函1册	300.00	华龄
重刻故宫藏百二汉镜斋秘书四种(四):测字秘牒	1函1册	300.00	华龄
中外戏法图说:鹅幻汇编鹅幻余编合刊	1函3册	780.00	华龄
连山[一函一册]	[清]马国翰辑	280.00	华龄
归藏[一函一册]	[清]马国翰辑	280.00	华龄
周易虞氏义笺订[一函六册]	[清]李翊灼订	1180.00	华龄
周易参同契通真义	1函2册	480.00	华龄
御制周易[一函三册]	武英殿影宋本	680.00	华龄
宋刻周易本义[一函四册]	[宋]朱熹撰	980.00	华龄
易学启蒙[一函二册]	[宋]朱熹撰	480.00	华龄
易余[一函二册]	[明]方以智撰	480.00	九州
奇门鸣法	[一函二册]	680.00	华龄
奇门衍象	[一函二册]	480.00	华龄
奇门枢要	[一函二册]	480.00	华龄
奇门仙机[一函三册]	王力军校订	298.00	华龄
奇门心法秘纂[一函三册]	王力军校订	298.00	华龄
御定奇门秘诀[一函三册]	[清]湖海居士辑	680.00	华龄
宫藏奇门大全[线装五函二十五册]	[清]湖海居士辑	6800.00	星易
遁甲奇门秘传要旨大全[线装二函十册]	[清]范阳耐寒子辑	6200.00	星易
增广神相全编[线装一函四册]	[明]袁珙订正	980.00	星易
龙伏山人存世文稿[五函十册]	[清]矫子阳撰	2800.00	九州
奇门遁甲鸣法[一函二册]	[清]矫子阳撰	680.00	九州
奇门遁甲衍象[一函二册]	[清]矫子阳撰	480.00	九州
奇门遁甲枢要[一函二册]	[清]矫子阳撰	480.00	九州
遯甲括囊集[一函三册]	[清]矫子阳撰	980.00	九州
增注蒋公古镜歌[一函一册]	[清]矫子阳撰	180.00	九州
古本皇极经世书[一函三册]	[宋]邵雍撰	980.00	九州
明抄真本梅花易数[一函三册]	[宋]邵雍撰	480.00	九州
订正六工金口诀[一函六册]	[清]巫国匡辑	1280.00	华龄
六壬神课金口诀[一函三册]	[明]适适子撰	298.00	华龄
改良三命通会[一函四册,第二版]	[明]万民英撰	980.00	华龄
增补选择通书玉匣记[一函二册]	[晋]许逊撰	480.00	华龄
绘图全本鲁班经匠家镜	1函4册	680.00	华龄
菊逸山房地理正书(天函):地理点穴撼龙经	1函3册	680.00	华龄
菊逸山房地理正书(地函):秘藏疑龙经大全	1函1册	280.00	华龄
菊逸山房地理正书(人函):杨公秘本山法备收	1函1册	280.00	华龄
青囊海角经	1函4册	680.00	华龄
阳宅三要	1函3册	298.00	华龄

书　　名	作　者	定　价	版别
子部珍本备要(宣纸线装)		分函售价	九州
001 岣嵝神书	1 函 1 册	280.00	九州
002 地理啖蔗録	1 函 4 册	880.00	九州
003 地理玄珠精选	1 函 4 册	880.00	九州
004 地理琢玉斧峦头歌括	1 函 4 册	880.00	九州
005 金氏地学粹编	3 函 8 册	1840.00	九州
006 风水一书	1 函 4 册	880.00	九州
007 风水二书	1 函 4 册	880.00	九州
008 增注周易神应六亲百章海底眼	1 函 1 册	280.00	九州
009 卜易指南	1 函 1 册	280.00	九州
010 大六壬占验	1 函 1 册	280.00	九州
011 真本六壬神课金口诀	1 函 3 册	680.00	九州
012 太乙指津	1 函 2 册	480.00	九州
013 太乙金钥匙 太乙金钥匙续集	1 函 1 册	280.00	九州
014 奇门遁甲占验天时	1 函 2 册	480.00	九州
015 南阳掌珍遁甲	1 函 1 册	280.00	九州
016 达摩易筋经 易筋经外经图说 八段锦	1 函 1 册	280.00	九州
017 钦天监彩绘真本推背图	1 函 2 册	680.00	九州
018 清抄全本玉函通秘	1 函 3 册	680.00	九州
019 灵棋经	1 函 1 册	280.00	九州
020 道藏灵符秘法	4 函 9 册	2100.00	九州
021 地理青囊玉尺度金针集	1 函 6 册	1280.00	九州
022 奇门秘传九宫纂要	1 函 1 册	280.00	九州
023 影印清抄耕寸集—真本子平真诠	1 函 2 册	480.00	九州
024 新刊合并官板音义评注渊海子平	1 函 2 册	480.00	九州
025 影抄宋本五行精纪	1 函 6 册	1080.00	九州
026 影印明刻阴阳五要奇书 1—郭氏阴阳元经	1 函 2 册	480.00	九州
027 影印明刻阴阳五要奇书 2—克择璇玑括要	1 函 1 册	280.00	九州
028 影印明刻阴阳五要奇书 3—阳明按索图	1 函 2 册	480.00	九州
029 影印明刻阴阳五要奇书 4—佐玄直指	1 函 2 册	480.00	九州
030 影印明刻阴阳五要奇书 5—三白宝海钩玄	1 函 1 册	280.00	九州
031 相命图诀许负相法十六篇合刊	1 函 1 册	280.00	九州
032 玉掌神相神相铁关刀合刊	1 函 1 册	280.00	九州
033 古本太乙淘金歌	1 函 1 册	280.00	九州
034 重刊地理葬埋黑通书	1 函 2 册	480.00	九州
035 壬归	1 函 2 册	480.00	九州
036 大六壬苗公鬼撮脚二种合刊	1 函 1 册	280.00	九州
037 大六壬鬼撮脚射覆	1 函 2 册	480.00	九州
038 大六壬金柜经	1 函 1 册	280.00	九州
039 纪氏奇门秘书仕学备余	1 函 1 册	280.00	九州

书　　名	作　者	定　价	版别
040 八门九星阴阳二遁全本奇门断	2 函 18 册	3680.00	九州
041 李卫公奇门心法	1 函 1 册	280.00	九州
042 武侯行兵遁甲金函玉镜海底眼	1 函 1 册	280.00	九州
043 诸葛武侯奇门千金诀	1 函 1 册	280.00	九州
044 隔夜神算	1 函 1 册	280.00	九州
045 地理五种秘笈合刊	1 函 1 册	280.00	九州
046 地理雪心赋句解	1 函 2 册	480.00	九州
047 九天玄女青囊经	1 函 1 册	280.00	九州
048 考定撼龙经	1 函 1 册	280.00	九州
049 刘江东家藏善本葬书	1 函 1 册	280.00	九州
050 杨公六段玄机赋杨筠松安门楼玉辇经合刊	1 函 1 册	280.00	九州
051 风水金鉴	1 函 1 册	280.00	九州
052 新镌碎玉剖秘地理不求人	1 函 2 册	480.00	九州
053 阳宅八门金光斗临经	1 函 1 册	280.00	九州
054 新镌徐氏家藏罗经顶门针	1 函 2 册	480.00	九州
055 影印乾隆丙午刻本地理五诀	1 函 4 册	880.00	九州
056 地理诀要雪心赋	1 函 2 册	480.00	九州
057 蒋氏平阶家藏善本插泥剑	1 函 1 册	280.00	九州
058 蒋大鸿家传地理归厚录	1 函 1 册	280.00	九州
059 蒋大鸿家传三元地理秘书	1 函 1 册	280.00	九州
060 蒋大鸿家传天星选择秘旨	1 函 1 册	280.00	九州
061 撼龙经批注校补	1 函 4 册	880.00	九州
062 疑龙经批注校补一全	1 函 1 册	280.00	九州
063 种筠书屋较订山法诸书	1 函 2 册	480.00	九州
064 堪舆倒杖诀 拨砂经遗篇 合刊	1 函 1 册	280.00	九州
065 认龙天宝经	1 函 1 册	280.00	九州
066 天机望龙经刘氏心法 杨公骑龙穴诗合刊	1 函 1 册	280.00	九州
067 风水一夜仙秘传三种合刊	1 函 1 册	280.00	九州
068 新镌地理八窍	1 函 2 册	480.00	九州
069 地理解醒	1 函 1 册	280.00	九州
070 峦头指迷	1 函 3 册	680.00	九州
071 茅山上清灵符	1 函 2 册	480.00	九州
072 茅山上清镇禳摄制秘法	1 函 1 册	280.00	九州
073 天医祝由科秘抄	1 函 2 册	480.00	九州
074 千镇百镇桃花镇	1 函 2 册	480.00	九州
075 轩辕碑记医学祝由十三科治病奇书合刊	1 函 1 册	280.00	九州
076 清抄真本祝由科秘诀全书	1 函 3 册	680.00	九州
077 增补秘传万法归宗	1 函 2 册	480.00	九州
078 祝由科诸符秘卷祝由科诸符秘旨合刊	1 函 1 册	280.00	九州
079 辰州符咒大全	1 函 4 册	880.00	九州

书名	作者	定价	版别
080 万历初刻三命通会	2函12册	2480.00	九州
081 新编三车一览子平渊源注解	1函3册	680.00	九州
082 命理用神精华	1函3册	680.00	九州
083 命学探骊集	1函1册	280.00	九州
084 相诀摘要	1函2册	480.00	九州
085 相法秘传	1函1册	280.00	九州
086 新编相法五总龟	1函1册	280.00	九州
087 相学统宗心易秘传	1函2册	480.00	九州
088 秘本大清相法	1函2册	480.00	九州
089 相法易知	1函1册	280.00	九州
090 星命风水秘传	1函1册	280.00	九州
091 大六壬隔山照	1函2册	480.00	九州
092 大六壬考正	1函1册	280.00	九州
093 大六壬类阐	1函2册	480.00	九州
094 六壬心镜集注	1函1册	280.00	九州
095 遁甲吾学编	1函2册	480.00	九州
096 刘明江家藏善本奇门衍象	1函1册	280.00	九州
097 遁甲天书秘文	1函2册	480.00	九州
098 金枢符应秘文	1函2册	480.00	九州
099 秘传金函奇门隐遁丁甲法书	1函2册	480.00	九州
100 六壬行军指南	2函10册	2080.00	九州
101 家藏阴阳二宅秘诀线法	1函2册	480.00	九州
102 阳宅一书阴宅一书合刊	1函1册	280.00	九州
103 地理法门全书	1函1册	280.00	九州
104 四真全书玉钥匙	1函1册	280.00	九州
105 重刊官板玉髓真经	1函4册	880.00	九州
106 明刊阳宅真诀	1函2册	480.00	九州
107 阳宅指南	1函1册	280.00	九州
108 阳宅秘传三书	1函1册	280.00	九州
109 阳宅都天滚盘珠	1函1册	280.00	九州
110 纪氏地理水法要诀	1函1册	280.00	九州
111 李默斋先生地理辟径集	1函2册	480.00	九州
112 李默斋先生辟径集续篇 地理秘缺	1函2册	480.00	九州
113 地理辨正自解	1函1册	280.00	九州
114 形家五要全编	1函4册	880.00	九州
115 地理辨正抉要	1函1册	280.00	九州
116 地理辨正揭隐	1函1册	280.00	九州
117 地学铁骨秘	1函1册	280.00	九州
118 地理辨正发秘初稿	1函1册	280.00	九州
119 三元宅墓图	1函1册	280.00	九州

书　　名	作　者	定　价	版别
120 参赞玄机地理仙婆集	2 函 8 册	1680.00	九州
121 幕讲禅师玄空秘旨浅注外七种	1 函 1 册	280.00	九州
122 玄空挨星图诀	1 函 1 册	280.00	九州
123 影印稿本玄空地理筌蹄	1 函 1 册	280.00	九州
124 玄空古义四种通释	1 函 2 册	480.00	九州
125 地理疑义答问	1 函 1 册	280.00	九州
126 王元极地理辨正冒禁录	1 函 1 册	280.00	九州
127 王元极校补天元选择辨正	1 函 3 册	680.00	九州
128 王元极选择辨真全书	1 函 1 册	280.00	九州
129 王元极增批地理冰海原本地理冰海合刊	1 函 1 册	280.00	九州
130 王元极三元阳宅萃篇	1 函 2 册	480.00	九州
131 尹一勺先生地理精语	1 函 1 册	280.00	九州
132 古本地理元真	1 函 2 册	480.00	九州
133 杨公秘本搜地灵	1 函 1 册	280.00	九州
134 秘藏千里眼	1 函 1 册	280.00	九州
135 道光刊本地理或问	1 函 1 册	280.00	九州
136 影印稿本地理秘诀	1 函 2 册	480.00	九州
137 地理秘诀隔山照 地理括要 合刊	1 函 1 册	280.00	九州
138 地理前后五十段	1 函 2 册	480.00	九州
139 心耕书屋藏本地经图说	1 函 1 册	280.00	九州
140 地理古本道法双谭	1 函 1 册	280.00	九州
141 奇门遁甲元灵经	1 函 1 册	280.00	九州
142 黄帝遁甲归藏大意 白猿真经 合刊	1 函 1 册	280.00	九州
143 遁甲符应经	1 函 2 册	480.00	九州
144 遁甲通明钤	1 函 1 册	280.00	九州
145 景祐奇门秘纂	1 函 2 册	480.00	九州
146 奇门先天要论	1 函 2 册	480.00	九州
147 御定奇门古本	1 函 2 册	480.00	九州
148 奇门吉凶格解	1 函 1 册	280.00	九州
149 御定奇门宝鉴	1 函 3 册	680.00	九州
150 奇门阐易	1 函 2 册	480.00	九州
151 六壬总论	1 函 1 册	280.00	九州
152 稿抄本大六壬翠羽歌	1 函 1 册	280.00	九州
153 都天六壬神课	1 函 1 册	280.00	九州
154 大六壬易简	1 函 2 册	480.00	九州
155 太上六壬明鉴符阴经	1 函 1 册	280.00	九州
156 增补关煞袖里金百中经	1 函 1 册	280.00	九州
157 演禽三世相法	1 函 2 册	480.00	九州
158 合婚便览 和合婚姻咒 合刊	1 函 1 册	280.00	九州
159 神数十种	1 函 1 册	280.00	九州

书　　名	作　者	定　价	版别
160 神机灵数一掌经金钱课合刊	1 函 1 册	280.00	九州
161 阴阳二宅易知录	1 函 2 册	480.00	九州
162 阴宅镜	1 函 2 册	480.00	九州
163 阳宅镜	1 函 1 册	280.00	九州
164 清精抄本六圃地学	1 函 1 册	280.00	九州
165 形峦神断书	1 函 1 册	280.00	九州
166 堪舆三昧	1 函 1 册	280.00	九州
167 遁甲奇门捷要	1 函 1 册	280.00	九州
168 奇门遁甲备览	1 函 1 册	280.00	九州
169 原传真本石室藏本圆光真传秘诀合刊	1 函 1 册	280.00	九州
170 明抄全本壬归	1 函 4 册	880.00	九州
171 董德彰水法秘诀水法断诀合刊	1 函 1 册	280.00	九州
172 董德彰先生水法图说	1 函 1 册	280.00	九州
173 董德彰先生泄天机纂要	1 函 2 册	480.00	九州
174 李默斋先生地理秘传	1 函 2 册	480.00	九州
175 新锓希夷陈先生紫微斗数全书	1 函 3 册	680.00	九州
176 海源阁藏明刊麻衣相法全编	1 函 2 册	480.00	九州
177 袁忠彻先生相法秘传	1 函 3 册	680.00	九州
178 火珠林要旨 筮杙	1 函 2 册	480.00	九州
179 火珠林占法秘传 续筮杙	1 函 1 册	280.00	九州
180 六壬类聚	1 函 4 册	880.00	九州
181 新刻麻衣相神异赋	1 函 1 册	280.00	九州
182 诸葛武侯奇门遁甲全书	1 函 2 册	480.00	九州
183 张九仪传地理偶摘	1 函 1 册	280.00	九州
184 张九仪传地理偶注	1 函 1 册	280.00	九州
185 阳宅玄珠	1 函 1 册	280.00	九州
186 阴宅总论	1 函 1 册	280.00	九州
187 新刻杨救贫秘传阴阳二宅便用统宗	1 函 1 册	280.00	九州
188 增补理气图说	1 函 2 册	480.00	九州
189 增补罗经图说	1 函 1 册	280.00	九州
190 重镌官板阳宅大全	1 函 4 册	880.00	九州
191 景祐太乙福应经	1 函 1 册	280.00	九州
192 景祐遁甲符应经	1 函 3 册	680.00	九州
193 景祐六壬神定经	1 函 3 册	680.00	九州
194 御制禽遁符应经	1 函 2 册	480.00	九州
195 秘传匠家鲁班经符法	1 函 3 册	680.00	九州
196 哈佛藏本太史黄际飞注天玉经	1 函 1 册	280.00	九州
197 李三素先生红囊经解	1 函 1 册	280.00	九州
198 杨曾青囊天玉通义	1 函 1 册	280.00	九州
199 重编大清钦天监焦秉贞彩绘历代推背图解	1 函 2 册	680.00	九州

书　名	作　者	定　价	版别
200 道光初刻相理衡真	1函4册	880.00	九州
201 新刻袁柳庄先生秘传相法	1函3册	680.00	九州
202 袁忠彻相法古今识鉴	1函2册	480.00	九州
203 袁天纲五星三命指南	1函2册	480.00	九州
204 新刻五星玉镜	1函3册	680.00	九州
205 游艺录:筮遁壬行年斗数相宅	1函1册	280.00	九州
206 新订王氏罗经透解	1函2册	480.00	九州
207 堪舆真诠	1函3册	680.00	九州
208 青囊天机奥旨二种	1函1册	280.00	九州
209 张九仪传地理偶录	1函1册	280.00	九州
210 地学形势集	1函8册	1680.00	九州
211 神相水镜集	1函4册	880.00	九州
212 稀见相学秘笈四种合刊	1函2册	480.00	九州
213 神相金较剪	1函1册	280.00	九州
214 神相证验百条	1函2册	480.00	九州
215 全本神相全编	1函3册	680.00	九州
216 神相全编正义	1函3册	680.00	九州
217 八宅明镜	1函2册	480.00	九州
218 阳宅卜居秘髓	1函3册	680.00	九州
219 地理乾坤法窍	1函3册	680.00	九州
220 秘传廖公画筴拨砂经	1函4册	880.00	九州
221 地理囊金集注	1函1册	280.00	九州
222 赤松子罗经要旨	1函1册	280.00	九州
223 萧仙地理心法堪舆经	1函2册	480.00	九州
224 新刻地理搜龙奥语	1函2册	480.00	九州
225 新刻风水珠神真经	1函2册	480.00	九州
226 寻龙点穴地理索隐	1函1册	280.00	九州
227 杨公撼龙经考注	1函2册	480.00	九州
228 李德贞秘授三元秘诀	1函1册	280.00	九州
229 地理支陇乘气论	1函2册	480.00	九州
230 道光刻全本相山撮要	2函6册	1500.00	九州
231 药王真传祝由科全编	1函1册	280.00	九州
232 梵音斗科符箓秘书	1函2册	580.00	九州
233 御定奇门灵占	1函4册	880.00	九州
234 御定奇门宝镜图	1函2册	480.00	九州
235 汇纂大六壬玉钥匙心诀	1函1册	280.00	九州
236 补完直解六壬五变中黄经	1函2册	480.00	九州
237 六壬节要直讲	1函2册	480.00	九州
238 六壬神课捷要占验	1函1册	280.00	九州
239 六壬袖传神课捷要	1函1册	280.00	九州

书　　名	作　者	定　价	版别
240 秘藏大六壬大全善本	2 函 8 册	1800.00	九州
241 阳宅藏书	1 函 2 册	480.00	九州
242 阳宅觉元氏新书	1 函 1 册	280.00	九州
243 阳宅拾遗	1 函 2 册	480.00	九州
244 阳基集腋	1 函 2 册	480.00	九州
245 阴阳二宅指正	1 函 2 册	480.00	九州
246 九天玄妙秘书内经	1 函 1 册	280.00	九州
247 青乌葬经葬经翼	1 函 1 册	280.00	九州
248 阳宅六十四卦秘断	1 函 1 册	280.00	九州
249 杨曾地理秘传捷诀	1 函 3 册	680.00	九州
250 三元堪舆秘笈救败全书	1 函 4 册	880.00	九州
251 纪氏地理末学	1 函 2 册	480.00	九州
252 堪舆说原	1 函 1 册	280.00	九州
253 河洛正变喝穴集	1 函 1 册	280.00	九州
254 太上洞玄灵宝素灵真符	1 函 1 册	280.00	九州
255 道家神符霡咒秘传	1 函 1 册	280.00	九州
256 堪舆秘传六十四论记师口诀	1 函 2 册	480.00	九州
257 相法秘笈太乙照神经	1 函 3 册	680.00	九州
258 哈佛藏子平格局解要	1 函 2 册	480.00	九州
259 三车一览命书详论	1 函 2 册	480.00	九州
260 万历初刊平学大成	1 函 4 册	880.00	九州
261 古本推背图说	1 函 2 册	680.00	九州
262 董氏诹吉新书	1 函 2 册	480.00	九州
263 蒋大鸿四十八局图	1 函 1 册	280.00	九州
264 阳宅紫府宝鉴	1 函 2 册	480.00	九州
265 宅经类纂	1 函 3 册	680.00	九州
266 杨公画筴图	1 函 1 册	280.00	九州
267 刘江东秘传金函经	1 函 1 册	280.00	九州
268 茔元总录	1 函 2 册	480.00	九州
269 纪氏奇门占验奇门遁甲要略合刊	1 函 1 册	280.00	九州
270 奇门统宗大全	1 函 4 册	880.00	九州
271 刘天君祛治符法秘卷	1 函 3 册	680.00	九州
272 圣济总录祝由术全编	1 函 2 册	480.00	九州
273 子平星学精华	1 函 1 册	280.00	九州
274 紫微斗数命理宣微	1 函 1 册	280.00	九州
275 火珠林卦爻精究集	1 函 2 册	480.00	九州
276 韩图孤本奇门秘要	1 函 1 册	280.00	九州
277 哈佛藏明抄六壬断易秘诀	1 函 1 册	280.00	九州
278 大六壬会要全集	1 函 3 册	680.00	九州
279 乾隆初刊六壬视斯	1 函 2 册	480.00	九州

书　　名	作　者	定　价	版别
280 精抄历代六壬占验汇选	2函6册	1280.00	九州
281 张九仪先生东湖地学	1函1册	280.00	九州
282 张九仪先生东湖砂法	1函1册	280.00	九州
283 张九仪先生东湖水法	1函1册	280.00	九州
284 姚氏地理辨正图说	1函1册	280.00	九州
285 地理辨正补注	1函2册	480.00	九州
286 地理丛谈元运发微	1函1册	280.00	九州
287 元空宅法举隅	1函1册	280.00	九州
288 平洋地理玉函经	1函1册	280.00	九州
289 元空法鉴三种	1函3册	680.00	九州
290 蒋大鸿先生地理合璧	2函7册	1480.00	九州
291 新刊地理五经图解	1函3册	680.00	九州
292 三元地理辨惑	1函1册	280.00	九州
293 风水内传秘旨	1函1册	280.00	九州
294 杜氏地理图说	1函2册	480.00	九州
295 地学仁孝必读	1函5册	1080.00	九州
296 地理秘珍	1函2册	480.00	九州
297 秘传四课仙机水法	1函1册	280.00	九州
298 地理辨正图诀	1函1册	280.00	九州
299 灵城精义笺	1函1册	280.00	九州
300 仰山子新辑地理条贯	2函6册	1280.00	九州
301 秘传堪舆经传类纂	1函1册	280.00	九州
302 秘传堪舆论状类纂	1函1册	280.00	九州
303 秘传堪舆秘书类纂	1函1册	280.00	九州
304 秘传堪舆诗赋歌诀类纂	1函2册	480.00	九州
305 秘传堪舆问答类纂	1函1册	280.00	九州
306 秘传堪舆杂录类纂	1函2册	480.00	九州
307 秘传堪舆辨惑类纂	1函1册	280.00	九州
308 秘传堪舆断诀类纂	1函1册	280.00	九州
309 秘传堪舆穴法类纂	1函1册	280.00	九州
310 秘传堪舆葬法类纂	1函1册	280.00	九州
311 大六壬兵占三种	1函2册	480.00	九州
312 大六壬秘书四种	1函2册	480.00	九州
313 大六壬毕法注解	1函1册	280.00	九州
314 大六壬课体订讹	1函1册	280.00	九州
315 大六壬类占	1函2册	480.00	九州
316 大六壬全编	1函2册	480.00	九州
317 大六壬杂释	1函1册	280.00	九州
318 大六壬心镜	1函2册	480.00	九州
319 六壬灵课玉洞金书	1函1册	280.00	九州

书　　名	作　者	定　价	版别
320 六壬通仙	1 函 4 册	880.00	九州
321 五种秘窍全书一1一地理秘窍	1 函 1 册	280.00	九州
322 五种秘窍全书一2一选择秘窍	1 函 4 册	880.00	九州
323 五种秘窍全书一3一天星秘窍	1 函 1 册	280.00	九州
324 五种秘窍全书一4一罗经秘窍	1 函 4 册	880.00	九州
325 五种秘窍全书一5一奇门秘窍	1 函 2 册	480.00	九州
326 新编杨曾地理家传心法捷诀一贯堪舆	2 函 8 册	1780.00	九州
327 玉函铜函真经阴阳剪裁图注	1 函 3 册	680.00	九州
328 新刻石函平砂玉尺经全书	1 函 2 册	480.00	九州
329 三元通天照水经	1 函 2 册	480.00	九州
330 堪舆经书	1 函 5 册	1080.00	九州
331 神相汇编	1 函 2 册	480.00	九州
332 管辂神相秘传	1 函 1 册	280.00	九州
333 冰鉴秘本七篇月波洞中记合刊	1 函 1 册	280.00	九州
334 太清神鉴录	1 函 2 册	480.00	九州
335 新刊京本厘正总括天机星学正传	2 函 10 册	2180.00	九州
336 新监七政归垣司台历数袖里璇玑	1 函 4 册	880.00	九州
337 道藏古本紫微斗数	1 函 2 册	480.00	九州
338 增补诸家选择万全玉匣记	1 函 2 册	480.00	九州
339 杨公造命要诀	1 函 1 册	280.00	九州
340 造命宗镜	1 函 6 册	1280.00	九州
341 上清灵宝济度金书符咒大成	2 函 9 册	1980.00	九州
342 青城山铜板祝由十三科	1 函 2 册	480.00	九州
343 抄本祝由科别传	1 函 1 册	280.00	九州
344 遁甲演义	1 函 2 册	480.00	九州
345 武侯奇门遁甲玄机赋	1 函 1 册	280.00	九州
346 北法变化禽书	1 函 1 册	280.00	九州
347 卜筮全书	1 函 6 册	1280 .00	九州
348 卜筮正宗	1 函 4 册	880.00	九州
349 易隐	1 函 4 册	880.00	九州
350 野鹤老人占卜全书	1 函 5 册	1280.00	九州
351 地理会心集	1 函 2 册	480.00	九州
352 罗经会心集	1 函 2 册	480.00	九州
353 阳宅会心集	1 函 1 册	280.00	九州
354 秘传图注龙经全集	1 函 3 册	680.00	九州
355 地理精微集	1 函 2 册	480.00	九州
356 地理拾铅峦头理气合编	1 函 2 册	480.00	九州
357 萧客真诀	1 函 1 册	280.00	九州
358 地理铁案	1 函 2 册	480.00	九州
359 秘传四神课书仙机消纳水法	1 函 2 册	480.00	九州

书　　名	作　者	定　价	版别
360 蒋大鸿先生地理真诠	2 函 7 册	1480.00	九州
361 蒋大鸿仙诀小引	1 函 1 册	280.00	九州
362 管氏地理指蒙	1 函 1 册	280.00	九州
363 原本山洋指迷	1 函 2 册	480.00	九州
364 形家集要	1 函 1 册	280.00	九州
365 重镌地理天机会元	3 函 15 册	3080.00	九州
366 地理方外别传	1 函 2 册	480.00	九州
367 堪舆至秘旅寓集	1 函 1 册	280.00	九州
368 堪舆管见	1 函 1 册	280.00	九州
369 四神秘诀	1 函 2 册	480.00	九州
370 地理辨正补	1 函 3 册	680.00	九州
371 金书秘奥地理一片金合刊	1 函 1 册	280.00	九州
372 阳宅玉髓真经阴宅制煞秘法合刊	1 函 1 册	280.00	九州
373 堪舆至秘旅寓集 堪舆秘传	1 函 1 册	280.00	九州
374 地学杂钞连珠水法合刊	1 函 1 册	280.00	九州
375 黄妙应仙师五星仙机制化砂法	1 函 2 册	480.00	九州
376 造葬便览	1 函 1 册	280.00	九州
377 大六壬秘本	1 函 2 册	480.00	九州
378 太乙统类	1 函 1 册	280.00	九州
379 新雕注疏珞琭子三命消息赋	1 函 1 册	280.00	九州
380 新编四家注解经进珞琭子消息赋	1 函 2 册	480.00	九州
381 清代民间实用灵符汇编	1 函 2 册	680.00	九州
382 王国维批校宋本焦氏易林	1 函 2 册	480.00	九州
383 新刊应验天机易卦通神	1 函 1 册	280.00	九州
384 新镌周易数	1 函 5 册	1080.00	九州
增补四库青乌辑要[，全 18 函 59 册]	郑同校	11680.00	九州
第 1 种：宅经[1 册]	[署]黄帝撰	180.00	九州
第 2 种：葬书[1 册]	[晋]郭璞撰	220.00	九州
第 3 种：青囊序青囊奥语天玉经[1 册]	[唐]杨筠松撰	220.00	九州
第 4 种：黄囊经[1 册]	[唐]杨筠松撰	220.00	九州
第 5 种：黑囊经[2 册]	[唐]杨筠松撰	380.00	九州
第 6 种：锦囊经[1 册]	[晋]郭璞撰	200.00	九州
第 7 种：天机贯旨红囊经[2 册]	[清]李三素撰	380.00	九州
第 8 种：玉函天机素书/至宝经[1 册]	[明]董德彰撰	200.00	九州
第 9 种：天机一贯[2 册]	[清]李三素撰辑	380.00	九州
第 10 种：撼龙经[1 册]	[唐]杨筠松撰	200.00	九州
第 11 种：疑龙经葬法倒杖[1 册]	[唐]杨筠松撰	220.00	九州
第 12 种：疑龙经辨正[1 册]	[唐]杨筠松撰	200.00	九州
第 13 种：寻龙记太华经[1 册]	[唐]曾文辿撰	220.00	九州
第 14 种：宅谱要典[2 册]	[清]铣溪野人校	380.00	九州

书　　名	作　者	定　价	版别
第 15 种:阳宅必用[2 册]	心灯大师校订	380.00	九州
第 16 种:阳宅撮要[2 册]	[清]吴鼒撰	380.00	九州
第 17 种:阳宅正宗[1 册]	[清]姚承舆撰	200.00	九州
第 18 种:阳宅指掌[2 册]	[清]黄海山人撰	380.00	九州
第 19 种:相宅新编[1 册]	[清]焦循校刊	240.00	九州
第 20 种:阳宅井明[2 册]	[清]邓颖出撰	380.00	九州
第 21 种:阴宅井明[1 册]	[清]邓颖出撰	220.00	九州
第 22 种:灵城精义[2 册]	[南唐]何溥撰	380.00	九州
第 23 种:龙穴砂水说[1 册]	清抄秘本	180.00	九州
第 24 种:三元水法秘诀[2 册]	清抄秘本	380.00	九州
第 25 种:罗经秘传[2 册]	[清]傅禹辑	380.00	九州
第 26 种:穿山透地真传[2 册]	[清]张九仪撰	380.00	九州
第 27 种:催官篇发微论[2 册]	[宋]赖文俊撰	380.00	九州
第 28 种:入地眼神断要诀[2 册]	清抄秘本	380.00	九州
第 29 种:玄空大卦秘断[1 册]	清抄秘本	200.00	九州
第 30 种:玄空大五行真传口诀[1 册]	[明]蒋大鸿等撰	220.00	九州
第 31 种:杨曾九宫颠倒打劫图说[1 册]	[唐]杨筠松撰	200.00	九州
第 32 种:乌兔经奇验经[1 册]	[唐]杨筠松撰	180.00	九州
第 33 种:挨星考注[1 册]	[清]汪董缘订定	260.00	九州
第 34 种:地理挨星说汇要[1 册]	[明]蒋大鸿撰辑	220.00	九州
第 35 种:地理捷诀[1 册]	[清]傅禹辑	200.00	九州
第 36 种:地理三仙秘旨[1 册]	清抄秘本	200.00	九州
第 37 种:地理三字经[3 册]	[清]程思乐撰	580.00	九州
第 38 种:地理雪心赋注解[2 册]	[唐]卜则嵬撰	380.00	九州
第 39 种:蒋公天元余义[1 册]	[明]蒋大鸿等撰	220.00	九州
第 40 种:地理真传秘旨[3 册]	[唐]杨筠松撰	580.00	九州
增补四库未收方术汇刊第一辑(全 28 函)	线装影印本	11800.00	九州
第一辑 01 函:火珠林·卜筮正宗	[宋]麻衣道者著	340.00	九州
第一辑 02 函:全本增删卜易·增删卜易真诠	[清]野鹤老人撰	720.00	九州
第一辑 03 函:渊海子平音义评注·子平真诠·命理易知	[明]杨淙增校	360.00	九州
第一辑 04 函:滴天髓:附滴天秘诀·穷通宝鉴:附月谈赋	[宋]京图撰	360.00	九州
第一辑 05 函:参星秘要诹吉便览·玉函斗首三台通书·精校三元总录	[清]俞荣宽撰	460.00	九州
第一辑 06 函:陈子性藏书	[清]陈应选撰	580.00	九州
第一辑 07 函:崇正辟谬永吉通书·选择求真	[清]李奉来辑	500.00	九州
第一辑 08 函:增补选择通书玉匣记·永宁通书	[晋]许逊撰	400.00	九州
第一辑 09 函:新增阳宅爱众篇	[清]张觉正撰	480.00	九州
第一辑 10 函:地理四弹子·地理铅弹子砂水要诀	[清]张九仪注	340.00	九州
第一辑 11 函:地理五诀	[清]赵九峰著	200.00	九州

书　　名	作　者	定　价	版别
第一辑 12 函:地理直指原真	[清]释如玉撰	280.00	九州
第一辑 13 函:宫藏真本人地眼全书	[宋]释静道著	680.00	九州
第一辑 14 函:罗经顶门针·罗经解定·罗经透解	[明]徐之镆撰	360.00	九州
第一辑 15 函:校正详图青囊经·平砂玉尺经·地理辨正疏	[清]王宗臣著	300.00	九州
第一辑 16 函:一贯堪舆	[明]唐世友辑	240.00	九州
第一辑 17 函:阳宅大全·阳宅十书	[明]一壑居士集	600.00	九州
第一辑 18 函:阳宅大成五种	[清]魏青江撰	600.00	九州
第一辑 19 函:奇门五总龟·奇门遁甲统宗大全·奇门遁甲元灵经	[明]池纪撰	500.00	九州
第一辑 20 函:奇门遁甲秘笈全书	[明]刘伯温辑	280.00	九州
第一辑 21 函:奇门庐中阐秘	[汉]诸葛武侯撰	600.00	九州
第一辑 22 函:奇门遁甲元机·太乙秘书·六壬大占	[宋]岳珂纂辑	360.00	九州
第一辑 23 函:性命圭旨	[明]尹真人撰	480.00	九州
第一辑 24 函:紫微斗数全书	[宋]陈抟撰	200.00	九州
第一辑 25 函:千镇百镇桃花镇	[清]云石道人校	220.00	九州
第一辑 26 函:清抄真本祝由科秘诀全书·轩辕碑记医学祝由十三科	[上古]黄帝传	800.00	九州
第一辑 27 函:增补秘传万法归宗	[唐]李淳风撰	160.00	九州
第一辑 28 函:神机灵数一掌经金钱课·牙牌神数七种·珍本演禽三世相法	[清]诚文信校	440.00	九州
增补四库未收方术汇刊第二辑(全 36 函)	线装影印本	13800.00	九州
第二辑第 1 函:六爻断易一撮金·卜易秘诀海底眼	[宋]邵雍撰	200.00	九州
第二辑第 2 函:秘传子平渊源	燕山郑同校辑	280.00	九州
第二辑第 3 函:命理探原	[清]袁树珊撰	280.00	九州
第二辑第 4 函:命理正宗	[明]张楠撰集	180.00	九州
第二辑第 5 函:造化玄钥	庄圆校补	220.00	九州
第二辑第 6 函:命理寻源·子平管见	[清]徐乐吾撰	280.00	九州
第二辑第 7 函:京本风鉴相法	[明]回阳子校辑	380.00	九州
第二辑第 8—9 函:钦定协纪辨方书 8 册	[清]允禄编	780.00	九州
第二辑第 10—11 函:鳌头通书 10 册	[明]熊宗立撰辑	880.00	九州
第二辑第 12—13 函:象吉通书	[清]魏明远撰辑	1080.00	九州
第二辑第 14 函:选择宗镜·选择纪要	[朝鲜]南秉吉撰	360.00	九州
第二辑第 15 函:选择正宗	[清]顾宗秀撰辑	480.00	九州
第二辑第 16 函:仪度六壬选日要诀	[清]张九仪撰	680.00	九州
第二辑第 17 函:葬事择日法	郑同校辑	280.00	九州
第二辑第 18 函:地理不求人	[清]吴明初撰辑	240.00	九州
第二辑第 19 函:地理大成一:山法全书	[清]叶九升撰	680.00	九州
第二辑第 20 函:地理大成二:平阳全书	[清]叶九升撰	360.00	九州

书　　名	作　者	定　价	版别
第二辑第 21 函:地理大成三:地理六经注·地理大成四:罗经指南拔雾集·地理大成五:理气四诀	[清]叶九升撰	300.00	九州
第二辑第 22 函:地理录要	[明]蒋大鸿撰	480.00	九州
第二辑第 23 函:地理人子须知	[明]徐善继撰	480.00	九州
第二辑第 24 函:地理四秘全书	[清]尹一勺撰	380.00	九州
第二辑第 25—26 函:地理天机会元	[明]顾陵冈辑	1080.00	九州
第二辑第 27 函:地理正宗	[清]蒋宗城校订	280.00	九州
第二辑第 28 函:全图鲁班经	[明]午荣编	280.00	九州
第二辑第 29 函:秘传水龙经	[明]蒋大鸿撰	480.00	九州
第二辑第 30 函:阳宅集成	[清]姚廷銮纂	480.00	九州
第二辑第 31 函:阴宅集要	[清]姚廷銮纂	240.00	九州
第二辑第 32 函:辰州符咒大全	[清]觉玄子辑	480.00	九州
第二辑第 33 函:三元镇宅灵符秘箓·太上洞玄祛病灵符全书	[明]张宇初编	240.00	九州
第二辑第 34 函:太上混元祈福解灾三部神符	[明]张宇初编	360.00	九州
第二辑第 35 函:测字秘牒·先天易数·冲天易数/马前课	[清]程省撰	360.00	九州
第二辑第 36 函:秘传紫微	古朝鲜抄本	240.00	九州
子部善本 1:新刊地理玄珠	精装古本影印	380.00	华龄
子部善本 2:参赞玄机地理仙婆集	精装古本影印	380.00	华龄
子部善本 3:章仲山地理九种(上下)	精装古本影印	760.00	华龄
子部善本 4:八门九星阴阳二遁全本奇门断	精装古本影印	760.00	华龄
子部善本 5:六壬统宗大全	精装古本影印	380.00	华龄
子部善本 6:太乙统宗宝鉴	精装古本影印	380.00	华龄
子部善本 7:重刊星海词林(全五册)	精装古本影印	1900.00	华龄
子部善本 8:万历初刻三命通会(上下)	精装古本影印	760.00	华龄
子部善本 9:增广沈氏玄空学(上下)	精装古本影印	760.00	华龄
子部善本 10:江公择日秘稿	精装古本影印	380.00	华龄
子部善本 11:刘氏家藏阐微通书(上下)	精装古本影印	760.00	华龄
子部善本 12:影印增补高岛易断(上下)	精装古本影印	760.00	华龄
子部善本 13:清刻足本铁板神数	精装古本影印	380.00	华龄
子部善本 14:增订天官五星集腋(上下)	精装古本影印	760.00	华龄
子部善本 15:太乙奇门六壬兵备统宗(上中下)	精装古本影印	1140.00	华龄
子部善本 16:御定景祐奇门大全(上下)	精装古本影印	760.00	华龄
子部善本 17:地理四秘全书十二种	精装古本影印	380.00	华龄
子部善本 18:全本地理统一全书	精装古本影印	380.00	华龄
子部善本 19:廖公画策扒砂经(上下)	精装古本影印	760.00	华龄
子部善本 20:明刊玉髓真经(上下)	精装古本影印	760.00	华龄
子部善本 21:蒋大鸿家藏地学捷旨	精装古本影印	380.00	华龄
子部善本 22:阳宅安居金镜(上下)	精装古本影印	760.00	华龄
子部善本 23:新刊地理紫囊书(上下)	精装古本影印	760.00	华龄

书　　名	作　者	定　价	版别
子部善本 24:地理大成五种(上下)	精装古本影印	760.00	华龄
子部善本 25:初刻鳌头通书大全(上中下)	精装古本影印	1140.00	华龄
子部善本 26:初刻象吉备要通书大全(上中下)	精装古本影印	1140.00	华龄
子部善本 27:武英殿板钦定协纪辨方书(上下)	精装古本影印	760.00	华龄
子部善本 28:初刻陈子性藏书(上下)	精装古本影印	760.00	华龄
子平遗书第 1 辑(命例集,甲子至戊辰全三册)	精装古本影印	980.00	华龄
子平遗书第 2 辑(命例集,庚午至甲戌全三册)	精装古本影印	980.00	华龄
子平遗书第 3 辑(命例集,乙亥至戊子全三册)	精装古本影印	980.00	华龄
子平遗书第 4 辑(命例集,庚寅至庚子全三册)	精装古本影印	980.00	华龄
子平遗书第 5 辑(命例集,辛丑至癸丑全三册)	精装古本影印	980.00	华龄
子平遗书第 6 辑(命例集,甲寅至辛酉全三册)	精装古本影印	980.00	华龄
风水择吉第一书:辨方(简体精装)	李明清著	168.00	华龄
珞琭子三命消息赋古注通疏(精装上下)	一明注疏	188.00	华龄
增补高岛易断(简体横排精装上下)	(清)王治本编译	198.00	华龄
中国古代术数基础理论(精装 1 函 5 册)	刘昌易著	495.00	团结
飞盘奇门:鸣法体系校释(精装上下)	刘金亮撰	198.00	九州
白话高岛易断(上下)	孙正治孙奥麟译	128.00	九州
润德堂丛书全编 1:述卜筮星相学	袁树珊著	38.00	华龄
润德堂丛书全编 2:命理探原	袁树珊著	38.00	华龄
润德堂丛书全编 3:命谱	袁树珊著	68.00	华龄
润德堂丛书全编 4:大六壬探原 养生三要	袁树珊著	38.00	华龄
润德堂丛书全编 5:中西相人探原	袁树珊著	38.00	华龄
润德堂丛书全编 6:选吉探原 八字万年历	袁树珊著	38.00	华龄
润德堂丛书全编 7:中国历代卜人传(上中下)	袁树珊著	168.00	华龄
三式汇刊 1:大六壬口诀纂	[明]林昌长辑	68.00	华龄
三式汇刊 2:大六壬集应钤	[明]黄宾廷撰	198.00	华龄
三式汇刊 3:奇门大全秘纂	[清]湖海居士撰	68.00	华龄
三式汇刊 4:大六壬总归	[宋]郭子晟撰	58.00	华龄
三式汇刊 5:大六壬心镜	[唐]徐道符辑	48.00	华龄
三式汇刊 6:壬窍	[清]无无野人撰	48.00	华龄
青囊汇刊 1:青囊秘要	[晋]郭璞等撰	48.00	华龄
青囊汇刊 2:青囊海角经	[晋]郭璞等撰	48.00	华龄
青囊汇刊 3:阳宅十书	[明]王君荣撰	48.00	华龄
青囊汇刊 4:秘传水龙经	[明]蒋大鸿撰	68.00	华龄
青囊汇刊 5:管氏地理指蒙	[三国]管辂撰	48.00	华龄
青囊汇刊 6:地理山洋指迷	[明]周景一撰	32.00	华龄
青囊汇刊 7:地学答问	[清]魏清江撰	58.00	华龄
青囊汇刊 8:地理铅弹子砂水要诀	[清]张九仪撰	68.00	华龄
青囊汇刊 9:地理啖蔗录	[清]袁守定著	48.00	华龄
青囊汇刊 10:八宅明镜	[清]箬冠道人编	48.00	华龄

书　　名	作　　者	定　价	版别
青囊汇刊11:罗经透解	[清]王道亨著	58.00	华龄
青囊汇刊12:阳宅三要	[清]赵玉材撰	48.00	华龄
青囊汇刊13:一贯堪舆(上下)	[明]唐世友辑	108.00	华龄
青囊汇刊14:地理辨证图诀直解	[唐]杨筠松著	58.00	华龄
青囊汇刊15:地理雪心赋集解	[唐]卜应天著	58.00	华龄
青囊汇刊16:四神秘诀	[元]董德彰撰	58.00	华龄
子平汇刊1:渊海子平大全	[宋]徐子平撰	48.00	华龄
子平汇刊2:秘本子平真诠	[清]沈孝瞻撰	38.00	华龄
子平汇刊3:命理金鉴	[清]志于道撰	38.00	华龄
子平汇刊4:秘授滴天髓阐微	[清]任铁樵注	48.00	华龄
子平汇刊5:穷通宝鉴评注	[清]徐乐吾注	48.00	华龄
子平汇刊6:神峰通考命理正宗	[明]张楠撰	38.00	华龄
子平汇刊7:新校命理探原	[清]袁树珊撰	48.00	华龄
子平汇刊8:重校绘图袁氏命谱	[清]袁树珊撰	68.00	华龄
子平汇刊9:增广汇校三命通会(全三册)	[明]万民英撰	168.00	华龄
纳甲汇刊1:校正全本增删卜易	郑同点校	68.00	华龄
纳甲汇刊2:校正全本卜筮正宗	郑同点校	48.00	华龄
纳甲汇刊3:校正全本易隐	郑同点校	48.00	华龄
纳甲汇刊4:校正全本易冒	郑同点校	48.00	华龄
纳甲汇刊5:校正全本易林补遗	郑同点校	38.00	华龄
纳甲汇刊6:校正全本卜筮全书	郑同点校	68.00	华龄
纳甲汇刊7:火珠林注疏	刘恒注解	48.00	华龄
古今图书集成术数丛刊:卜筮(全二册)	[清]陈梦雷辑	80.00	华龄
古今图书集成术数丛刊:堪舆(全二册)	[清]陈梦雷辑	120.00	华龄
古今图书集成术数丛刊:相术(全一册)	[清]陈梦雷辑	60.00	华龄
古今图书集成术数丛刊:选择(全一册)	[清]陈梦雷辑	50.00	华龄
古今图书集成术数丛刊:星命(全三册)	[清]陈梦雷辑	180.00	华龄
古今图书集成术数丛刊:术数(全三册)	[清]陈梦雷辑	200.00	华龄
四库全书术数初集(全四册)	郑同点校	200.00	华龄
四库全书术数二集(全三册)	郑同点校	150.00	华龄
四库全书术数三集:钦定协纪辨方书(全二册)	郑同点校	98.00	华龄
增补鳌头通书大全(全三册)	[明]熊宗立撰辑	180.00	华龄
增补象吉备要通书大全(全三册)	[清]魏明远撰辑	180.00	华龄
增广沈氏玄空学	郑同点校	68.00	华龄
地理点穴撼龙经	郑同点校	32.00	华龄
绘图地理人子须知(上下)	郑同点校	78.00	华龄
玉函通秘	郑同点校	48.00	华龄
绘图入地眼全书	郑同点校	28.00	华龄
绘图地理五诀	郑同点校	48.00	华龄
一本书弄懂风水	郑同著	48.00	华龄

书　　名	作　者	定　价	版别
风水罗盘全解	傅洪光著	58.00	华龄
堪舆精论	胡一鸣著	29.80	华龄
堪舆的秘密	宝通著	36.00	华龄
中国风水学初探	曾涌哲	58.00	华龄
全息太乙(修订版)	李德润著	68.00	华龄
时空太乙(修订版)	李德润著	68.00	华龄
故宫珍本六壬三书(上下)	张越点校	128.00	华龄
大六壬通解(全三册)	叶飘然著	168.00	华龄
壬占汇选(精抄历代六壬占验汇选)	肖岱宗点校	48.00	华龄
大六壬指南	郑同点校	28.00	华龄
六壬金口诀指玄	郑同点校	28.00	华龄
大六壬寻源编[全三册]	[清]周螭辑录	180.00	华龄
六壬辨疑　毕法案录	郑同点校	32.00	华龄
大六壬断案疏证	刘科乐著	58.00	华龄
六壬时空	刘科乐著	68.00	华龄
御定奇门宝鉴	郑同点校	58.00	华龄
御定奇门阳遁九局	郑同点校	78.00	华龄
御定奇门阴遁九局	郑同点校	78.00	华龄
奇门秘占合编:奇门庐中阐秘·四季开门	[汉]诸葛亮撰	68.00	华龄
奇门探索录	郑同编订	38.00	华龄
奇门遁甲秘笈大全	郑同点校	48.00	华龄
奇门旨归	郑同点校	48.00	华龄
奇门法窍	[清]锡孟樨撰	48.00	华龄
奇门精粹——奇门遁甲典籍大全	郑同点校	68.00	华龄
御定子平	郑同点校	48.00	华龄
增补星平会海全书	郑同点校	68.00	华龄
五行精纪:命理通考五行渊微	郑同点校	38.00	华龄
绘图三元总录	郑同编校	48.00	华龄
绘图全本玉匣记	郑同编校	32.00	华龄
周易初步:易学基础知识36讲	张绍金著	32.00	华龄
周易与中医养生:医易心法	成铁智著	32.00	华龄
增广梅花易数(精装)	刘恒注	98.00	华龄
梅花心易阐微	[清]杨体仁撰	48.00	华龄
梅花心易疏证	杨波著	48.00	华龄
梅花易数讲义	郑同著	58.00	华龄
白话梅花易数	郑同编著	30.00	华龄
梅花周易数全集	郑同点校	58.00	华龄
梅花易数	[宋]邵雍撰	28.00	九州
梅花易数(大字本)	[宋]邵雍撰	39.00	九州
河洛理数	[宋]邵雍述	48.00	九州

书　　名	作　者	定　价	版别
一本书读懂易经	郑同著	38.00	华龄
白话易经	郑同编著	38.00	华龄
知易术数学:开启术数之门	赵知易著	48.00	华龄
术数入门——奇门遁甲与京氏易学	王居恭著	48.00	华龄
周易虞氏义笺订(上下)	[清]李翊灼校订	78.00	九州
阴阳五要奇书	[晋]郭璞撰	88.00	九州
壬奇要略(全5册:大六壬集应钤3册,大六壬口诀纂1册,御定奇门秘纂1册)	肖岱宗郑同点校	300.00	九州
周易明义	邸勇强著	73.00	九州
论语明义	邸勇强著	37.00	九州
中国风水史	傅洪光撰	32.00	九州
古本催官篇集注	李佳明校注	48.00	九州
鲁班经讲义	傅洪光著	48.00	九州
天星姓名学	侯景波著	38.00	燕山
解梦书	郑同、傅洪光著	58.00	燕山
命理精论(精装繁体竖排)	胡一鸣著	128.00	燕山
辨方(繁体横排)	张明清著	236.00	星易
古易旁通	刘子扬著	320.00	星易
四柱预测机缄通	明理著	300.00	星易
奇门万年历	刘恒著	58.00	资料
图解新编中医四大名著:温病条辨	周重建、郭号	68.00	天津
图解新编中医四大名著:伤寒论	周重建、郭号	68.00	天津
图解新编中医四大名著:黄帝内经	周重建、郭号	68.00	天津
图解新编中医四大名著:金匮要略	周重建、郭号	68.00	天津
中药学药物速认速查小红书(精装64开)	周重建	88.00	天津
国家药典药物速认速查小红书(精装64开)	高楠楠	88.00	天津